EXTINÇÃO

COLEÇÃO
ESTADO de SÍTIO

PAULO ARANTES

EXTINÇÃO

© Paulo Eduardo Arantes
© desta edição, Boitempo Editorial, 2007

Coordenação editorial	Ivana Jinkings
	João Alexandre Peschanski
Editora assistente	Ana Paula Castellani
Coordenação de produção	Juliana Brandt
Assistência de produção	Livia Viganó
Preparação de texto	Bibiana Leme
Revisão	Denise Ceron
Capa	Antonio Kehl
	sobre projeto de Andrei Polessi
	e foto de Reynaldo Ramon, extraída
	do site www.defendamerica.mil
Editoração eletrônica	Veridiana Magalhães

CIP-BRASIL. CATALOGAÇÃO NA PUBLICAÇÃO
SINDICATO NACIONAL DOS EDITORES DE LIVROS, RJ

A684e

Arantes, Paulo Eduardo, 1942-
Extinção / Paulo Arantes. - São Paulo : Boitempo, 2007
(Estado de sítio)
ISBN 978-85-7559-090-4
1. Filosofia brasileira. 2. Crise econômica. 3. Capitalismo.
4. História social. I. Título. II. Série.

06-4391.   CDD 199.81
                                                     CDU 1(81)

É vedada a reprodução de qualquer parte deste livro sem a expressa autorização da editora.

1ª edição: fevereiro de 2007; 1ª reimpressão: abril de 2025

BOITEMPO
Jinkings Editores Associados Ltda.
Rua Pereira Leite, 373
05442-000 São Paulo SP
Tel.: (11) 3875-7250 / 3875-7285
editor@boitempoeditorial.com.br | boitempoeditorial.com.br
blogdaboitempo.com.br | youtube.com/tvboitempo

SUMÁRIO

Prefácio: A exceção à regra 7
    Laymert Garcia dos Santos

1
    Diante da guerra 25
    Notícias de uma guerra cosmopolita 31
    Cavalaria global 99
    Guerra sem névoa 135

2
    Estado de sítio 153
    A viagem redonda do capitalismo de acesso 167
    Último *round* 179

3
    Arturo Ui 193
    Pensando por fora 199

4
    Fim de jogo 213
    Um intelectual destrutivo 229
    A cultura do excesso 235

5
    Fim de um ciclo mental 247
    O governo Lula acabou? 253
    A Crise: perguntas e respostas no calor da hora 255
    O que vem por aí? 263

Quase dois irmãos 267
Bem-vindos ao deserto
brasileiro do real 273
Fim de linha ou marco zero? 279
Qual política? 285

6

Duas vezes pânico na cidade 295

Fontes dos textos 313
Obras do autor 317

PREFÁCIO

A exceção à regra

Laymert Garcia dos Santos

A urgência que se desprende das páginas deste livro me obriga a ir direto ao ponto e dizer ao leitor, sem rodeios, do que se trata: sob diversos aspectos, e considerando o contexto atual, os escritos aqui reunidos compõem um volume herético no qual se tenta quebrar, pela violência da crítica, o conformismo complacente em que se encontra a intelectualidade brasileira e conferir inteligibilidade ao caráter calamitoso da crise que nos afeta a todos, cujo alcance teimamos em não querer enxergar. Heresia que deverá incomodar muitíssimo, se os intelectuais ainda forem capazes de romper tamanho consenso e sair da letargia...

Não foi à toa que Paulo Arantes escolheu, de modo provocador, o termo *extinção*, para dar título a sua coletânea de ensaios e entrevistas elaborados no pós-11 de Setembro e depois da eleição de Lula à Presidência da República. Mal acreditando na intensidade com que se revela a falta de reação diante do que está acontecendo, o filósofo se insurge não contra as idéias dominantes, mas contra a própria ausência de pensamento que parece contaminar nossos contemporâneos e suscitar tanto a generalização da cretinice e do oportunismo em matéria de política quanto o embotamento da percepção. Assim, a questão preliminar que merece destaque neste livro desabusado é a compreensão de que estamos às voltas com um grave problema, coletivo e mental, de extinção da inteligência; e, se a questão é preliminar, é porque sem inteligência inviabiliza-se de vez até mesmo a possibilidade de se cogitar a identificação dos outros problemas que lhe são correlatos. Portanto, o impulso inicial que move o livro é uma espécie de grito de alerta a chamar nossa atenção para a possível, e talvez até mesmo mais do que provável, falência da elite intelectual, que parece jogar a toalha ao desistir, a um só tempo, do Brasil e da reflexão sobre o processo histórico em curso. É a "extinção da inteligência dos inteligentes" ou, melhor ainda, "o ajuste intelectual tucano-petista", que se esmera em tornar tolerável o intolerável.

No entender de Arantes, o drama é que tal extinção se dá no exato momento em que mais se necessita de pensamento para formular as condições em que ocorre a formação de um "bloco histórico da crueldade social", em que o fascismo desponta como a onda do futuro. A tarefa da reflexão seria então urgente, mas, como o problema não é sequer socialmente colocado, a tensão entre os dois pólos do paradoxo só faz aumentar: à violência e à barbárie inomináveis nas quais estamos mergulhando corresponde um aprofundamento da barafunda mental dos atores sociais. Receita para o desastre, evidentemente, se o paradoxo já não fosse, ele próprio, sintoma da concretização de uma catástrofe aparentemente silenciosa, ou muda, que não consegue ganhar expressão política.

O que pede para ser nomeado, com todas as letras e em toda a sua radicalidade, é a articulação entre a estratégia das forças vencedoras da era da globalização no plano da geopolítica e o modo como essa mesma estratégia se impõe e se compõe com as forças internas da sociedade brasileira – se é que ainda podemos chamar "sociedade" e "brasileira" a esse imenso acampamento de excluídos e explorados que se espraia pelo território afora, dominado por uma lumpemburguesia rentista e governado por um Estado controlado por neoliberais "de esquerda". É essa empreitada que o filósofo decide encarar – com rigor analítico, mas numa linguagem impaciente, brutal e irreverente, às vezes até mesmo sarcástica, como o exigem o calor da hora e o caráter absurdo ou surreal das circunstâncias. Nesse sentido, o eixo que percorre este livro de filosofia política é o que relaciona o "novo imperialismo" com a "sociedade póscatastrófica" que nos tornamos.

Em sua reflexão, Paulo Arantes toma como interlocutores maiores, no plano interno, Francisco de Oliveira e Roberto Schwarz, bem como o Robert Kurz de *O colapso da modernização*, e, no plano externo, além dos autores que analisam o passado e o presente dos Estados Unidos no mundo, aqueles que atualizaram a discussão de Carl Schmitt e Walter Benjamin sobre o estado de exceção. Com efeito, se pudéssemos condensar em uma frase o coração deste livro, diríamos que ele estabelece o nexo entre a exceção no plano externo, global, e a exceção no plano interno, brasileira, como duas faces da mesma moeda. Retomando as linhas de força dos autores que, antes dele, haviam considerado a questão tanto num plano quanto no outro, dialogando com eles, Paulo Arantes parece desenvolver seu raciocínio baseado em uma perspectiva que olha *ao mesmo tempo* para os dois planos como se fossem atualizações da mesma dinâmica – que se expressa, evidentemente, de modo diverso no centro e na periferia, mas que, para revelar toda sua potência destrutiva, exige que o observador disponha de um olhar cruzado, capaz de considerar simultaneamente o que se passa no centro, a partir de um posto de observação periférico, e o que se passa na periferia, a partir do prisma central. A lógica da exceção é, portanto, uma só, e é ela que precisa ser apreendida.

O que espanta o filósofo é a descoberta da dimensão da "virada" que culminou no advento do estado de exceção externo e interno. No plano externo, o alerta soou no 11 de Setembro; mas, como bem mostram os primeiros ensaios do livro, a substituição da política pela guerra já vinha sendo construída havia muito tempo. Na verdade, um olhar retrospectivo permite ver com clareza que a ambição de hegemonia norte-americana nunca deixou de ser intrinsecamente belicosa, e belicosa ao extremo – porque sempre se pautou por uma estratégia de conquista e de extermínio, apesar dos veementes e incessantes protestos de estima e consideração pela democracia... Nesse sentido, os Estados Unidos nunca deixaram de cultivar e de reivindicar uma espécie de direito à exceção. A diferença, porém, é que agora, com a revolução nos assuntos militares e a doutrina da guerra preventiva, a exceção norte-americana não só extrapola as fronteiras nacionais daquele país, como instaura uma *ordem cosmopolita* cuja concepção conduz ao abandono do paradigma jurídico-político moderno e, reatando com as prerrogativas prémodernas da guerra justa, funda-se na exceção soberana, doravante pensada em escala planetária e não mais restrita ao âmbito dos Estados nacionais.

Se a análise procede, voltamos então a Carl Schmitt, que, em 1922, abria seu livro de "sociologia dos conceitos jurídicos", intitulado *Teologia política: quatro capítulos sobre a teoria da soberania*, com a seguinte definição de estado de exceção: "Soberano é aquele que decide sobre a situação excepcional"[1]. Voltamos a Schmitt, mas seria o caso de perguntar: quem é o soberano da ordem cosmopolita? Em "Notícias de uma guerra cosmopolita", Arantes aborda a questão: "Hoje interessa novamente saber quem afinal decide sobre a exceção – e não é pedir pouca coisa –, se é verdade que o novo governo do mundo, na atual condição de caos sistêmico, se apresenta na forma de um estado de sítio gene-

---

[1] Carl Schmitt, *Théologie politique* (trad. e apresentação de Jean-Louis Schlegel, Paris, NRF-Gallimard, 1988), p. 15.

Prefácio • 11

ralizado"[2]. Ora, quem decide é o Império. "Mas o que significaria Império a essa altura?", indaga o autor[3].

No entender de Arantes, se o Império for mesmo um fato, "já sabemos que virá acompanhado de guerra perpétua como paz perpétua, e de exceção como regra de sua normalidade"[4]. A novidade residiria, portanto, no modo como a ordem cosmopolita legitima e legaliza formalmente a guerra como sua política, por meio do estado de exceção. Vale dizer: no modo como o Império formula o direito cosmopolita e o implementa tanto no centro quanto na periferia, não como um direito que emanaria de um Leviatã global ou de um Estado mundial, mas como operações "humanitárias" ou, por assim dizer, "técnico-administrativas" de gestão de conflitos, concebidas à margem do direito internacional por coalizões entre os Estados mais poderosos. Danilo Zolo mostrou, em *Cosmopolis: Prospects for World Government*, que a legitimidade da guerra cosmopolita contemporânea tem como matriz a Santa Aliança e sua estratégia de paz, calcada no congelamento de qualquer veleidade de mudança social; Arantes retoma e amplia o conceito de guerra cosmopolita, sugerindo que sua lógica se aplica tanto aos Estados e povos que se tornam alvo de ações militares por resistirem a esse congelamento (ex-Iugoslávia, Afeganistão, Iraque, Palestina) quanto às vítimas da guerra econômica em curso no mundo.

Nos dois textos subseqüentes, o autor investiga como se exerce a soberania norte-americana. Primeiro, em "Cavalaria global", ao estabelecer como ela se expande para além do espaço territorial dos Estados Unidos, dilata seu raio de ação e postula um paradoxal *mundo-fronteira*, identificando-se com o Império do Capital, império por definição sem fronteiras, mas cujos li-

---

[2] Cf. p. 43.
[3] Cf. p. 81
[4] Idem.

12 • Extinção

mites, internos e fluidos, precisam ser constantemente produzidos, monitorados e controlados. Depois, em "Guerra sem névoa", ao apontar de que maneira a fusão entre o Capital e a Bomba gera, desde o início da Guerra Fria, um *estado de emergência sem fim*. Está-se vendo, então, que, no argumento do filósofo, desenha-se uma linha de raciocínio que marca, ao mesmo tempo, uma continuidade e uma ruptura. Continuidade porque é possível perceber no estado de exceção do "novo imperialismo" as marcas da transposição da experiência nacional norte-americana; ruptura porque a passagem para um plano supranacional desterritorializado exigiria que a exceção soberana se enunciasse sobre novas bases, recombinando os dados da questão.

Os ensaios da parte 2 completam o movimento esboçado nos textos anteriores. No primeiro deles, "Estado de sítio", Arantes já anuncia: "Se fosse possível e desejável resumir em uma única fórmula o atual estado do mundo, eu não pensaria duas vezes: *estado de sítio*"[5]. Logo em seguida, não se prendendo a sutilezas jurídicas, o autor define o que entende por esse termo:

> Qualquer que seja, aliás, sua denominação – estado de sítio, estado de exceção, estado de emergência ou urgência, plenos poderes, lei marcial etc. –, representa o regime jurídico excepcional a que uma comunidade política é temporariamente submetida, por motivo de ameaça à ordem pública, e durante o qual se conferem poderes extraordinários às autoridades governamentais, ao mesmo tempo em que se restringem ou suspendem as liberdades públicas e certas garantias constitucionais.[6]

Interessa, portanto, acima de tudo, a dimensão política da exceção na forma de exercício do poder como violência excepcional,

---

[5] Cf. p. 153.
[6] Cf. p. 153-4.

isto é, à margem ou para além do ordenamento constitucional. Mas, diferentemente, de um Agamben, por exemplo, para quem importa interrogar o estatuto ontológico dessa violência em sua relação com o direito, Arantes está mais preocupado em detectar o estado de sítio contemporâneo como expressão da redefinição das relações centro–periferia na nova constelação imperial. Ora, o primeiro aspecto a ser ressaltado aqui é que o caráter temporário da exceção precisa ser revisto, uma vez que o próprio Arantes acredita que, na periferia do capitalismo, a exceção sempre foi permanente. E, se isso é verdade, por que então na nova constelação imperial as relações centro–periferia passam por uma redefinição?

Tudo se passa como se tivéssemos entrado em uma fase em que, por um lado, o capitalismo precisasse reciclar as velhas práticas imperialistas do passado e, por outro, não pudesse mais pretender universalizar o estado democrático de direito, em crise tanto na periferia distante quanto nas periferias do centro, porque agora se trata de universalizar a exceção. Assim, o estado de sítio como estado do mundo se configura não só como a exceção permanente a que nós, da periferia, estávamos habituados, mas também, e principalmente, como exceção permanente *à* regra que até então estávamos acostumados a tomar como parâmetro. Nesse sentido, a redefinição das relações centro–periferia implica a ocorrência de uma fantástica inversão: não se trata mais de considerar a excepcionalidade da periferia como uma condição de fato permanente, mas em princípio transitória, a que ela estaria sujeita por *ainda* não ter alcançado a desejável normalidade da regra; trata-se, muito ao contrário, de considerar a crescente contração da norma vigente no centro correlacionada ao futuro promissor da permanente expansão da exceção periférica.

Em "A viagem redonda do capitalismo de acesso" e "Último *round*" é abordada a razão pela qual as relações centro–periferia são redefinidas nos termos da exceção. Com efeito, o estado de exceção parece voltar em virtude de um retorno da Acumulação

Primitiva (isso mesmo, com maiúsculas!), agora num patamar muito mais elevado e intenso, graças a dois fatores interligados: em primeiro lugar, as novas *enclosures*, isto é, o acesso e apropriação da riqueza intangível que a tecnociência disponibiliza para o capital global e que até então pertencia ao domínio "comum" e se encontrava fora do mercado (informação digital e genética, conhecimento, dimensão virtual da realidade...); em segundo lugar, aquilo que David Harvey chama de Acumulação por Despossessão, isto é, a capacidade de extrair "tributo" por meio do exercício de uma violência marcadamente mafiosa. Numa palavra, e para deixar mais claro: retorno da pirataria com predação *high-tech*.

Assim se completa o panorama traçado por Arantes com respeito à exceção no plano externo. Agora percebemos plenamente "o que significa Império a essa altura": "guerra perpétua como paz perpétua" e *"exceção como regra* de sua normalidade"[7]. Procurando conjugar as exigências predatórias do capitalismo global com a necessidade de congelar qualquer veleidade de transformação social, o Império é levado a instituir a ordem cosmopolita; esta, por sua vez, encontraria na suspensão da norma político-jurídica e na instituição do estado de exceção permanente um recurso estratégico extremo que lhe permitiria atualizar em escala planetária suas formas de dominação. Isso posto, interessa então observar que, numa nota, o filósofo registra o cruzamento de seu argumento com o raciocínio desenvolvido por Toni Negri e Michael Hardt em *Empire*. Talvez valha a pena assinalar esse encontro, já que tais autores, mais ou menos na mesma época, se viram às voltas com a escritura de *Multitude*[8], segundo volume da reflexão iniciada com *Império* e, como aqui, livro também fundado no conceito de estado de exceção.

---

[7] Cf. p. 81 (grifos nossos).

[8] Antonio Negri e Michael Hardt, *Multitude: guerre et démocratie à l'âge de l'empire* (trad. do inglês por Nicolas Guilhot, Paris, La Découverte, 2004).

Toda a primeira parte de *Multitude* é dedicada à guerra, ao Império global e a uma nova forma de soberania supranacional, entendida como estado de exceção permanente e generalizado. Num raciocínio paralelo ao efetuado por Arantes, que agrega à reflexão européia sobre o estado de exceção a especificidade da exceção norte-americana, Negri e Hardt identificam a exceção contemporânea na intersecção de duas exceções – a moderna concepção jurídica alemã do estado de exceção, caracterizada pela suspensão transitória da ordem constitucional, e a idéia norte-americana de exceção, segundo a qual os Estados Unidos podem reivindicar a exceção em relação ao direito em virtude de seu poder excepcional, isto é, simplesmente porque é a única super-potência. O problema é que nessa intersecção o peso da exceção norte-americana é muito maior que o da exceção alemã, e isso parece criar uma contradição que precisa ser elucidada. Pois, como analisei em um outro contexto[9], como fundar a exceção contemporânea sobre a superação da exceção dos Estados-nação e, *ao mesmo tempo*, afirmar que a nova soberania supranacional se funda na supremacia do Estado norte-americano? Negri e Hardt compartilham com Arantes o entendimento de que há um declínio do direito internacional, de que a guerra em escala global impõe um novo enquadramento jurídico e de que o objetivo é reprimir os movimentos de resistência ou contestação ao poder do Império. Mas, em vez de falarem de coalizões dos Estados mais poderosos, tendo em vista a implementação da estratégia neo-imperial, como faz o filósofo brasileiro, preferem a "forma-rede", que englobaria tanto as potências estatais dominantes quanto as organizações multilaterais, as transnacionais e até mesmo ONGs globais. Nesse sentido, a necessidade de uma

---

[9] Laymert Garcia dos Santos, "Brasil contemporâneo: estado de exceção?", em Francisco de Oliveira e Cibele S. Rizek (orgs.), *A era da indeterminação* (São Paulo, Boitempo, no prelo).

organização imperial "em rede" teria levado os Estados Unidos a procurar estruturar a soberania supranacional como uma monarquia de envergadura planetária, cujo monarca deve negociar e cooperar constantemente com as diversas aristocracias globais[10].

Tudo se passa então como se a questão central para o entendimento da situação contemporânea girasse, para Negri e Hardt, em torno das relações entre os conceitos de estado de exceção e de Império, que parecem ao mesmo tempo reavivar seus sentidos de origem e exigir uma reelaboração para dar conta da explosão do enquadramento jurídico-político moderno que tinha como pilares os Estados nacionais. Mas é como se tal reelaboração só pudesse se dar como retomada de uma matriz de dominação pré-capitalista, um pouco como essas narrativas de ficção científica que só conseguem imaginar o exercício futurístico do poder como um retorno às formas antigas ou medievais, evidentemente repaginadas. Em outras palavras: tudo se passa como se o pensamento fosse incitado a ver o capitalismo pós-moderno acionando uma máquina de dominação imperial que, apesar de todas as recombinações e reprogramações, mantém em seu funcionamento e em sua inteligibilidade a matriz despótica. Daí a necessidade de uma nova revolução democrática, preconizada em toda a parte final de *Multitude*, que dessa vez levasse a multidão do planeta a destruir a soberania imperial e acabar de uma vez por todas com um poder que, em última instância, se assenta na transcendência do social e torna a decisão do monarca, por definição, excepcional.

Ora, se há muitas ressonâncias entre as análises de Negri e Hardt e as de Arantes, há aqui uma grande diferença, na medida em que o filósofo brasileiro não precisa operar um retorno à matriz despótica para considerar as relações entre a exceção contemporânea e o novo Império. Isso ocorre porque a exceção permanente não se funda na decisão soberana, mas parece muito mais se explicitar

---

[10] Antonio Negri e Michael Hardt, *Multitude*, cit., p. 83.

Prefácio • 17

como efeito colateral, porém imprescindível, de uma regra enunciada não em termos despóticos, e sim puramente capitalistas. Nesse sentido, a exceção não expressa a vontade despótica de um sujeito – seja ele imperador por direito divino ou pelas urnas –, expressa a própria lógica do capitalismo, que vive permanentemente afirmando ao mesmo tempo o território da regra e a desterritorialização da exceção. Assim, à pergunta "quem decide quando e onde vale a regra ou a exceção?", deveríamos responder: o movimento de realização do capital. E se Arantes pode perceber a exceção permanente como movimento imanente, é porque vê toda a problemática a partir da perspectiva da periferia do capitalismo, conforme mencionado no início deste prefácio.

O autor de *Extinção* parece ter sempre em mente as reflexões de Robert Kurz sobre a dinâmica da modernização capitalista no Primeiro e no Terceiro Mundo, e as conseqüências que dela tira seu amigo Roberto Schwarz para a compreensão inquietante de nossa condição periférica. Digo isso porque creio ser possível asseverar que seu emprego do conceito de exceção permanente é análogo ao que faz Schwarz ao prefaciar o livro de Francisco de Oliveira, *Crítica à razão dualista/O ornitorrinco*[11].

Tentemos apreender o fio que perpassa a argumentação desses autores. Analisando a cena política e econômica brasileira desde Collor, Francisco de Oliveira escreveu em "Política numa era de indeterminação":

> Assim, em lugar de uma hegemonia burguesa alimentando-se das "virtudes" cívicas do mercado, requer-se permanentemente coerção estatal, sem o que todo o edifício desaba. [...] Tanto aos olhos da sociedade quanto na prática do empresariado, a lei é a do vale-tudo. Na fórmula gramsciana de consenso mais coerção,

---

[11] Francisco de Oliveira, *Crítica à razão dualista/O ornitorrinco* (São Paulo, Boitempo, 2003).

a porção de coerção continua sendo a mais importante e, por isso, não há nenhuma possibilidade de "interesses bem compreendidos" tocquevillianos, e a República não nasce da "virtude" do mercado. É uma espécie de "exceção permanente" schmittiana, que anula as possibilidades de *virtù* da sociedade civil, entendida no sentido de blocos de interesses organizados demarcando-se entre si e com relação ao Estado. Um movimento browniano incessante, de acomodações e reacomodações, deslocamentos e deslizamentos, pesados ajustes de contas [...].[12]

Francisco de Oliveira parece captar o espírito do tempo. Mas, a rigor, a "exceção permanente" não é schmittiana, porque Carl Schmitt sempre viu o estado de exceção como *o* momento único, e por isso mesmo singular e transitório, em que o soberano revela a natureza milagrosa, transcendente, acima da política, de seu poder. Quem postula a "exceção permanente", em seu intenso e extraordinário diálogo com o jurista alemão é Walter Benjamin, que na tese nº 8 sobre o conceito de história escreveu:

A tradição dos oprimidos nos ensina que o "estado de exceção" em que vivemos é na verdade a regra geral. Precisamos construir um conceito de história que corresponda a essa verdade. Nesse momento, perceberemos que nossa tarefa é originar um verdadeiro estado de exceção; com isso, nossa posição ficará mais forte na luta contra o fascismo [...].[13]

Reatando, portanto, com a discussão Schmitt–Benjamin sobre o estado de exceção, que, no fundo, versa sobre a natureza do poder e sua legitimidade, Francisco de Oliveira se apropria

---

[12] Em *A era da indeterminação*, cit.

[13] Walter Benjamin, *Magia e técnica, arte e política: ensaios sobre literatura e história da cultura* (trad. do alemão por Sérgio Paulo Rouanet, São Paulo, Brasiliense, 1987), p. 226.

do conceito para pensar o Brasil contemporâneo. Tal apropriação parece tão instigante que, no texto intitulado "O ornitorrinco", o sociólogo volta a ele, conferindo-lhe agora não um sentido exclusivamente político, mas, por assim dizer, estrutural, ao empregá-lo para caracterizar a especificidade do subdesenvolvimento:

> O subdesenvolvimento viria a ser, portanto, a forma da exceção permanente do sistema capitalista na sua periferia. Como disse Walter Benjamin, os oprimidos sabem do que se trata. O subdesenvolvimento finalmente é a exceção sobre os oprimidos: o mutirão é a autoconstrução como exceção da cidade, o trabalho informal como exceção da mercadoria, o patrimonialismo como exceção da concorrência entre os capitais, a coerção estatal como exceção da acumulação privada, keynesianismo *avant la lettre*. De resto, esta última característica também está presente nos "capitalismos tardios".[14]

Não cabe aqui nos alongarmos sobre o procedimento analítico de Francisco de Oliveira, mas apenas sinalizar que ele suscita um comentário de Roberto Schwarz sobre o sentido da noção de "exceção permanente" empregada pelo sociólogo. Com sua costumeira lucidez, o crítico literário escreve:

> Numa boa observação, que reflete o adensamento da malha mundial e contradiz as nossas ilusões de normalidade, o Autor aponta a marca da "exceção permanente" no dia-a-dia brasileiro. Com o perdão dos compatriotas que nos supõem no Primeiro Mundo, como não ver que o mutirão da casa própria não vai com a ordem da cidade moderna (embora na prática local vá muito bem), que o trabalho informal não vai com o regime da mercadoria, que o patrimonialismo não vai com a concorrência entre os capitais, e

---

[14] Francisco de Oliveira, "O ornitorrinco", em *Crítica à razão dualista...*, cit., p. 131.

20 • Extinção

assim por diante? Há um inegável passo à frente no reconhecimento e na sistematização do contraste entre o nosso cotidiano e a norma supranacional, pela qual também nos pautamos. O avanço nos torna – quem diria – contemporâneos de Machado de Assis, que já havia notado no contrabandista de escravos a exceção do *gentleman* vitoriano, no agregado verboso a exceção do cidadão compenetrado, nas manobras da vizinha pobre a exceção da paixão romântica, nos conselhos de um parasita de fraque a exceção do homem esclarecido. A dinâmica é menos incompatível com a estática do que parece. Dito isto, há maneiras e maneiras de enfrentar o desajuste, que a seu modo resume a inserção do país (ou do ex-país, ou semipaís, ou região) na ordem contemporânea.[15]

O leitor que me perdoe a seqüência de citações nos últimos parágrafos, mas ela pareceu-me imprescindível para balizar os desdobramentos que a nova acepção de exceção permanente acaba assumindo no contexto da nossa discussão e para destacar seu valor heurístico. Ora, é precisamente a possibilidade de enxergar ao mesmo tempo a regra e a exceção, e esta como exceção *da* regra que permite a Arantes ver o Brasil como uma espécie de laboratório do capitalismo total, onde se experimenta a suspensão da "norma supranacional" como o seu avesso – tese, aliás, já defendida pelo filósofo nos ensaios de *Zero à esquerda*[16].

Voltemos a *Extinção*, entremos no laboratório, para concluir. O ensaio "Pensando por fora" e as entrevistas da parte 4 retomam e condensam várias das facetas do argumento em questão, "atravessando" o samba do consenso brasileiro e preparando o leitor para uma confrontação brutal com a nossa crise política e com "o que vem por aí". Com efeito, nos textos da parte 5 e no

---

[15] Roberto Schwarz, "Prefácio", em Francisco de Oliveira, *Crítica à razão dualista...*, cit., p. 18.

[16] Paulo Eduardo Arantes, *Zero à esquerda* (São Paulo, Conrad, 2004).

excelente ensaio "Duas vezes pânico na cidade", Paulo Arantes se dedica a retratar as cores caboclas da exceção permanente. O quadro é mais do que sombrio: a violência econômica do neoliberalismo dá o tom e domina a cena em que, por um lado, desponta o gangsterismo como a forma predominante de fazer política e, por outro, o crime organizado compete com o poder público na produção do medo e da insegurança, ao decretar um toque de recolher espantosamente obedecido pela megalópole e por várias outras grandes cidades do interior. Completa-se então a equação à brasileira: estado de exceção permanente = ditadura do mercado + gangsterismo político + PCC e Comando Vermelho. Com a proliferação das máfias em todos os planos, a sociedade se tornou refém! Realmente, um novo regime de crueldade está tomando conta do pedaço...

1

DIANTE DA GUERRA

No início dos anos 1980, o filósofo Cornelius Castoriadis afirmou que nos encontrávamos *diante da guerra*. Não estava com isso fazendo qualquer previsão sobre a proximidade maior ou menor de um conflito armado global a caminho. Diante da guerra não queria dizer *antes da guerra*. Simplesmente, por assim dizer, orientar-se em uma situação em que a perspectiva da guerra (nuclear...) passara a ser o horizonte incontornável de nosso tempo, e a recuperação da capacidade política de julgar, uma questão de vida ou morte. Num certo sentido, porém, estava diante de *uma* guerra nada intangível. A então recente invasão soviética do Afeganistão, somada à perda do Irã no início do mesmo ano para um regime islâmico radical, entre outras reviravoltas geopolíticas (como a vitória sandinista na Nicarágua) e geoeconômicas (como a onda reestatizante do petróleo árabe nos anos 70), anunciava o início da Segunda Guerra Fria, como Fred Halliday denominou a escalada dos anos 1980, tanto na corrida armamentista – a correlação das forças mortas, como dizia Castoriadis – quanto no confronto político-ideológico reaberto pela ofensiva Reagan/Thatcher.

Pois, a Segunda Guerra Fria também terminou. *E, no entanto, continuamos diante da guerra.* Ou, por outra: se Hobsbawm tem razão, ninguém saberia dizer ao certo *o que, afinal, temos pela frente.* A seu ver, "ainda é um tema a ser debatido o quanto as ações em que as Forças Armadas norte-americanas têm estado envolvidas, desde o fim da Guerra Fria, em várias partes do globo, constituem ou não uma continuação da Era da Guerra Mundial". Não tenho a menor pretensão de oferecer uma resposta cabal. Mesmo assim, creio que ajudará um pouco perceber de saída que, a rigor, não estamos mais – literalmente – diante da guerra.

A guerra do Iraque não veio a nosso encontro. Ela não "estourou", como se dizia em tempos que hoje parecem antediluvianos. Aliás, nenhuma das atuais guerras norte-americanas "eclodiu". Muito menos essa. "Essa é uma guerra muito diferente de qualquer outra já travada pelos Estados Unidos. Falta-lhe um *casus belli*. Não houve Pearl Harbor, nem um ataque nazista não provocado à Polônia. Tampouco, por falar nisso, a prova irrefutável de malfeito por parte de Saddam." Palavras insuspeitas de um dos ideólogos da estratégia terrorista do Choque e Pavor, é verdade que ditas em um momento de euforia, pouco antes do fiasco da estréia. Trata-se, em suma, de uma guerra preventiva, como se diz na doutrina oficializada em setembro de 2002. De fato uma categoria muito diferente de guerra, nada menos do que "o uso da força para eliminar uma ameaça forjada", conforme emendou Chomsky. A inovação sinistra não se limita por certo a essa trivialidade policial, assim como a idéia de prevenção. Era de se imaginar, desde que a idéia bárbara de guerra justa voltou a circular a partir da Guerra do Golfo. Assim, não pode mesmo "estourar" – a menos que se tenha em mente uma operação relâmpago de "decapitação", no pentagonês do dia – uma guerra por tanto tempo "desejada e planejada", como lamenta o pró-norte-americano confesso Günter Grass, acabrunhado com a decadência moral da primeira potência planetária.

Na verdade, estamos diante de uma tremenda reviravolta. As guerras modernas "estouravam" porque eram o que sempre fo-

Diante da guerra • 27

ram: a súbita irrupção de um flagelo. Como os espanhóis e os microparasitas tomando de assalto as sociedades pré-colombianas. Noutros tempos, dir-se-ia que a predação inter-humana da guerra imperialista se iguala às forças destrutivas da própria natureza. Vista desse ângulo, a atual guerra por energia fóssil – ou, se preferirmos, para lastrear pelo poder das armas o dinheiro mundial, também ele *under attack* – produz igual dose de entropia e caos sistêmico, como uma nova desertificação. Richard Blackburn, cujo raciocínio teórico estou glosando, poderia dizer muito bem que a superpotência restante, no afã de contra-arrestar a própria corrosão, está contornando as forças destrutivas que a consomem, repassando-as por meio da extorsão de tributos e excedentes de outras sociedades. Por mais que Clausewitz tenha se esforçado por entroncar a violência cega da guerra na rota política da razão e da vontade, ela nunca deixou de emanar do reino mesmo da necessidade, expresso na ilimitação inerente a todo esforço bélico. Daí a relutância que os Estados pelo menos precisam aparentar quando lançam mão desse último recurso. Afirmar que a guerra é um mal necessário é mais do que apenas parolagem edificante, é admitir que ela procede dessa esfera inferior e tenebrosa em que as sociedades estão cruamente empenhadas em impedir sua destruição.

Estar diante da guerra é confrontar-se antes de tudo com uma "necessidade" dessas. Ora, a guerra preventiva sistêmica – incursões terroristas avulsas incluídas – não só inverteu, como perverteu de vez todo esse mortífero dispositivo moderno, intercambiando necessidade e liberdade, no caso, política e naturalização da máquina de guerra. Não é, portanto, incompreensível o pasmo provocado por uma guerra que *não foi colocada a nossa frente*, na fórmula exata de um desconsolado *expert* norte-americano. "Nós optamos por ela." Esse o fato espantoso, acrescenta, se o contribuinte norte-americano, entorpecido pelas imagens de guerras anti-septicamente precisas, já não o considerasse, há muito tempo, parte da ordem natural das coisas, enquanto os governantes vão transferindo cada vez mais a um núcleo do poder militar a tarefa de "moldar o ambiente" – isto é, governar por meio de uma pressão militar contínua, doméstica e mundial.

O sistema capitalista de exploração e controle se caracteriza pela autonomização recorrente de processos sociais que passam a funcionar como uma segunda natureza. A sensação de que a administração Bush perdeu o contato com a realidade se explica em grande parte por essa circunstância. Num certo sentido, a paranóia que a impulsiona é objetiva, pois obedece a uma tal necessidade de segundo grau. No entanto, não é menos verdadeiro que se trata de uma guerra por *escolha,* e não por necessidade. A analogia com o etos guerreiro do *cowboy* tem sua razão de ser: numa guerra preventiva, em princípio também vence quem saca primeiro, porém na segunda ou terceira guerra não se poderá mais ignorar o aberrante automatismo do gesto.

Como ficamos? Durante a era da mútua destruição assegurada pelo equilíbrio do terror termonuclear, só podíamos nos situar diante da guerra como a perspectiva absoluta de nosso tempo, como quem se vê indefeso diante de uma calamidade natural. Qual a resposta política a uma chuva radioativa? Como lembrado por Oskar Negt e Alexander Kluge, diante das grandes catástrofes que se abatem sobre nós, tornamo-nos como que intrinsecamente apolíticos, isto é, *pessoas sem resposta.* A guerra nuclear "estourando" seria a eclosão do incomensurável, a ausência de qualquer medida comum entre os humanos e a Bomba. A atual revolução tecnológica nos assuntos militares, ao romper com essa lógica inercial, deu a vitória ao lado que primeiro conquistou a capacidade letal por meio do novo arsenal *high-tech.* O problema com o armamento nuclear é que ele não pode ser empregado, o primeiro lance já é o ato final da guerra absoluta, o acidente total em que o reino da necessidade enfim reabsorveria a efêmera província da liberdade. Deu-se então a espantosa reviravolta de que estamos falando, a miragem da iniciativa política reconquistada em face da anterior paralisia das vontades a caminho da hecatombe. É que a referida revolução militar devolveu ao *establishment* vencedor a faculdade de voltar a encarar a guerra de alma leve, pois, afinal, trata-se, outra vez, da continuação da política. Mas, com ela, a chance da impunidade moral propiciada pelo exercício sem limites da assimetria militar. Algo como uma anomia tecnológica. Simplesmente se deu uma derradeira volta no parafuso da alienação. Alguma dúvida? Durante a guerra do Kosovo, um entusiasta do humanismo militar como Michael Ignatieff observou que "a beleza de tais armas" é que elas podem ser usadas. Pouco tempo depois, pediria uma intervenção "imperial e sem piedade" no Iraque. Não estamos mais diante da guerra, mas, agora sim, diante da política como mera continuação da guerra.

NOTÍCIAS DE UMA GUERRA COSMOPOLITA

1

Uma guerra cosmopolita seria uma contradição em termos. Ou uma aberração filosófica: pelo menos, desde Kant, direito cosmopolita rima com paz perpétua. Acontece que a guerra já não é mais a mesma. Civilizou-se. Graças a uma espetacular Revolução nos Assuntos Militares, segundo os *experts*, a guerra tornou-se finalmente um ato cirúrgico limpo, praticamente sem derramamento de sangue – por certo o sangue bom e profissional de seus operadores e demais instrumentistas. A guerra do futuro teria enfim se tornado realidade durante a campanha do Iraque. Ou quase: desafortunadas 148 baixas nas fileiras aliadas, das quais 37 desastradas vítimas de fogo amigo, ainda separaram aquela guerra da perfeição almejada, a de um conflito armado *casualty-free*. Mas não podemos esquecer que as subseqüentes campanhas do Kosovo e do Afeganistão por muito pouco não alcançaram o ideal *high-tech* da guerra totalmente segura.

Uma guerra cosmopolita só pode ser uma guerra justa. Apenas iniciada a Operação Tempestade no Deserto, Norberto Bobbio declarava ser a Guerra do Golfo uma guerra justa[1]. Michael Walzer

---

[1] Norberto Bobbio, *Il terzo assente: saggi e discorsi sulla pace e la guerra* (Turim, Sonda, 1989); *Una guerra giusta?* (Veneza, Marsilio, 1991).

32 • Extinção

dedicou o prefácio da segunda edição de seu livro *Just and Unjust Wars* à Guerra do Golfo, considerando "impossível imaginar uma causa mais nobre e um inimigo mais infame"[2]. Durante os longos preparativos da primeira versão dessa guerra, aparentemente permanente, Habermas também se pronunciou sobre a indiscutível justiça que estava por vir, acrescentando – a seu ver, o argumento mais forte – que seria preciso saudar a *virada cosmopolita* que se estava testemunhando[3]. A partir daquela guerra, acrescentou em outra ocasião, seria possível afirmar que finalmente principiava a transição do direito internacional – ainda balizado pelo princípio anacrônico da soberania externa e subordinado à política de poder – para o direito propriamente cosmopolita, o *jus cosmopoliticum*, preconizado no projeto kantiano de paz perpétua[4]. No mesmo diapasão de fervor cosmopolita, seu discípulo e atual diretor do Instituto de Pesquisa Social de Frankfurt, Axel Honneth, viu na Guerra do Golfo um marco anunciando a maturação de uma sociedade global "moralmente regulada"[5]. Voltando ao pai da matéria: sem tirar nem pôr, Habermas apresenta o mesmo argumento que usou quando do ataque da Otan à Sérvia, classificando tal episódio, para variar, como mais um passo decisivo rumo à consolidação do direito cosmopolita demandado pela sociedade civil mundial[6]. Assim, de "guerra justa" em "guerra justa" –

---

[2] Michael Walzer, *Just and Unjust Wars* (Nova York, Basic Books, 1992).

[3] Jürgen Habermas, "The Gulf War", em *The Past as Future* (Lincoln, University of Nebraska Press, 1994).

[4] Jürgen Habermas, *L'intégration républicaine* (Paris, Fayard, 1998), p. 94-145.

[5] Axel Honneth, "Is Universalism a Moral Trap?", em James Bohman e Matthias Lutz-Bachmann (eds.), *Perpetual Peace: Essays on Kant's Cosmopolitan Ideal* (Cambridge, The MIT Press, 1997).

[6] Jürgen Habermas, "Bestialität und Humanität", *Die Zeit* (Hamburgo, 29 de abril de 1999). Argumento acionado logo a seguir, no artigo "Du droit des peuples au droits des citoyens", em *Le Monde des Débats* (Paris, 4 de junho de 1999).

que vão, por sinal, se sucedendo e se encaixando uma na outra com uma freqüência tal que a distinção outrora crucial entre paz e estado de guerra já não parece mais fazer qualquer sentido –, é toda uma *ordem cosmopolita* que, ao se instalar de vez, poria um ponto final no processo de aprendizagem que vem a ser a história universal segundo Habermas[7]. Pois é, as bombas inteligentes da nova guerra, ao que parece, produziram um outro efeito colateral, implodindo o que ainda restara de discernimento na *intelligentsia* da Nova Ordem Mundial, algo como um fiasco em grande estilo, como se os notáveis do espírito ocidental, com o instinto seguro da raça, viessem há algum tempo desativando sua capacidade de pensar como quem se prepara para engolir triunfalmente enormidades desse porte, de fato protagonizando a enunciação coletiva de um novo *discurso da guerra* cuja identificação, por isso mesmo, reclama com urgência um outro quadro categorial. Aliás reunindo – tal discurso – no mesmo coro dos contentes com a marcha ascendente do mundo rumo a uma gloriosa catástrofe, tanto modernos quanto pós-modernos[8]. Todavia, o que distingue Bobbio e Habermas dos demais colegas de euforia, mais precisamente na justificação da Guerra do Golfo enquanto "primeiro evento cosmopolita em sentido estrito" – obviamente em linha com um outro entusiasmo histórico, o do espectador distante e não engajado da Revolução Francesa, que Kant (outra vez) interpretou, tal entusiasmo desinteressado, como prova do progresso moral da humanidade... –, é que ela decorre, como sugerido linhas acima, de toda uma prolixa concepção jurídico-filosófico-

---

[7] Resumindo livremente a opinião de Yves Sintomer, *La démocratie impossible?: politique et modernité chez Weber et Habermas* (Paris, La Découverte, 1999), p. 363.

[8] Para um primeiro balanço, Christopher Norris, *Uncritical Theory: Postmodernism, Intellectuals and the Gulf War* (Amherst, The University of Massachusetts Press, 1992).

política do necessário governo transnacional do mundo, entendido como uma sorte de culminância evolutiva, em ruptura com o moderno sistema mundial interessados de equilíbrio hegemônico oriundo das sucessivas edições do modelo acordado em Vestfália três séculos e meio atrás. Não são os únicos, é claro.

Na hoje imensa tribo dos cosmopolitas em luta com os destroços do combalido moinho de vento do sistema de Vestfália, se apresentam inúmeras variantes, como o pessoal da "democracia cosmopolita" (David Held, Daniele Archibugi e Cia.) ou o veterano Richard Falk etc., formando um leque de modelos de geogovernança (sic), do mais estrito delírio paranóico em torno de um Estado Mundial ao mais difuso emaranhado de autoridades transnacionais. Em geral parvamente desapontados toda vez que uma instância relevante faz algum pronunciamento cinicamente "soberanista". Seja qual for, no entanto, a figura assumida pelo "paradigma cosmopolita da segunda modernidade" – como Ulrich Beck costuma se referir à constelação mental que estaria se ajustando ao amálgama criativo de "flexibilidade" (do trabalho ao caráter) e "risco" (da desproteção social ao desastre ecológico) na origem da Nova Ordem Mundial[9] –, não é menos verdade que todas convergem para um ponto de fuga: tudo se passa como se as famigeradas iniciativas cosmopolitas de promoção de paz estivessem, no "agregado", como se diz, consumando o desfecho inverso, algo como uma legitimação e legalização formal da guerra[10]. Por assim

---

[9] Cf., p. ex., Ulrich Beck, *The Brave New World of Work* (Cambridge, Polity, 2000).

[10] Danilo Zolo, *Cosmopolis: Prospects for World Government* (Cambridge, Polity, 1997). Até onde sei, Danilo Zolo foi o primeiro a repertoriar os bárbaros contra-sensos da Guerra do Golfo, na qual identificou, por isso mesmo, a primeira guerra cosmopolita. Por essas e outras, volta e meia cruzaremos seu caminho.

Notícias de uma guerra cosmopolita • 35

dizer, uma dialética da guerra justa, condensada, aliás, na *boutade* certeira de Gore Vidal a propósito da ofensiva norte-americana contra o Afeganistão: a seu ver, o governo Bush estaria buscando "a paz perpétua por meio da guerra perpétua"[11]. Coisa que Habermas[12], aliás, continua não entendendo: ao mesmo tempo em que reserva um lugar central em sua constelação pós-nacional para o potencial civilizador da guerra cosmopolita, teme ainda mais, na esteira do 11 de Setembro, um retorno da política na forma do "modelo hobbesiano original do Estado de segurança globalizado, ou seja, nas dimensões da polícia, serviço secreto e aparato militar". Uma coisa não vai sem a outra – guerra segura e *estado de sítio mundial*, para dar logo o nome antigo ao novo estado de coisas[13]. Trocado em miúdos históricos, o achado orwelliano de Gore Vidal – para o novo Big Brother, guerra (perpétua) é paz (perpétua) – também poderia ser enunciado do seguinte modo: a substituição do velho e desprezado modelo da Paz de Vestfália pelo atual paradigma iluminista-cosmopolita de abolição da guerra por meio do império da Lei paradoxalmente vai reintroduzindo a prática bárbara do "direito à guerra", a mesma que o moderno direito internacional, delineado a partir de Vestfália, tratou de banir do mundo civilizado[14].

---

[11] Segundo matéria na *Folha de S.Paulo* de 24 de novembro de 2001. Depois, a tirada orwelliana virou título de um livro, *Perpetual War for Perpetual Peace: How We Got to Be So Hated* (Nova York, Thunder's Mouth Press/Nation Books, 2002).

[12] Jürgen Habermas, "Fé e conhecimento", *Folha de S.Paulo*, 6 de janeiro de 2002.

[13] Como espero poder mostrar por extenso noutra ocasião. Por enquanto, só algumas sugestões ao longo do caminho.

[14] Danilo Zolo, *Cosmopolis*, cit., p. 114.

2

O ponto cego do paradigma cosmopolita em ascensão, ou melhor, sua verdade luminosa, parece ser mesmo a guerra. Mas a guerra justa, como estamos vendo. Uma outra relíquia bárbara, para voltar a empregar a expressão com que Keynes costumava se referir aos estragos do padrão-ouro – mas agora reciclada em seu arcaísmo mesmo para designar o novo regime da guerra no mundo subordinado ao dinheiro mundial que se tornou o dólar – flexível pós-Bretton-Woods: uma guerra de respostas flexíveis na melhor linha *just in time* de um sistema operando em rede.

A idéia medieval de guerra justa foi sobretudo uma justificação da guerra, com direito às sutilezas teológico-jurídicas de praxe. A literatura especializada costuma atribuir a santo Agostinho a primazia da formulação inaugural. Por exemplo: que a paz verdadeira, baseada na justiça e na concórdia, algo muito distinto da mera ausência de guerra, é atributo essencial da Cidade de Deus; sendo em contrapartida a cidade terrestre o reino das paixões e da discórdia, seu destino é a guerra, a qual, por isso mesmo, precisa passar pelo crivo moral de uma autoridade espiritual superior, a Igreja Romana, no caso. Preciosa vantagem dessa formulação oportuna: uma tal distinção entre guerras justas e injustas (pois era disso que se tratava) silenciava também os doutrinários da não-violência, que sem dúvida tinham lá suas razões, pois afinal a idéia cristã primitiva de paz nascera da recusa radical da cultura sanguinária que impregnava as instituições do Império Romano. Mas não precisamos ir tão longe. Basta lembrar que uma tal aceitação da guerra ocorria sob condições, de modo a restringir e disciplinar esse último recurso nas disputas entre príncipes cristãos: por um lado, o direito de começar uma guerra precisava estar alicerçado em uma boa e justa causa, enquanto, por outro lado, o mesmo intuito de reparação e justiça impunha limites e proporção aos meios militares empregados, pelo menos no céu das idéias e dos códigos. Ficava estabelecido também que tudo isso se passava entre bons cristãos. A coisa obviamente mudava de figura em se tratando de "outros". Nesses termos, uma Cruzada sempre seria uma guerra justa por definição e, como tal, legítimo instrumento de punição da crescente legião de novos bárbaros. Não espanta que a doutrina da guerra justa tenha conhecido uma segunda juventude durante os genocídios coloniais que marcaram a primeira expansão marítima dos Estados europeus, cuja concorrência beligerante, todavia, havia tempo, era regida por um outro direito de guerra: o da guerra como prerrogativa da soberania de um corpo político, afinal codificado no mencionado Tratado de Vestfália, de 1648. Como se há de recordar, e não custa repetir pelo menos para efeito de contraste: a partir de então, sob o signo da *Raison d'État*, a guerra não gira mais em torno da idéia, por assim dizer, cosmológica de justiça, que foi substituída por noções procedimentais de equilíbrio e reciprocidade nas relações de poder. E mais, com o eclipse do centro moral do cosmo – papa, imperador e assemelhados –, as partes beligerantes passam a gozar todas da mesma condição jurídica de *justus hostis*, quer dizer, titular do direito original de declarar-se em guerra.

Para que se possa ter uma idéia das reviravoltas em curso na última década – a idade aproximada das guerras cosmopolitas –, seria bom acrescentar, nesse mesmo diapasão das avaliações jurídico-morais um tanto nas nuvens, que a Carta de São Francisco, que instituiu as Nações Unidas, passou a considerar a guerra simplesmente um crime, e como tal condenou-a como instrumento para resolver conflitos internacionais. Pouco importa se essa enésima peça retórica produzida nas chancelarias foi pouco mais do que o verniz indispensável à nova ordem mundial que os vencedores costumam desenhar, o fato é que, desde a Guerra do Golfo, esse flagelo criminoso tipificado pela Carta sacrossanta – e que nenhu-

38 • Extinção

ma nova Declaração Universal de Qualquer Coisa parece ter reentronizado – retornou a sua condição pré-moderna de *justum bellum*, com latim e tudo. Essa reminiscência gótica corroendo a parafernália *high-tech* dos exércitos cristãos reunidos no golfo Pérsico no justo propósito de devolver a população do Iraque à Idade da Pedra, de onde, aliás, nunca deveria ter saído[15].

O resto é bem conhecido. Ou não? Deixemos por enquanto de lado maiores considerações sobre o novo desenho da projeção global do poder norte-americano naquele primeiro modelo da guerra do futuro, ainda ancorado no velho recurso às armas toda vez que uma economia central baseada em combustível fóssil se depara com uma ameaça à continuidade de seu suprimento[16]. Do ângulo que nos interessa ressaltar agora, a grande novidade daquela primeira *demonstration war* – é preciso insistir – se prende a sua embalagem jurídico-moral-filosofante, na qual foi embrulhada a crueza do antigo vocabulário "realista" da política de poder, cuja obsolescência os vários discursos do "fim da história" incluíram entre os "dividendos da paz" de 1989, mas na qual a teoria e a prática, a rigor, jamais saíram de cena. É recomendável, a propósito, a leitura edificante de *The Grand Chessboard*, de Zbigniew Brzezinski[17], a respeito dos impe-

---

[15] Ibidem, p. 28.

[16] Como lembrado por Elmar Altvater, *O preço da riqueza* (São Paulo, Unesp, 1995), p. 266-7. Está claro que Altvater não se limitou a essa observação "realista", sugerindo, ao contrário, um esquema original para a reinterpretação dos novos vínculos entre a guerra e uma nova ordem mundial cada vez mais exportadora de entropia. Se houver chance, retomaremos o ponto, pois o "grande jogo" reiniciado no Cáucaso ainda se trava em torno do capitalismo movido a energia fóssil e a estratégias armadas de externalização de custos.

[17] Nova York, Harper Collins, 1997. Dentre os mandamentos de maior sucesso, costuma-se destacar: "to prevent collusion and maintain security dependence among the vassals, to keep tributaries pliant and protected, and to keep the barbarians from coming together".

Notícias de uma guerra cosmopolita • 39

rativos geoestratégicos necessários à continuidade da supremacia norte-americana no novo século. Com todas as letras, nada mais, nada menos do que uma *imperial geostrategy*, que o secretário de Defesa, Donald Rumsfeld[18], não se acanha, por sua vez, de trocar no varejo, que é de bom tom considerar ultrapassado, da retórica dos interesses ditos nacionais e muito bem compreendidos, por exemplo, num artigo recente, em que convida seus concidadãos e subordinados a repensar a guerra de uma maneira decididamente "proativa". Nem por isso, todavia, o *revival* da cultura bélico-moral da "guerra justa" deve ser tomado como mero jogo de cena. Pode-se, até mesmo, dizer – como sugerido linhas acima acerca do eufórico eclipse da inteligência cosmopolita – que há algum tempo a opinião pública ocidental vinha embalando a fantasia de um grande ato de violência, transfigurado é claro pela língua franca dos direitos. Que o governo norte-americano tenha centrado sua propaganda de guerra na parolagem altissonante da justiça e da lei é trivial. Já não é tão trivial assim a "metáfora legalista" com que o distinto público e o *establishment* intelectual traduziram a enxurrada jurídica oficial: a transferência metafórica de um discurso originário da arena doméstica dos sistemas legais instituídos para o plano da política mundial fez com que milhões de pessoas vissem a nova guerra cosmopolita que se estava inaugurando como uma questão judicial de crime e castigo, uma questão de polícia enfim, como, aliás, foi dito na primeira hora pelas raras vozes destoantes mais articuladas. Desde então expedições punitivas desse calibre passaram a ser vendidas por seus promotores como se não fossem guerras clausewitzianas de verdade (voltaremos ao ponto), mas o desfecho incontornável de imperativos morais – como se a nova guerra fosse, a bem

---

[18] Donald H. Rumsfeld, "Transforming the Military", *Foreign Affairs*, maio/junho de 2002.

dizer, um discurso, um "jogo de linguagem", por que não?, regido pelos princípios normativos da ética discursiva –, e com a mesma naturalidade com que os CEOs alardeiam a vocação ético-cidadã de suas respectivas corporações. (Naturalidade por certo abalada pelas últimas proezas contábeis da delinqüência corporativa norte-americana; é bom, no entanto, reparar que a maquiagem midiática da campanha do Golfo inaugurou com um certo pioneirismo essa mesma "contabilidade criativa" na gestão da guerra.) Sem dúvida, trata-se de *marketing*, mas *marketing* de uma guerra nada virtual. Para ficar só numa observação, digamos, técnica: uma operação de polícia como a do Golfo – vendendo segurança ao mundo dos negócios –, já pelo simples fato de ser conduzida por um "agente" que dispõe do monopólio mundial da violência, está condenada a se revestir de todas as características de uma guerra, e chamá-la de "justa" (ou cosmopolita) apenas confirma sua índole original. Quando um conflito armado dessas proporções é deflagrado, a lógica da guerra tende a prevalecer, como a destruição do inimigo e a preservação da vida de seus próprios combatentes. Porém com a diferença característica dos novos tempos: a morte gloriosa no campo da honra, paradoxalmente, já não vale mais a justa causa de uma guerra, mesmo se defendida como justa; e isso tanto mais ainda que a proporção desmesurada do poderio militar requerido por tal ação de polícia planetária já não admite qualquer controle do ângulo normativo complementar, do *jus in bello* das antigas convenções[19]. E aqui começamos a entrar no reino da *exceção*. Quer dizer: a guerra cosmopolita sobre a qual dou esta breve notícia nada mais é do que a manifestação mais contundente do regime de *estado de sítio planetário* no qual estamos desde então nos instalando.

---

[19] Cf. Danilo Zolo, *Cosmopolis*, cit., p. 113.

Notícias de uma guerra cosmopolita • 41

(A essa altura, preciso abrir um duplo parêntese, obviamente sumário. Primeiro evocando uma noção um tanto fora de moda, a idéia política de *soberania*. Para, em seguida, voltar a lembrar – infelizmente à sombra de um autor maldito –, contra a maré do normativismo jurídico que hoje nos ofusca como uma segunda natureza, que toda lei tem, por assim dizer, seu lado de fora e que esse exterior, por sua vez, não é, nem pode ser, limitado por lei alguma, pois, segundo Carl Schmitt, a experiência dramática de que a soberania, em sua acepção enfática, se encontra à margem da lei – como deveria se lembrar, aliás, qualquer leitor de Kafka, se não for pedir demais em uma era de embotamento integral –, tal experiência ou revelação se realiza na situação-limite fundadora da modernidade política (outra vez: como deveria saber muito bem todo leitor de *O 18 Brumário de Luís Bonaparte*), o *estado de sítio* cuja recorrência atesta que as ações do soberano não podem ser limitadas por leis, quando mais não seja porque a *emergência* que define o estado de *exceção* não pode, ao contrário da mitologia liberal acerca da soberania difusa, justamente por refletir um caso de necessidade excepcional, ser integralmente normatizado como um processo civil e penal. Daí, o teorema assustador que se pode ler na primeira linha da *Teologia política*: "soberano é aquele que decide sobre a exceção"[20]. Esse é o terrível critério político de última instância em função do qual se procederá à identificação do que realmente importa, o *sujeito da soberania*, questão não por acaso escamoteada pelo positivismo jurídico e seu sistema de normas, por meio do qual todo problema concreto é resolvido de modo dedutivo por subsunção automática a alguma norma universal[21]. Assim, de nada adianta proclamar que o povo é soberano, ou que o é o

---

[20] Carl Schmitt, *Théologie politique* (Paris, Gallimard, 1998).

[21] Jean-François Kervégan, "État d'exception", em Philippe Raynaud e Stéphane Rials, *Dictionnaire de philosophie politique* (Paris, PUF, 1996).

Estado, em seu conjunto, como importa ainda muito menos definir a soberania por um esquema formal do tipo "plenitude de poder", "poder mais alto e não derivado" etc., o que de fato conta é saber quem é concretamente soberano, quem decide em uma situação de conflito e risco extremo, o que constitui o interesse do Estado, em suma, onde está o famigerado *salut public*.

Ao decidir sobre a exceção, só o soberano determina o estado de direito – se é verdade, como pensava Carl Schmitt, que uma ordem legal só tem sentido se houver uma situação normal, sendo por isso mesmo soberano aquele que decide de modo inquestionável se essa situação normal realmente existe ou não. Daí a antítese chocante: um governo constitucionalmente limitado repousa sobre o vulcão de uma autoridade ilimitada, a suspensão de toda ordem existente[22]. Recapitulando. A anomalia constitutiva da modernidade política reside no fato de que a definição jurídica do estado de exceção tenha sido elaborada ao mesmo tempo em que se implantava o Estado constitucional liberal. Essa é a raiz da miragem liberal reduzida a pó por Carl Schmitt, a origem do voto piedoso de que, uma vez concluída a transição do absolutismo para o estado de direito, estaria assegurada de uma vez por todas a unidade solidária do Estado. Tumultos e motins poderiam produzir desordem, mas a homogeneidade não estaria seriamente ameaçada por algum corpo social estranho. Assim sendo, o enquadramento dos recalcitrantes – individualidades possessivas isoladas – não careceria mais de medidas excepcionais, ou melhor, o estado de sítio previsto em lei seria sempre fictício porque se deixaria gerir juridicamente como a própria normalidade. Essa fabulação não resistiu ao primeiro teste, episódio fundador sobre o qual

---

[22] No bom comentário de Paul Hirst, "O problema da soberania", em *A democracia representativa e seus limites* (Rio de Janeiro, Jorge Zahar, 1993), p. 126-7.

Marx escreveu *O 18 Brumário*: a aparição de uma colossal força social antagônica, acampada até então às margens da sociedade, como se referia Auguste Comte ao proletariado, trouxe de volta a experiência decisiva da divisão social e, com ela, de novo, o entrelaçamento ameaçador de normas e exceção na instituição da soberania moderna, tão logo reapareça o "inimigo" interno, que nunca tarda a reemergir.

Hoje interessa novamente saber quem afinal decide sobre a exceção – e não é pedir pouca coisa –, se é verdade que o novo governo do mundo, na atual condição de caos sistêmico, se apresenta na forma de um estado de sítio generalizado. O fato de já não sabermos mais se estamos em guerra ou em paz talvez seja a evidência mais tangível e abrangente dessa indistinção entre a exceção e a regra que é o híbrido extremo em que se cristaliza a atual escalada de uma dominação a céu aberto. A Guerra do Golfo foi sem dúvida o primeiro grande laboratório do estado de sítio como governo do mundo – é bom não esquecer que, desde então, comprimido entre zonas de exclusão, como é da natureza espacial de um território em estado de sítio, o Iraque vem sendo regularmente bombardeado. Em matéria de fevereiro deste ano[23], *The Washington Post* enumerava as opiniões de um certo Robert Kaplan, muito lido e ouvido por George W. Bush nos meses que antecederam o 11 de Setembro. Entre outras preciosidades registradas pela rústica mente presidencial, encontrava-se a previsão de que o direito internacional declinaria conforme as guerras se tornassem menos convencionais, ou também considerações sobre a natureza pouco prática de consultas democráticas em tais circunstâncias, mas sobretudo se destacava o argumento de que a guerra, tornando-se permanente, já não se distingue muito nitidamente

---

[23] Transcrita no jornal *O Estado de S. Paulo*, em 24 de fevereiro de 2002.

da paz. Em tempo: o senhor Kaplan passa por especialista em geopolítica do Cáucaso, epicentro do "grande jogo", na definição de lorde Curzon, vice-rei da Índia em fins do século XIX. Fechando o parêntese, voltemos à perpétua guerra justa dos cosmopolitas, quer dizer, ao *estado de emergência* como objetivo da paz perpétua.)

Como lembrado, a "guerra justa" tende à situação-limite da Cruzada. Sob a autoridade cosmopolita do papa e do imperador – é bom repetir: cosmopolita, e não internacional[24] –, podemos até admitir que pelo menos fazia sentido negar ao inimigo a condição de *justus hostis*, considerando-o, ao contrário, um fora-da-lei, e como a lei, no caso, vem a ser a própria cristandade, a rigor um fora-da-humanidade, e como tal simplesmente massacrável. À medida, entretanto, que se ia consolidando o sistema europeu de disputa comercial e militar entre os Estados, regulado em princípio por algo como um direito público – agora sim, internacional, no quadro do qual cada Estado soberano era reconhecido como uma "pessoa" moral e os rituais de guerra entre iguais, codificados –, a doutrina e a prática medievais da guerra justa, já obsoletas no centro do sistema, foram repostas em circulação na periferia, na franja mais sanguinária da expansão ultramarina do capitalismo europeu. Assim, o mesmo Pufendorf interessado em justificar a guerra intra-européia, neutralizando-lhe a antiga e anacrônica sobrecarga moral ostensiva, não hesitava em subscrever a tese colonial de que os nativos americanos teriam sido de antemão proscritos pela própria natureza, estando, portanto, liberado seu extermínio. Ou ainda, quando, por sua vez, Grotius declarava que a guerra não tinha mais nada a ver com questões de justiça, ele

---

[24] Distinção para a qual Danilo Zolo chama a atenção toda vez que o anacronismo regressivo da tentação cosmopolita entra em cena. Cf., p. ex., *Cosmopolis*, cit., p. 75.

também estava denunciando o arcaísmo das alegações de justa causa para as guerras modernas, ao mesmo tempo em que lhes sancionava o caráter, por assim dizer, público-estatal, acrescido da justificação legal dos contendores como *hostes equaliter justi*, de sorte que inimigos legalmente reconhecidos não poderiam mais ser relegados à condição pré-moderna de bárbaros *hors l'humanité*[25]. E, no entanto – acabamos de lembrar –, identificar um inimigo interno e combatê-lo como uma parcela fora-da-constituição nada mais é do que o próprio estado de sítio, para o qual convergem – como deveríamos ter explicado e agora mal podemos mencionar, confiando no senso histórico-político do leitor – ditadura e guerra civil enquanto verdade latente da normalidade constitucional. Noutras palavras, noves fora a verbiagem ético-normativa própria de sua ressurreição contemporânea, o estado de exceção a rigor nunca deixou de ser, agora sim, uma "guerra justa" travada pelo soberano em sua retaguarda nacional, acrescido de tudo que ela implica, em termos igualmente discriminatórios, de proscrição e desamparo legal.

Admitamos, igualmente, para efeito de formulação, que a restauração da fraseologia da guerra justa data da Liga das Nações – para variar uma outra coalizão de vencedores empenhada em disciplinar o novo arranjo do mundo. Sendo assim, será possível observar ao longo do tempo o seguinte contraponto: enquanto no plano interno a progressiva constitucionalização do estado de exceção aclimatava o sistema de anátemas e proscrições características de uma "guerra justa" civil, no plano internacional os mesmos poderes soberanos que decidiam internamente sobre a exceção trilhavam o caminho inverso, removendo qual-

---

[25] No resumo de Danilo Zolo, *Cosmopolis*, cit., p. 109. Achei que não seria de bom-tom, em tempos cosmopolitas, dar as correspondentes referências em Carl Schmitt – igualmente omitidas no que se segue.

quer reminiscência arcaizante que tendia a moralizar, e, portanto, criminalizar, as guerras "modernas" que se fazem uns aos outros enquanto *hostes equaliter justi* – digamos, então, que se precaviam contra a emergência de um poder superior em condições de decretar um estado de sítio mundial sob pretexto de "guerra justa".

Na verdade aquela malograda União Pacífica – a primeira a invocar o patrocínio do paradigma cosmopolita de corte kantiano – revelou-se uma pioneira patrocinadora de expedições punitivas e promotora de guerras de coalizão. Mas, sobretudo, inaugurou a engenharia imperial do *protetorado*, a cujo *revival* estamos assistindo nos últimos tempos: ainda ontem a Bósnia e o Kosovo, hoje o Afeganistão e outros candidatos menos quentes, na enumeração recente do historiador britânico Niall Ferguson, que, depois de sublinhar as analogias entre o *modus operandi* do antigo Império Britânico e a atual projeção norte-americana de poder – a seu ver, a guerra dos ingleses no Sudão poderia ser tomada como o protótipo do tipo de guerra que os Estados Unidos vêm travando desde 1990 –, passa a advogar com todas as letras a boa causa de um Império Norte-americano formalmente exercido como tal, uma vez que o "imperialismo informal" do período anterior chegara ao limite de seus dividendos. Para não restar dúvida, ele relembra que, durante o reinado da rainha Vitória, a Inglaterra empreendeu 72 campanhas militares, mais de uma por ano, ao longo da Pax Britannica e conclui que foi dinheiro bem gasto, pois na prática o livre-comércio nunca ocorre espontaneamente[26].

---

[26] Cf. Niall Ferguson, "O choque das civilizações ou os mulás enlouqueceram: os Estados Unidos entre o Império informal e o formal", em Strobe Talbott e Nayan Chanda (orgs.), *A era do terror: o mundo depois do 11 de Setembro* (Rio de Janeiro, Campus, 2002).

Estamos verificando que os neoprotetorados constituídos pelas guerras cosmopolitas de hoje se apresentam – repercutindo análoga tendência metropolitana – na forma de territórios periféricos em estado de emergência, e, portanto, sob o domínio "normal" da exceção permanente.

Volto ao resumo de Danilo Zolo, que conclui com uma evocação surpreendente: numa justa guerra cosmopolita como a do Golfo, o inimigo tende a ser tratado como um *injustus hostis*, devidamente criminalizado na figura ignóbil de um agente do caos moral. Por esse prisma, a lógica da guerra justa conduz a uma guerra não só moralmente, porém militarmente *desproporcionada* em todos os sentidos – e também *sem limites*. Em seu devido tempo, examinemos o amplo arco dessa *ilimitação*. Por ora, apenas o pasmo de nosso autor ao se deparar com a seguinte enormidade da lavra de um apóstolo da guerra justa como Michael Walzer: numa tal guerra, nenhum limite precisaria ser respeitado por quem se considerar ameaçado por um perigo tal que lhe cause não só temor inaudito, mas também terrível repulsa moral. Desde a Guerra do Golfo, tais alegações se tornaram triviais, e a graça sombria consiste na surpresa atônita de nosso crítico do paradigma cosmopolita: mas essa teoria bárbara não seria uma paródia involuntária e grotesca do estado de exceção segundo o renegado Carl Schmitt[27]? De qualquer modo, o Pentágono tem se encarregado de preparar os espíritos para esse estado de emergência suprema que está a caminho: em março de 2002, o *Los Angeles Times* anunciou que o governo norte-americano já admitia a hipótese de rotinizar a "ferramenta" nuclear enquanto opção autorizada toda vez que o Estado se considerasse confrontado com um episódio militar de surpresa, normalizando assim a exceção da última *ratio* nuclear.

---

[27] Carl Schmitt, *Théologie politique*, cit., p. 73-4, 113-4.

48 • Extinção

3

Parece provocação – e talvez seja mesmo; tudo isso dito e feito, a nova classe de cidadãos do mundo está, não obstante, convencida de que a guerra hoje em dia é um verdadeiro anacronismo. Só um bárbaro continuaria a ver na guerra uma continuação da política por outros meios. Afinal, com a crescente erosão das estruturas do Estado nacional, persistir na concepção clausewitziana da guerra e, em conseqüência, ainda encarar em última instância a política como uma política de poder em um sistema de concorrência interessados pelo acesso ao capital mundial em circulação – sistema regido, portanto, por uma lógica da escalada e da guerra total – seria levar água para o moinho de chefes militares obsoletos. Onde o choque de vontades conflitantes entre Estados imensamente poderosos? Onde a mobilização generalizada da sociedade requerida pela guerra clausewitziana, arregimentação tanto da imaginação quanto da produção nacional? O esforço de guerra das gerações anteriores, como se sabe, foi banalmente substituído pela produção midiática da aquiescência passiva de um público meramente espectador – no ar justamente uma guerra cosmopolita, que é de uma outra natureza, como sabemos. Digamos, agora, pós-clausewitziana. Mas não foi isso que se viu no golfo Pérsico, a primeira guerra cosmopolita de verdade... na qual, por sua vez, os apóstolos do novo paradigma reconhecem uma guerra sem dúvida justa, porém ainda convencional, isto é, "moderna", jamais cosmopolita, pois guerras cosmopolitas não podem existir, não é verdade? A rigor, não há saída desse labirinto de alegações – em que a qualificação cosmopolita muda de sinal a cada lance, ora remetendo à natureza do poder no comando das atuais guerras de coalizão, ora a um certo *approach*, por assim dizer, "filosófico" na "pacificação" de conflitos gerados por um novo tipo de violência organizada, na qual se borram as fronteiras entre guerra, criminalidade e violação de direitos humanos, mas ainda assim guerras –, dadas suas óbvias implicações políticas ("guerras inci-

Notícias de uma guerra cosmopolita • 49

vis", "nova guerra" etc., conforme o autor e data do prognóstico acerca do futuro da guerra, em todo caso, modalidades e denominações de um fenômeno literalmente "pós-moderno", quer dizer, pós-clausewitziano, pós-militar, pós-fordista etc.). Não estamos falando da mesma guerra, é claro, dependendo de que lado do balcão cosmopolita nos encontramos. Do lado de cá, a guerra civilizou-se a tal ponto que já não é mais guerra, mas uma operação de polícia mundial, algo como uma extensão global do processo de pacificação na origem das sociedades bem "policiadas" de hoje; do lado de lá, a guerra barbarizou-se a tal ponto que a violência tornou-se um fim em si mesmo. Só essa última aflige um coração cosmopolita e por isso ainda pode ser chamada de guerra, porém em sua acepção, digamos, pós-industrial.

Assim, segundo se pode ler nessa nova literatura pós-clausewitziana – inaugurada, ao que parece, pelas previsões de Martin van Creveld acerca da preponderância dos atores não estatais nas guerras do futuro e recentemente condensada por Mary Kaldor na idéia de "nova guerra"[28] –, é inegável a homologia

---

[28] Cf. Martin van Creveld, *The Transformation of War* (Nova York, Free Press, 1991); Mary Kaldor, *New and Old Wars* (2. ed., Palo Alto, Stanford University Press, 2001); e, para uma versão resumida, Mary Kaldor, "Reconceptualizing Organized Violence", em Daniele Archibugi, David Held e Martin Köhler, *Re-Imagining Political Community* (Palo Alto, Stanford University Press, 1998). Ver ainda David Held et al. (org.), "The Expanding Reach of Organized Violence", em *Global Transformations* (Palo Alto, Stanford University Press, 1999). Estou empregando a expressão "guerra pós-moderna" em um sentido trivial. Para uma utilização original da fórmula, ver Chris Hables Gray, *Postmodern War* (Nova York, The Guilford Press, 1997), segundo a qual a nova guerra que aparece no golfo Pérsico nasceu muito antes e, precisamente, do cruzamento com a "tecnociência", mas só a partir da operação Tempestade no Deserto fundiu o potencial apocalíptico das novas armas *high-tech* com a retórica de ofuscamento cristalizada em clichês como "ciberguerra", "armas inteligentes", "guerra segura" etc.

entre a guerra moderna do passado recente e a economia industrial do período histórico correspondente, envolto o conjunto pela alta voltagem da vida ideológica hoje extinta. Seria, então, contemporânea a guerra pós-moderna, fragmentada, podemos supor, como as cadeias produtivas da acumulação dita flexível, desdobrando-se em conflitos descentralizados de baixa intensidade, regionalizados, terceirizados, por assim dizer, protagonizados por fatias de exércitos nacionais, mercenários, paramilitares etc., enfim uma economia de guerra escorada por esquemas de financiamento heterodoxos e igualmente flexíveis. Nessas condições, segundo nos dizem, a guerra parece agravar as tendências econômicas que contribuíram para sua eclosão, gerando novas razões (geralmente as mesmas) para se continuar a guerra, de tal sorte que já não é possível distinguir a economia de guerra de economia de tempos de paz: vão se consolidando assim zonas formalmente em paz nas quais, todavia, grassam a violência e a criminalidade. Ao contrário da guerra clausewitziana, limitada no tempo e perseguindo dramaticamente seu desfecho fatal, as novas guerras se arrastam indefinidamente, nada é conclusivo: mais uma vez, *et pour cause*, a começar pela indistinção, que tende a se perenizar, entre a guerra e a paz, como vimos, uma inovação crucial para a compreensão dos novos tempos. Marcados esses últimos, segundo consta, por algo como um vazio ideológico total: nesse vácuo se arrastariam tais guerras incivis intermináveis, pois, enquanto as guerras modernas eram "realistas" em suas alegações geopolíticas, sem, no entanto, dispensar o apelo das grandes coberturas doutrinárias, as pós-modernas tendem à redundância na violência pura. Pior ainda: parecem concentrar seu foco na destruição pura e simples das populações e de suas condições de vida. O que é, sem dúvida, um fato no qual tropeçam as explicações sociológico-metafísicas em voga, invocando, diante dessa "era da belicosidade" e das guerras "pós-heróicas", um vasto leque de razões, da pulsão de morte ao pânico narcísico, passando pela anomia, pelo autismo etc. e novas reflexões sobre o Mal. Pois já deu para notar, desde o qüiproquó classificatório pelo qual começamos linhas acima, que a "nova guerra" pósclausewitziana parece ser uma novidade histórica exclusiva da periferia (à qual costumam ser anexadas as zonas de risco que se alastram como metástase pelas grandes cidades do Centro), uma espécie de Sul mítico em decomposição, consumido por guerras civis infindáveis e por isso mesmo transnacionalizadas. Tudo se passaria, então, conforme o seguinte cenário[29]: as pretensas "políticas de identidade" desses Estados em desintegração são na verdade políticas predatórias típicas de elites corruptas; tais guerras, além do mais, seriam infligidas por milícias aos cidadãos dos grupos condenados. Nessas situações de colapso, enfim, os novos oligarcas passariam a abastecer uma economia de guerra globalizada, pilhando os estoques remanescentes de matéria-prima.

Convenhamos que o amálgama é de bom tamanho. Ultrapassado o paradigma clausewitziano, a chamada "nova guerra" de fato bifurca. Para baixo, como estamos vendo, a guerra podre ou, para alguns, guerra degenerada, guerra informal, ou mesmo guerra privatizada, devastando imensos territórios sinistrados, ora pela desconexão econômica pura e simples, ora pelas não menos arrasadoras políticas de ajuste estrutural. Mas, para o alto, a verdadeira nova guerra, a guerra cosmopolita à qual fomos apresentados no Golfo e depois no Kosovo, projeção de poder nesses teatros remotos, porém interconectados, guerras de geometria variável – como dizem em seu jargão gerencial, ora assumindo feições clássicas, como no Golfo, ora de vanguarda na

---

[29] No resumo, por exemplo, de Paul Hirst, *War and Power in the 21st Century* (Cambridge, Polity, 2001), aliás, razoavelmente cético quanto às inovações dessa "nova guerra", como adiante veremos.

52 • Extinção

assimetria total, como na recente campanha do Afeganistão, quando se viu o Estado mais poderoso do planeta deslanchar uma operação de guerra contra uma organização internacional não-governamental que não possui território nem exército. E esse último lance, não porque o equilíbrio entre organizações estatais e não estatais mudou, como quer Hobsbawm, que acabei de citar[30], mas porque o "grande jogo" recomeçou, e o pós-Guerra Fria definitivamente terminou e, com ele, a curtíssima década de fantasias filosóficas acerca do reino dos fins promovida pelo *doux commerce* entre nações-mercado. Em caso de dúvida, recomendo o capítulo de John Pilger[31] dedicado a essa reprise do *great game*. Particularmente as passagens dedicadas à estratégia norte-americana para a Europa, ou ao programa *Full Spectrum Dominance*. Uma peculiaridade da nova rodada do "grande jogo" é que pode ser acompanhada pelos jornais e revistas em que praticamente tudo é dito, uma das vantagens do grau zero alcançado pela vida ideológica, quando "conceito" se tornou sinônimo de "ameaça". Nem a ameaça é a mesma, pois como pode um arsenal nuclear "dissuadir" um terrorista, não é verdade? (Isso está nos jornais, mas não deve ser tomado ao pé da letra...) É até um convite, pois esse velho e novo personagem afinal chegou à conclusão de que somente ele poderia "realizar" a estratégia da Destruição Mútua Assegurada (MAD, em inglês), concebida, quem diria, para equilibrar o Terror nos tempos da Guerra Fria: com o eclipse da União Soviética, era apenas uma questão de tempo render-se à evidência desse raciocínio claro como o sol, por certo com a ajuda do programa suicida do capitalismo vencedor, empenhado na autodestruição do trabalho, da moeda, das populações e da natureza.

---

[30] Cf. Eric Hobsbawm, "A epidemia da guerra", *Folha de S.Paulo*, 14 de abril de 2002, Caderno Mais!, p. 9.

[31] John Pilger, *The New Rulers of the World* (Londres, Verso, 2002).

4

Dito isso, seria muito pouco sugerir que a proliferação dessas guerras podres que não acabam nunca de apodrecer, seletivamente circunscritas como alvo das coalizões humanitárias armadas (pois selecionadas a dedo em um mar de conflitos que "não interessam a ninguém", como observou certa vez o ex-presidente Jimmy Carter), seria não só a razão de ser de tais respostas militares, mas algo como o lado escuro da guerra cosmopolita permanente. De fato, as duas guerras são uma só, e não é possível separá-las, como gostaria Mary Kaldor: a guerra espetáculo da Otan, nos céus da ex-Iugoslávia, e a carnificina doméstica, na terra – segundo nossa autora, a única "guerra real". Seria, então, o caso de relembrar de saída que a mais terrível das inovações da "nova guerra", a de ser não uma guerra civil, mas uma guerra contra os civis, foi deliberadamente introduzida pelo cosmopolitismo militar na campanha do Iraque. O que apregoava a nova doutrina? Que o arsenal *high-tech* reverteria finalmente a vocação para os massacres civis que desabrochara nas grandes guerras do século XX; noves fora danos colaterais, pela primeira vez as perdas não-militares seriam ínfimas. Em suma, guerra segura para quase todos. Não foi bem isso o que as populações concernidas experimentaram e estão padecendo até hoje, mas o real significado da palavra de ordem aliada: *bomb now, die later*. Quer dizer, não é preciso matar as pessoas, basta provocar o colapso de suas condições de vida. E assim foi feito (e estou citando): a destruição sistemática da infra-estrutura (eletricidade, abastecimento, água, saneamento etc.) não caracterizaria bem um bombardeio cirúrgico, mas o que um médico norte-americano chamou de "neurocirúrgico": com a precisão alardeada, as bombas inteligentes arrancaram o cérebro que permite a uma população sobreviver. As sanções, como o nome indica, fariam o resto do serviço, sem falar no rastro radioativo de bombas de urânio empobrecido, na devas-

54 • Extinção

tação ecológica etc. Já na guerra cosmopolita seguinte, inverteu-se o raciocínio estratégico, embora à procura do mesmo resultado: os bombardeios com grafite, por exemplo, visavam apagar o sistema elétrico da Sérvia, mas sem destruir sua infra-estrutura de base. Tanto num caso como no outro, comenta Paul Virilio, "a eliminação que se busca é sempre a da vida, da vitalidade energética do adversário". Em sua opinião, o modelo de contaminação viral e de irradiação atômica ou cibernética é patente, "já não se trata tanto de fazer explodir uma estrutura, mas de neutralizar a infra-estrutura do inimigo, criando em seu meio e à sua volta a pane e o pânico pela interrupção vital de toda atividade coerente e coordenada"[32]. Em suma, terrorismo, sem tirar nem por. Assim, quando em março-abril de 2002 Ariel Sharon partiu para mais uma invasão, não acrescentou nenhum "conceito" novo à guerra cosmopolita dos anos 90. Só declarou que se tratava agora de "erradicar a infra-estrutura do terror", justamente por meio de uma operação terrorista de pane e pânico. Deixo o comentário para um insuspeito correspondente de *The New York Times* em Jerusalém: "É seguro dizer que a infra-estrutura do cotidiano de qualquer Estado palestino futuro – estradas, escolas, fios de eletricidade, canos de água, linhas telefônicas – foi devastada... O que é impossível de ser contestado é o recuo calamitoso do que havia sido um desenvolvimento constante dos territórios palestinos"[33]. Por sua vez, em entrevista a Antonio Polito, Hobsbawm registrou igualmente essa implicação estratégica de inviabilização reprodutiva das populações visadas: com a facilidade seletiva propiciada pelo bombardeio dito inteligente, a nova maneira de conduzir a guerra poderá se dar ao luxo de parecer tanto

---

[32] Paul Virilio, *Estratégia da decepção* (São Paulo, Estação Liberdade, 2000), p. 63, 65.

[33] Transcrito pela *Folha de S.Paulo*, 12 de abril de 2002.

mais civilizada quanto mais os danos causados se restringirem só à infra-estrutura, que desafortunadamente é o que permite a uma comunidade sobreviver e produzir – só na guerra do Kosovo, recorda Hobsbawm, "estima-se que a economia sérvia tenha sofrido, em poucas semanas, uma destruição maior que em toda a Segunda Guerra Mundial"[34].

Disse há pouco que estava citando. De fato, a falsa palavra de ordem *bomb now, die later* – na verdade, pequena moralidade extraída dos fatos que estavam sendo presenciados por um ativista social – integra o breve mostruário de barbaridades da Guerra do Golfo repertoriado por Martin Shaw no intuito de acomodar um paradoxo análogo ao que nos serviu de ponto de partida – como se há de recordar, a contradição em termos que uma suposta guerra cosmopolita deveria representar –, a saber: como compreender tamanha violência na guerra, tanto mais espantosa quanto meticulosa na escolha das armas programadas para matar e aterrorizar a prazo, da parte de sociedades capitalistas cada vez menos militarizadas? É preciso esclarecer de saída que o autor, antes de chegar à Guerra do Golfo, onde o livro termina e sua hipótese é posta à prova, tentou demonstrar, contra a evidência do senso comum consolidada durante a corrida armamentista que alimentou os grande mitos da Guerra Fria, que as sociedades capitalistas avançadas são cada vez mais pós-militares[35]. Com isso estava querendo dizer – entre tantas outras coisas, pois estou simplificando – que a "nação em armas", que foi empurrada, mas também empurrou à guerra total que marcou o século XX, hoje é coisa do passado, mais precisamente do passado industrial recente; juntamente com o

---

[34] Eric Hobsbawm, *O novo século* (entrevista a Antonio Polito, São Paulo, Companhia das Letras, 2000), p. 18-9.

[35] Martin Shaw, *Post-Military Society* (Filadélfia, Temple University Press, 1991).

fordismo, teria sido igualmente deixada para trás a relação simbiótica entre linha de montagem e preparação para a guerra, quer dizer, grande indústria e militarismo de massa. A reviravolta produtiva e organizacional do capital, por assim dizer, subtraiu a sociedade nacional aos enquadramentos típicos da prontidão militar, a começar pelo recrutamento para o serviço militar, progressivamente desativado, à medida que a nova ordem social se tornava cada vez mais impermeável a seu espírito, até mesmo ante a evidência de que conflitos armados no interior do núcleo orgânico do sistema mundial pareciam a rigor fora de cogitação. A desmobilização ideológica que paradoxalmente acompanhou a Segunda Guerra Fria, nos anos 80 – sem falar do divisor de águas do Vietnã, quando pela primeira vez começava a ficar invisível para um recruta a razão de ser das barbaridades perpetradas –, completou o serviço. Quer dizer, só fez aumentar o divórcio entre cidadãos e participação militar, ou melhor, conforme a Guerra Fria se aproximava do fim, a atividade militar se concentrava em uma instituição apartada da massa da população, que para ela se voltava como para um emprego especializado entre outros, e não como um dever cívico. A profissionalização das forças armadas, concomitante à transformação tecnológica dos assuntos militares, tornou-se há tempos uma evidência sociológica trivial. Menos trivial é a constatação subseqüente de que essa profissionalização coincide com o crescente poder destrutivo de todo o aparato militar, ou a percepção de que a cultura militar na verdade ajustou-se, em sua metamorfose, a um "armamentismo" tecnologicamente disseminado e incorporado à cultura de consumo de massa. Com isso – e muito mais –, a guerra foi se tornando um evento a um tempo corriqueiro e midiático: numa palavra, sociedade pós-militar não é sinônimo de sociedade pacífica, longe disso. Começamos, então, a compreender de que maneira as guerras cosmopolitas – um passo adiante rumo a formas mais acuradas de extermínio, como estamos vendo – podem se apresentar despudoradamente como se fossem grandes manobras de profissionais do direito, numa palavra, guerras pós-militares. Ou pósclausewitzianas, como querem os ideólogos da nova guerra. Mas a selvageria que se consuma na lama incivil da guerra podre também é tão pós-militar – ou pós-nacional, agora conferindo um sentido preciso ao termo – quanto a tempestade de fogo que desaba dos céus graças a mãos profissionais que apenas clicam comandos.

5

Resta a crueldade. A paradoxal ilimitação da violência de guerra da parte de sociedades pós-militares, no sentido que acaba de ser dado ao termo. Por certo, ela decorre – para início de conversa – das novas alternativas táticas propiciadas pelo armamento *high-tech*, pois fica mais fácil o recurso cada vez mais freqüente aos meios de destruição. Como observou Hobsbawm, repassando o argumento sobre a preferência sinistra pela destruição das condições de vida de uma população, "para quem acredita ser tão poderoso a ponto de escolher exatamente o que quer destruir, tornou-se mais fácil sucumbir à tentação de resolver os problemas com bombardeios"[36]. Com a onipotência, a violência vira uma segunda natureza e o ato de guerra, uma rotina. E, como vimos, rotina profissional. Nessas condições, as "máquinas de destruição de última geração aparecem como postos de trabalho absolutamente normais", na boa observação de Robert Kurz, em linha com a analogia assinalada mais atrás entre a desmilitarização profissional da sociedade capitalista contemporânea e o novo padrão pós-fordista de acumulação e desestruturação do mundo do trabalho. Kurz continua:

---

[36] Eric Hobsbawm, *O novo século*, cit., p. 18.

58 • Extinção

Não é mera coincidência que o vocabulário desse reaparelhamento militar lembre as campanhas pela "flexibilização da mão-de-obra". Como no modo de produção capitalista, em que, no lugar de "exércitos de trabalho" em massa aparece um sistema global de áreas de atuação mais diversificadas, extremamente enxutas em termos empresariais e com alta mobilidade, na estratégia militar o paradigma de tropas especiais flexíveis e de ação mundial com armamentos high-tech dissolve o paradigma anterior de exércitos de massa baseados na infantaria e nos veículos blindados.[37]

A *banalização da guerra* que daí se segue também não deixa de suscitar uma espécie de inflexão cínica do caráter pós-militar. Como prova o modo pelo qual os *experts* norte-americanos se referem a esses artefatos lançados sem risco a dez mil metros de altura: "quinquilharias".

Uma nova geração dessas quinquilharias foi testada em alvos vivos na guerra cosmopolita, justa e pós-militar do Golfo. Entre tantas outras, parece que receberam particular destaque as bombas BLU-82, contendo um novo tipo de explosivo FAE (Fuel-Air-Explosives), uma nuvem composta de vários combustíveis altamente voláteis que explodem ao menor contato com o ar. Diz-se que a pressão no centro dessa nuvem equivale a cem quilos por centímetro quadrado e se expande a uma velocidade seis vezes superior à do som, de sorte que a onda de choque produzida e a correspondente combustão do oxigênio destroem qualquer forma de vida em uma área de aproximadamente 350 metros de raio. São consideradas artefatos quase nucleares, pois seu efeito se assemelha ao de uma pequena explosão atômica. Também foram lançados (nos dois sentidos) novos modelos de bombas de fragmentação (Cluster Bombs) –

---

[37] Robert Kurz, "A guerra dos dois mundos", *Folha de S.Paulo*, 28 de abril de 2002, Caderno Mais!.

um desses protótipos era composto de 250 pequenas bombas do tamanho de uma pilha de lanterna, cada uma contendo vários tipos de carga: desde lascas de metal afiadas como lâminas de barbear até minúsculos dardos especialmente desenhados para escapar a um exame de raio X. Além disso, 10% desses engenhos não explodem imediatamente, prolongando sua longevidade na forma de minas terrestres. A título experimental, 2,5 milhões desses *gadgets* foram despejados sobre uma divisão iraquiana, sem falar no experimento conclusivo da rodovia de Bassora no fim de uma guerra já ganha, quando um cortejo patético de semoventes, estirado ao longo de dez quilômetros de estrada, foi aniquilado numa só noite de ataques aéreos de novo corte cirúrgico. A refinada deliberação que transparece no próprio *design* das quinquilharias dá bem a medida – se é que se pode falar assim diante de tamanha *hybris* – da "alienação" (não há outro termo) que envolve a teoria e a prática da utopia pós-militar da guerra segura, incluindo a idéia, não menos "lógica", a seu modo, de que ainda se trata de segurança no trabalho. Pensando justamente no absurdo desse conceito estratégico, Naomi Klein vinculou-o ao modo pelo qual os governantes norte-americanos se tornaram imbatíveis na "arte de esterilizar e desumanizar atos de guerra cometidos em qualquer outro lugar. Domesticamente, a guerra não é mais uma obsessão nacional, é um negócio que se encontra hoje totalmente nas mãos de peritos"[38].

Essa esterilização, de fato, não é tão recente assim. Vem dos tempos da Guerra Fria, do auge, portanto, do capitalismo dito organizado, aliás sob o guarda-chuva da primeira hegemonia norte-americana. A guerra ainda não estava banalizada como

---

[38] Naomi Klein, "O jogo acabou", em Giuseppe Cocco e Graciela Hopstein (orgs.), *As multidões e o Império* (Rio de Janeiro, DP&A, 2002), p. 134.

60 • Extinção

agora, mas, aproximando-se de um limite absoluto, o apocalipse nuclear, tornara-se algo remoto e abstrato. Porém delegara a um novo tipo social a tarefa estratégica de "pensar o impensável".

Tempos de realismo hobbesiano em que a escalada da dissuasão era calculada em simulações de computador, *wargames*, encadeamentos alternativos de decisões irreversíveis, enfim, toda a parafernália proliferante nos *think tanks* povoados por "intelectuais da pesada" – cuja pílula os cosmopolitas de hoje continuam a dourar –, enfim inteligências afiadas em condições de *keep logic going while the bombs fall* – não qualquer bomba, é claro. A lembrança desses espécimes dos tempos marcuseanos da sociedade unidimensional e sua correspondente esterilização da razão e imaginação social é de Michael Mann[39], estudando os primórdios do processo cujo desfecho nos interessa agora. Além da imposição do raciocínio lógico linear, a impossível guerra absoluta, que pairava no ar e nos botões do Juízo Final, estava substituindo em seus operadores diretos a antiga ferocidade guerreira do combate corporal por um tipo de enrijecimento da sensibilidade, requerido pela matança por controle remoto, que um estudioso da violência, já nos anos 70, chamou de *callousness*, a seu ver uma derradeira encarnação da crueldade nos assuntos militares[40]. O fim da Guerra Fria encontrou assim – ao lado da inteligência civil colonizada pela nova lógica da guerra de holocaustos nucleares trivializados pela rotina das simulações inócuas da catástrofe – uma sociedade já avançada no processo de desmilitarização, por assim dizer, insulada no que se refere à experiência próxima da violência e da guerra, desumanizada e esterilizada, como lembrou

---

[39] Michael Mann, *States, War and Capitalism* (Oxford, Blackwell, 1988), p. 179.

[40] Ibidem, p. 134.

Naomi Klein. E mais, segundo Michael Mann: cristalizara-se uma sociedade de *espectadores esportivos da guerra* – o primeiro show do novo gênero foi a Guerra das Malvinas[41]. E espectadores violentos e cruéis do sofrimento infligido a um "outro", inimigo e invisível. Três grandes guerras cosmopolitas depois, Paul Hirst acrescentaria um arremate que o 11 de Setembro trouxe afinal para o primeiro plano. Depois de relembrar a quase extinção dos exércitos de conscritos nos países centrais e o conseqüente declínio da experiência militar das populações – que tornaram as expectativas dos civis em relação às forças armadas cada vez mais irreais e contraditórias, com a propaganda das novas tecnologias encorajando banhos de sangue por controle remoto –, ele observa que um tal fosso de equívocos e engodos mútuos entre civis e militares estaria empurrando ainda mais os setores do *establishment* "orientados para o combate" para a zona de sombra da ameaça pretoriana à legalidade civil, sem falar na dificuldade crescente de se preservar um governo limitado pela lei nesses países, cada vez mais envolvidos em coalizões antiterror e, portanto, propensos a rotinizar as retaliações extralegais contra seus opositores internos[42]. Da crueldade como objetivo de guerra ao estado de exceção, passando pela normalidade da guerra justa banalizada como operação de polícia pela corrosão do caráter do *manager* militar flexível, a nova guerra cosmopolita vai fechando seu círculo.

6

Como estamos vendo, a guerra cosmopolita é mesmo uma guerra nova. Ela não é apenas violenta como todas as guerras:

---

[41] Ibidem, p. 184-7.

[42] Cf. Paul Hirst, "O problema da soberania", em *A democracia representativa e seus limites*, cit., p. 97-8, 104, e *War and Power in the 21st Century*, cit., p. 97-8.

62 • Extinção

ela é uma guerra intencionalmente cruel. Por isso, será sempre uma guerra assimétrica – para empregar em outra acepção o eufemismo do momento. Quer dizer, a estratégia da guerra cosmopolita repousa na busca da máxima *assimetria no sofrimento*. A expressão é um achado de Naomi Klein, tentando explicar aos norte-americanos as razões do 11 de Setembro. A seu ver, o monopólio norte-americano da guerra conduzida como videogame, brutalmente sustentado pelo mito tecnológico da guerra sem baixas, teria desencadeado no universo de suas vítimas preferenciais reações de "fúria cega", cada vez mais intensas em sua expressão violenta, "uma fúria contra a persistente assimetria no sofrimento". E, no fundo, "nenhuma outra exigência a não ser a de que os cidadãos norte-americanos partilhem sua dor"[43]. Já que até mesmo o reconhecimento, pelo qual afinal se luta desde que existe sociedade, e sociedade de semelhantes, lhes é explicitamente recusado pelo recado das bombas, mensagem inequívoca do mais raso *desprezo*. A saber: que 200 mil iraquianos pouco pesam no balanço consternado das 148 *casualties* do Ocidente, para voltarmos à primeira experiência da "assimetria" realizada no Golfo. Para não falar no epicentro, no foco dessa assimetria primordial, as incontáveis metamorfoses da agonia palestina sem contrapartida, se é que tal palavra ainda faz sentido.

A propósito: não recorri à toa ao conceito hegeliano de luta pelo reconhecimento. Como se há de recordar, Francis Fukuyama ressuscitou-o, com o sucesso que se conhece, a fim de reforçar, com a autoridade de um dos criadores do gênero Filosofia da História, seu próprio discurso imperial acerca do triunfo da sociedade de mercado e do ingresso do bem-aventurado núcleo orgânico do capitalismo na região pacificada da pós-história. Do mesmo modo, assentou o outro pilar de sua construção

---

[43] Naomi Klein, "O jogo acabou", cit., p. 136.

(e com igual astúcia filosófica) na antropologia platônica da pulsão espiritual chamada *thymòs*, destinada, entre outras coisas, a explicar o despertar da consciência inconformada com a humilhação que acompanha toda situação de injustiça, esquema que, aliás, empregou na compreensão nada convencional do povo em movimento contra o despotismo do mundo soviético até sua queda[44]. Admitamos por um momento o acerto desse par conceitual, noves fora a mitologia do fim da História. Por esse ângulo e seu razoável fundo de verdade, como pôde o primeiro filósofo do Império nascente – e já que o termo me escapou, a esta altura espero que esteja começando a ficar claro que Império quer dizer também, se não principalmente, guerra cosmopolita e estado de sítio planetário – deixar escapar que seria apenas uma questão de tempo a irrigação das redes de terror pelo "impulso timótico" dos escravos do sistema internacional? Em seus próprios termos, em 11 de setembro de 2001 poderíamos dizer que o planeta testemunhou uma "interação conflitiva" de intensidade apocalíptica entre as duas zonas em que o discurso do fim da História dividira o curso do mundo, a zona de luz da pós-história e a zona de sombra dos povos ainda históricos – outra estratificação na base da assimetria do sofrimento vivida pelos novos *damnés de la terre*, igualmente invisíveis ao olhar colonial.

Retornemos ao Golfo, mais exatamente ao confronto assimétrico entre dois mundos defasados na história militar da estratificação criada pela expansão capitalista. Nosso teórico confrontado com o inédito grau de violência da sociedade pós-militar – ou pós-histórica, segundo Fukuyama –, o mencionado Martin Shaw, como se há de lembrar, logo percebeu (e tentou entender) naquele choque entre o mundo unificado do Norte

---

[44] Cf. Francis Fukuyama, *O fim da História e o último homem* (Rio de Janeiro, Rocco, 1992).

64 • Extinção

pós-industrial e o Estado recalcitrante do Sul, que o crescimento do poder militar nesse último representava um "limite crucial" para os dividendos da paz que a Queda do Muro prometia. Visto da perspectiva pós-tudo de nosso autor, o Oriente Médio se apresenta como um fantástico anacronismo, um museu vivo e ameaçador da era da guerra total, um panorama composto pela competição desestabilizadora de "Estados baseados em armas"[45] e corroídos pelo vírus arcaico dos interesses nacionais mal compreendidos. Nesse cenário, o desencontro fatal entre "duas experiências totalmente diferentes da violência"[46]. Na verdade, por detrás do contraste entre duas atitudes de *killing and death,* o tremendo descompasso histórico entre a sociedade iraquiana militarizada nos moldes clássicos, isto é, modernos e nacional-clausewitzianos – homens maduros e adolescentes permanentemente arregimentados, encharcados pelos velhos mitos da nação em armas –, e as sociedades pós-militares do Ocidente, nos termos em que se viu. O que não deixa de ser uma interessante, embora involuntária, caracterização da periferia e das diferentes superposições de práticas de guerra e hierarquização econômica mundial. Com muito petróleo no meio, é bom não esquecer. A guerra entre esses dois mundos gravitando em duas órbitas históricas defasadas – tudo isso visto de uma ótica por certo evolucionista, aliás, *sui generis,* pois não se cogita mais sobre qualquer convergência, como será moda logo depois, no auge da parolagem globalista da regência Clinton – só poderia ser um desencontro catastrófico. Segundo nosso autor, tudo se passou como se finalmente a Terceira Guerra Mundial tivesse se tornado realidade em uma guerra no Terceiro Mundo. Entendamos: tirante a parafernália nuclear, a tecnologia e as

---

[45] Na classificação reveladora de C. Krauthammer, citado por Elmar Altvater, *O preço da riqueza,* cit., p. 269.

[46] Cf. Martin Shaw, *Post-Military Society,* cit., p. 194.

armas que os Estados Unidos e seus aliados prepararam contra a União Soviética foram enviadas para o Oriente Médio e direcionadas para a versão iraquiana do arsenal soviético. As forças iraquianas enterradas em seus *bunkers* e *fox-holes* conheceram uma versão inevitavelmente mais eficiente, unilateral e *high-tech* da carnificina das trincheiras da Primeira Guerra, incluindo-se na tecnologia de ponta o sepultamento no deserto de boa parte da infantaria iraquiana, *literally bulldozed*, segundo Danilo Zolo, sem contar os enterrados vivos, bem como o massacre desnecessário e exemplarmente punitivo da estrada de Bassora. Quanto aos civis, já sabemos, *bomb now, die later*. Daí a "assimetria do sofrimento" ou, na repartição de nosso autor: o povo iraquiano reaprendendo os horrores da guerra moderna, coisa que os de cima, em seu insulamento pós-militar, já não sabem mais o que é, salvo na irrealização das imagens pela indústria cultural. Pensando bem, simples efeito do desenvolvimento desigual da economia e da guerra, e sua redistribuição entre centro e periferia – enfim, a crueldade seria o diferencial de violência entre dois momentos sobrepostos da cultura militar.

É, portanto, nessa *fronteira da estratificação militar* que se revela a crueldade estratégica da guerra cosmopolita. Mais a suspeita – para não falar ainda em certeza – de que essa nova guerra esteja redefinindo a periferia do século XXI. Para variar, "atrasada", de um ciclo histórico-militar e, por isso mesmo, estruturalmente belicosa e "nacional". Ora, é exatamente desse fenômeno que dá notícia o discurso filosófico do fim da História, revisto e expandido por Fukuyama ante a revelação da Guerra do Golfo: a de que tal desfecho exige algo mais prosaico, porém dessa vez implacável, na forma de uma *polícia de fronteira*, por assim dizer, eclética, variando das zonas tampão às guerras ofensivas preventivas. Mais ou menos nos seguintes termos: embora a história tenha chegado de fato a uma cristalização definitiva, esse fecho

66 • Extinção

conclusivo da aventura humana não se mostra nem universal e muito menos homogêneo, como seria de se esperar da parte de um discípulo confesso de Alexandre Kojève, que por sua vez imaginava o epílogo hegeliano na forma de um Império Mundial[47]. Muito ao contrário, uma linha divisória corta o derradeiro sistema do mundo em duas zonas – com as quais travamos conhecimento linhas acima. Uma delas é a zona de luz constituída pela "constelação pós-nacional", como se diz na visão eurocêntrica de Habermas, o conjunto daquelas sociedades maduras e prósperas, cujo principal eixo de interação é econômico e no qual as velhas regras "realistas" da política de poder e soberania teriam pertinência cada vez menor e, cada vez mais, a fabulosa paz kantiana, porém estranhamente confinada ao universo restrito dos vencedores, zona liberada do fardo da escassez e da luta pelo reconhecimento, enfim a outra margem do rio, a pós-história. Na margem oposta, a imensa área cinzenta do mundo (ainda) histórico: nessa terra natal do ressentimento, onde o Estado-nação continua sendo o principal *locus* de identificação política, segue seu curso violento a série histórica das lutas pelo poder e seu cortejo sangrento de invasões, expurgos, limpezas étnicas e incivilidades bárbaras[48]. Sem dúvida é da natureza do processo, que culminou nessa dualidade de regimes ontológicos incomunicáveis, que essa rota ideal se mantenha, a saber, que os mundos histórico e pós-histórico tenham vidas separadas, porém paralelas. Infelizmente, nosso filósofo é levado a admitir, e encarar "realisticamente", pelo menos três eixos de colisão, e como a metade histórica do mundo teima em operar segundo motivos hobbesianos de poder – por certo, o poder espúrio dos destituídos de poder –, a metade pós-histórica encontra-se na contin-

---

[47] Ver a respeito o capítulo de Perry Anderson sobre Kojève em *O fim da História: de Hegel a Fukuyama* (Rio de Janeiro, Jorge Zahar, 1992).

[48] Cf. Francis Fukuyama, *O fim da História e o último homem*, cit., cap. 26.

gência de replicar na mesma moeda de sempre, cuja natureza, aliás, podemos adivinhar sem muito esforço. Petróleo, imigração e tecnologia de ponta constituem os eixos da tal "interação conflitiva" mencionada mais atrás, três focos estratégicos demandando, como era de se prever, uma política realista de contenção das fronteiras do turbulento e facinoroso mundo histórico. Em suma, "um consórcio de grandes potências policiando permanentemente o resto do mundo"[49]. Mais exatamente – se estamos no rumo certo – uma coalizão de poder encarregada de impor e administrar o fim-da-História-como-estado-de-sítio mediante uma guerra cosmopolita permanente e difusa. A isso Bush sênior chamou de Nova Ordem Mundial, da qual a Guerra do Golfo seria a contraprova paradoxal.

Como se trata de uma Ordem geradora de *entropia* e *paranóia*, continuaremos em nossa trilha mesmo se me desviar ainda um pouco. É que petróleo e guerra não ocupam um lugar trivial nesse cenário dualizado entre a Ordem e a Desordem. O fato de ler jornais – como é, aliás, obrigatório para um filósofo hegeliano – não deve ter sido a razão para Fukuyama ter incluído petróleo em seu mundo de estilizações metafísicas. Nem o de ser funcionário do Departamento de Estado – o que igualmente casa bem com as atribuições de um hegeliano –, mas justamente o de não saber que a "interação conflitiva" entre sociedades pós-históricas e históricas se deve a essa particular matriz energética do capitalismo industrial. Nisso reside – no esquema, já mencionado, de Altvater, no qual estou me apoiando agora – o círculo vicioso (e fatal a longo prazo) da Guerra do Golfo, a utilização mutuamente destruidora de energia fóssil. Afinal é a base de toda parafernália *high-tech*: para assegurar o suprimento a preços baixos de energia fóssil para as economias centrais, quer dizer, para assegurar a

---

[49] No comentário de Perry Anderson, em *O fim da História: de Hegel a Fukuyama*, cit., p. 113.

68 • Extinção

matriz energética da riqueza de algumas nações, é preciso desmantelar as estruturas sociais produtivas das fontes supridoras[50]. É que o capitalismo movido a energia fóssil – sempre segundo Altvater – é um regime da exportação de entropia, gerando o caos para reproduzir a própria ordem, a rigor uma (des)ordem, já que os Estados da metade ordenada (pós-histórica) do mundo alimentam a "caotização" da outra metade (histórica). Quanto mais enfática for a maiúscula da Nova Ordem, mais avassalador o volume de externalizações dos custos dessa "ordem". As ações militares passam a ser momentos dessas estratégias de externalização – própria do "caráter fossilista" do modo de produção fordista – que apenas se globalizou desigualmente. A nova guerra cosmopolita inaugurada no Golfo seria a continuação por outros meios do modelo de regulação que gera o caos para produzir ordem. Sem a guerra permanente não haveria mais como conservar tal regime de exportação de entropia. Nenhum mistério, portanto, na militarização característica dos "Estados baseados em armas", desterrados nas trevas exteriores da Ordem Mundial. Os ideólogos da guerra justa e do triunfo da sociedade civil mundial por certo ignoravam que estavam justificando uma guerra assim tão funcional – comentava Altvater, também no calor da hora, enquanto avaliava o novo papel norte-americano de "verdugo auxiliar" militarizado e a concomitante manutenção do regime de dívidas, matérias-primas e "não no meu quintal" (*nimby**) ecológico, com que se disciplinaria a anomia dos "outros". Cada vez mais armados até os dentes e em pé de guerra. Portanto, conclui nosso autor, "as tentativas e promessas de estabelecer uma nova ordem mundial nada mais são do que ameaças de uma contínua caotização do mundo".

---

[50] Cf. Elmar Altvater, *O preço da riqueza*, cit., cap. 8.

* Sigla para a expressão em inglês: *not in my backyard*. (N. E.)

Ou coisa pior, na opinião de um outro contemporâneo daquelas inquietantes promessas durante a Guerra Cosmopolita do Golfo. Concluindo um livro que por sua vez também procura decifrar no delírio paranóico do presidente Daniel Paul Schreber os sinais mais do que precursores da catástrofe nazista, o germanista americano Eric Santner notou que, enquanto trabalhava em seu texto, foi testemunha de uma "escalada perturbadora de manifestações paranóicas nos Estados Unidos", que culminou exatamente nos sucessivos pronunciamentos do presidente Bush antes, durante e depois da Guerra do Golfo – onze anos depois, Bush Jr. está nos propondo um Sistema Nacional de Delação. Uma escalada paradoxal naquela época, pois, afinal, a Guerra Fria terminara. Acontece que o mundo mais ordeiro dos medos da era da dissuasão nuclear – quando o perseguidor tinha um rosto mais ou menos reconhecível – talvez tenha funcionado como um mecanismo de defesa contra uma patologia muito mais inquietante e que agora estaria emergindo dos subterrâneos em que a mantivera a disciplina do "equilíbrio do terror". Seja como for, concluía nosso germanista, seu estudo de caso lhe sugeria que, quando se cristaliza uma cultura de paranóia, pode não estar muito longe algum tipo de fascismo. Prolongando a analogia, Santner poderia até mesmo reconhecer nesse último avatar do famigerado "destino manifesto" – como na ideologia norte-americana é nomeada uma certa vocação nacional para a supremacia mundial – os sintomas da "doença do poder" estudada por Elias Canetti – e por ele mesmo evocados –, a saber, que o delírio paranóico de um chefe supremo é a expressão de uma "vontade patológica de sobrevivência exclusiva e de uma disposição ou um impulso concomitante de sacrificar o resto do mundo em nome dessa sobrevivência"[51]. É difícil

---

[51] Cf. Eric Santner, *A Alemanha de Schreber* (Rio de Janeiro, Jorge Zahar, 1997). Devo a Afonso Luz a boa lembrança dessa outra "história secreta da modernidade", como anuncia o subtítulo.

resistir à tentação – mas não mais do que isso – de identificar no homem do subterrâneo, que está afinal emergindo nessa virada de século, a "posição depressiva" cuja onipotência inigualável vai deixando atrás de si um sombrio cortejo de vassalos, cidadãos apassivados e apelos à tirania politicamente corretos. Jacques Hassoun – que estou citando –, depois de considerar a possibilidade de regressão do estado de direito em nome do direito – quer dizer o estado de exceção rotinizado –, não hesita em incluir nessa galeria de melancólicos cruéis "aquele que responde irrisoriamente ao massacre com a efusão humanitária"[52]. Para bom entendedor: nosso cosmopolita, ora armado, ora desarmado. À reaparição na cena social da "multidão desorganizada e tetanizada pelo retorno funesto da garantia última da 'consensualidade'", a esse reino "da estase, da inércia"[53], Altvater poderia acrescentar que se trata da questão da "entropia" de há pouco, mais a nova guerra que sua contenção exige, produzindo por sua vez mais relações caóticas. Por exemplo, a interrupção de toda atividade coerente por meio da inviabilização da infra-estrutura de um país – como lembrado por Virilio, ao notar, na direção sugerida acima, que o pânico disseminado por tal pane sistêmica revelaria menos a intenção de alcançar uma simples vitória militar do que a "passividade" das populações, o jugo inercial da confusão permanente[54].

7

Não estou querendo sugerir que as novas guerras cosmopolitas são conduzidas por melancólicos cruéis, como talvez se pudesse inferir do refinamento destrutivo que caracteriza a ferocidade *clean* de seus procedimentos. Elas estão sim no

---

[52] Jacques Hassoun, *A crueldade melancólica* (Rio de Janeiro, Civilização Brasileira, 2002).

[53] Ibidem, p. 149, 151.

[54] Cf. Paul Virilio, *Estratégia da decepção*, cit., p. 65.

epicentro de um novo e mais abrangente *sistema da violência* cuja marca histórica talvez seja mesmo uma crueldade de espécie ainda não identificada, pavimentando o caminho sabe-se lá de que outra *limpeza social*, para a qual nem mesmo a palavra fascismo faria mais sentido.

Um termo de comparação mais próximo talvez nos ponha no rumo desse novo e espantoso regime da crueldade que parece definir o mundo depois da queda e não é absolutamente apanágio das guerras moleculares vegetando nos matadouros do "mundo inútil". Estou me referindo ao lugar comum em torno do qual gira considerável parcela dos estudos sobre violência no Brasil e na América Latina: o assim chamado, também sem nenhuma segunda intenção escarninha, "paradoxo" do recrudescimento exponencial da violência à medida que a jovem democracia brasileira – e latino-americana – se expandia conforme era removido o entulho autoritário remanescente do ciclo ditatorial. Este o escândalo: uma sociedade democrática consolidada tendo de conviver com níveis de violência jamais vistos – não só na escala, mas, sobretudo, no horror das atrocidades cometidas, obviamente espetacularizadas pela mídia – e sua ampliação, a classe política. Ou, por outra, podendo conviver: esse o outro lado do paradoxo, segundo a mesma literatura especializada e escandalizada, pois nem a institucionalização democrática consegue domesticar a escalada da violência, nem a intensidade crescente dessa maré consegue empurrar de volta a democracia para seu antigo confinamento oligárquico, pelo menos é o que se diz. Se dissesse agora que esse paradoxo é da mesma ordem que a revelação desconcertante da nova e cruenta belicosidade das sociedades pós-militares, como penso que efetivamente é o caso – e caso de um sistema mundial da violência que vai se desenvolvendo, como no outro, de modo igualmente desigual e combinado –, precisaria acrescentar, ato contínuo, a

72 • Extinção

ressalva decisiva de que nunca chegamos a ser uma "sociedade militar" na acepção européia plena que se viu. Vale a pena explicar por quê. Ou melhor, recorrer à explicação da exceção latino-americana dada por Charles Tilly ao estudar as relações entre concentração de capital e centralização da coerção na formação do Estado europeu moderno, destacando de modo particular o papel da guerra nessa gênese. Esse o ponto, um subsistema de Estados praticamente à margem das guerras internacionais e, portanto, do tipo de mobilização nacional e negociação concomitante dos conflitos sociais que elas exigiam e propiciavam. Por isso não contamos com uma das forças mais importantes que na Europa – e durante todo o século XX, nos Estados Unidos – levaram à expansão dos direitos dos cidadãos no Estado: a guerra. Daí a observação desconcertante, que só registro para melhor aclimatar a má (ou boa) lembrança de que ditaduras militares recorrentes não fazem de um Estado um organismo nacional-militar-moderno-clausewitziano etc., gerando, portanto, uma outra variedade de violências. A saber: "os latino-americanos sofreram repetidamente os horrores da repressão do Estado em parte porque foram poupados dos horrores da guerra internacional de grande escala"[55]. Se ainda fosse necessária uma contraprova desse argumento geral, bastaria reparar que a corrosão dos direitos no atual desmanche social dos países centrais não seria assim tão "natural" e inapelável caso a guerra não tivesse concomi-

---

[55] Nas palavras da apresentação de Karl Monsma ao livro de Charles Tilly, *Coerção, capital e Estados europeus* (São Paulo, Edusp, 1996), p. 31. A propósito: quando Miguel Pereira disse que o Brasil era um imenso hospital, quis apontar, entre outras coisas, para essa mesma conexão, que não seria justo pedir que morresse por seu país um povo entregue à própria sorte e, por isso, comido pela doença, pelo analfabetismo etc. Numa palavra, não se poderia recrutar como soldado um cidadão sem direitos, como, aliás, já se sabia muito bem desde a Guerra do Paraguai.

tantemente se profissionalizado ao mudar de caráter, deixando de ser uma evidência política para se tornar um posto de trabalho como outro qualquer – tanto no domínio civil como no militar, sendo o "trabalho" expulso pela reconfiguração da composição orgânica do capital.

Há mais ainda no âmbito dessas homologias. Aliás, uma curiosa inversão de perspectiva, quando passamos da periferia ao centro, ainda na esteira dos estudos sobre a violência – no caso, violência urbana. Diante do fenômeno de explosão de violência, também jamais vista no passado recente dos anos de crescimento econômico do pós-guerra, não se fala em coabitação paradoxal entre democracia e violência, mas da descoberta desconcertante de que algo como um capitalismo com lei e cidadania bem poderia ter sido não mais do que uma miragem de trinta anos. Enquanto nos democratizávamos na periferia – verdade que democracia tetanizada pela regressão econômica que também sepultara uma simétrica ilusão desenvolvimentista –, as sociedades centrais experimentavam o retorno dramático da "questão social", isto é, redescobriam que as desigualdades estavam de volta e cavando uma nova "fratura social", que a pobreza não fora erradicada, sendo os "novos pobres" uma legião, que o racismo e a xenofobia redivivos pareciam recompor o cenário de entreguerras, pior ainda, que a violência supostamente absorvida por um secular processo civilizador – nos termos clássicos de Norbert Elias – parecia retornar em escala endêmica, e não só nos bairros sinistrados e guetoizados das grandes cidades. Em vez de paradoxo, uma ferida narcísica de bom tamanho: onde está a "civilização" de sociedades que já não eram mais nem coesas nem igualitárias e, muito menos, pacíficas[56]? Aqui nosso ponto. Uma tese sociológica de muita circulação nos anos 80, acerca das relações entre

---

[56] Cf. Loïc Wacquant, "O retorno do recalcado", em *Os condenados da cidade* (Rio de Janeiro, Revan, 2002).

capitalismo, industrialização e guerra, vinculava "pacificação" interna nos limites territoriais dos Estados nacionais capitalistas, deixando de lado, é claro, a nova "violência" inerente aos processos de exploração econômica "pacífica", ao "militarismo" voltado para fora nas relações de competição interestados na arena política mundial[57]. Comentando essa tese então muito difundida, Martin Shaw destacou a contradição persistente entre a deslegitimação da violência por efeito do processo de pacificação interna – o Estado cada vez mais controla a sociedade por meio de uma vigilância sistêmica que dispensa o recurso à força militar – e a legitimidade de uma violência cada vez maior entre Estados em guerra[58]. Daí o tipo de dissonância disseminada a partir da Guerra do Golfo, o paradoxo da violência autorizada por sociedades que já gravitariam na órbita pós-histórica da galáxia pós-militar. Sem tirar nem pôr, o mesmíssimo espanto de nossos estudiosos diante da violência grassando em plena ordem democrática e, ainda por cima, regida pela crueldade, a própria marca do mal.

Reparemos agora que a crueldade da guerra cosmopolita voltada para o ameaçador caos exterior – indissociável, aliás, de sua própria ordem interna, como vimos – é alimentada pela violência de sua retaguarda, digamos, pós-nacional, e que, por isso mesmo, viu sua pacificação anterior se desmanchar no ar. Como o sistema mundial da violência é um só, não surpreende reencontrar na entropia que caracteriza a incoerência reprodutiva das periferias caotizadas – para falar como Altvater – o mesmo *ethos* guerreiro ressuscitado pelo desmanche no quintal dos civilizados. Mais uma vez, a nova guerra cosmopolita é uma só, o mesmo regime da crueldade vigora no *front* do espetáculo e no

---

[57] Cf. Anthony Giddens, *O Estado-nação e a violência* (São Paulo, Edusp, 2001). A edição original inglesa é de 1985.

[58] Cf. Martin Shaw, *Post-military Society*, cit., p. 195.

matadouro das limpezas sociais. Em ambos a pacificação interna se esfarinha segundo a lógica da violência pós-moderna.

É tal, no entanto, o grau de ofuscamento a respeito, que até os mais clarividentes dissidentes derrapam. Hans Magnus Enzensberger, por exemplo, ao afirmar que qualquer vagão de metrô numa capital européia pode se transformar em uma Bósnia[59]. É verdade. Mas por que não engatar nessa composição um *think tank* globalitário qualquer e sua projeção em um *carpet bombing* "energizado" pelas "quinquilharias" usuais? Estou sendo injusto, mas nem tanto. Não estou dizendo nada que o próprio Hans Magnus não saiba, a começar pela presença apenas adormecida, no mais discreto e pacato pai de família europeu, do vírus balcânico que o transformará de uma hora para outra em um *"hooligan,* incendiário, demente violento ou *serial killer"*. Mesmo assim, nessas guerras moleculares metropolitanas, Hans Magnus vê apenas perdedores atirando contra perdedores – se o pai de família vira *skinhead,* por que não o estrategista da Otan? –, a "nova" guerra é sempre a de baixo, tal a certeza de nosso amigo quanto ao caráter exclusivamente endógeno do apodrecimento do finado Terceiro Mundo. Pois é disso que se trata, algo como uma *tiersmondisation* do Primeiro Mundo[60]. Mas se alguém lhe dissesse que, num motim característico dessa metástase, quando um bairro inteiro de uma grande cidade norte-americana ou européia vira uma Bósnia, "as forças da ordem agem como se estivessem movendo uma guerra de trincheiras contra os habitantes dessas áreas, tratan-

---

[59] Cf. Hans Magnus Enzensberger, *Guerra civil* (São Paulo, Companhia das Letras, 1995), p. 23.

[60] Cf. Paulo Eduardo Arantes, "A fratura brasileira do mundo", em José Luís Fiori e Carlos Medeiros (orgs.), *Polarização mundial e crescimento* (Petrópolis, Vozes, 2001). Recolhido em Paulo E. Arantes, *Zero à esquerda* (São Paulo, Conrad, 2004).

76 • Extinção

do-os como um exército de ocupação faria com seus inimigos"[61], certamente reagiria (mal) como a um bolorento clichê terceiro-mundista. Dito isso, porém – e estou citando um dos melhores, tão bom a ponto de tirar Habermas do sério[62] –, mergulha de volta na metapsicologia. Dizer que o denominador comum entre um *chetnik*[63] e o norte-americano que sobe a uma torre e dispara sobre a multidão é o caráter autista dos que não conseguem mais nem distinguir entre destruição e auto-destruição, para os quais se trata apenas do simples extermínio de vidas "sem valor", como a deles mesmos, que tal ânsia de agressão vazia faz matar por um sim ou por um não, seria quase igual a relembrar que nosso inconsciente está repleto de desejos assassinos e sanguinários em relação ao estranho, que ele mata sobretudo por coisas insignificantes. Freud sem dúvida estava certo, mas nem por isso a Primeira Guerra Mundial, na origem de suas considerações sobre a guerra e a morte, se resumiria a uma batalha de pulsões.

A tirada de Gore Vidal – paz perpétua por meio da guerra perpétua – tem algo a ver com essa violência guerreira das sociedades pós-militares. Da implosão semântica – que anunciou a revanche do Capital pela inversão do significado das palavras que durante mais de um século calibraram o discurso social, como "reforma", que passou a encobrir retrocesso, ou "direito", que virou privilégio etc., para não mencionar a velha acepção crítica da expressão "sociedade civil" – dá notícia a atual conotação belicosa da palavra "pacificação". Como também é inconfundível a aura musculosa de uma outra palavra-talismã da legião cos-

---

[61] Loïc Wacquant, "O retorno do recalcado", cit., p. 36.

[62] Cf. Jürgen Habermas, *L'intégration républicaine* (Paris, Fayard, 1998), p. 199-200, por perturbar sua paz perpétua com apelos hobbesianos.

[63] Como eram conhecidos os bandos armados de sérvios monarquistas-fascistóides dos tempos da ocupação durante a Segunda Guerra.

mopolita da boa vontade, "civilidade". Como esta última ainda não entrou em nossa ciranda, duas palavras. Inútil lembrar que, em princípio, civilidade também há de significar mobilidade transfronteira do cidadão à vontade no mundo, enquanto todas as gradações da incivilidade parecem convergir no ressentimento dos sedentários, alimentado, sobretudo, pelo confinamento nacional – até a explosão bárbara da mais selvagem crueldade, com perdão para o ato falho etnocêntrico, compreensível a essa altura da petrificação generalizada da linguagem. Do ângulo da guerra justificada pelo imperativo civilizador do *enforcement* do direito cosmopolita, não espanta – e não custa insistir – que as "novas" guerras sejam vistas basicamente como guerras incivis, tanto mais próximas da anomia quanto para a sensibilidade correspondente ao novo governo do mundo é ponto pacífico, primeiro, que o monopólio da violência legítima pelos Estados territoriais está na origem do mais mortífero século da história e, segundo, que as guerras entre os Estados relevantes do núcleo orgânico tornaram-se obsoletas. (É o que veremos quando se iniciar a nova rodada da "arcaica" guerra por recursos ditos naturais.) Daí a reviravolta semântica em questão: no afã de ressaltar a existência de impulsos civilizadores no rumo da paz perpétua e no pressuposto de que a civilidade avança com a pacificação da sociedade (mas não foi bem a essa tautologia que fomos apresentados linhas acima), as guerras cosmopolitas, que há mais de uma década emendam-se umas nas outras, constituem a evidência inquestionável de que assistimos – desde que o Capital deu a volta por cima ao enquadrar as grandes indisciplinas dos anos 70 como rebeldia da força de trabalho, afronta das periferias industrializadas e beligerantes etc. – a uma verdadeira *escalada da pacificação*, com ou sem paradoxo. O disparate é de Gilles Lipovetsky, a fim de assinalar, com a ênfase requerida, a entrada acelerada das sociedades ocidentais em uma era nova (para variar...), de arremate do processo civilizador, epílogo da perso-

78 • Extinção

nalização máxima dos indivíduos e conseqüente *adoucissement* dos costumes, salvo no que diz respeito aos desclassificados, cuja conduta brutalmente criminosa, ao contrário, se expande na incivilidade das ações energúmenas[64]. Isso foi dito no início dos anos 80, no princípio de uma outra escalada, a dos estudos sobre a violência – mas se trata de um paradoxo, como sabemos. E da concomitante euforia das "classes confortáveis" – na boa fórmula de Julian Stallabrass –, de fato confortadas, sobretudo, pela "flexibilização" do trabalho dos outros. Datam também dessa era de glamorização da economia de mercado vencedora os primeiros flertes filosóficos – logo depois, apoteose mental – com a fórmula kantiana da paz perpétua: com a vitória no horizonte, ressuscitava o mito capitalista dos interesses pacíficos do *doux commerce* (de cuja harmonia Marx fez um retrato imortal no capítulo sobre a Acumulação Primitiva), sufocando os furores guerreiros dos governantes góticos.

Voltando. Menos de uma década depois, fechava-se o conhecido círculo: da sociedade incivil dos subúrbios guetoizados e desertificados à zona de sombra das intermináveis guerras pós-clausewitzianas, e vice-versa – sobretudo vice-versa. Seguiu-se, então, a escalada pacificadora das guerras cosmopolitas dos anos 90, amalgamando com razão, embora involuntária, no mesmo conceito de "controle estratégico" – como se diz na doutrina Rumsfeld – os espaços de risco da Metrópole e a guerra endêmica dos *inutiles au monde* da Margem. A essa estratégia de guerra comum, cosmopolitas armados *em defesa da sociedade* costumam chamar de *política de civilidade*[65]. Concebida para

---

[64] Cf. Gilles Lipovetsky, *L'ère du vide* (Paris, Gallimard, 1983), p. 223.

[65] Cf., p. ex., John Keane, *Reflections on Violence* (Londres, Verso, 1996). Não quero simplificar, mas Balibar que me perdoe, sua terceira dimensão da política, a "civilidade" enquanto regulação do "conflito de identificações", não anda em boa companhia, sancionando, além do mais, o conto da

Notícias de uma guerra cosmopolita • 79

fortalecer militarmente o império da lei e da ordem (nada contra, por favor... também sou de opinião de que não se deve caluniar abstratamente a polícia etc.), império cosmopolita, bem entendido, seu objetivo estratégico é a consolidação de "enclaves de civilidade"[66]. Tanto faz se em um gueto conflagrado, ou em um *failed State* remoto. O decisivo é que tal *emergência* – como a definem os protagonistas da operação – induza à produção de um novo *território* e sua correspondente juridificação fora de esquadro. Conforme as circunstâncias, denominações e configurações variam: "porto seguro", "corredor humanitário", "zona de exclusão", "área de segurança" etc.[67] Em seu devido momento, voltaremos a esses *campos*. Como igualmente trataremos de verificar, essa espacialização parece ser uma manifestação crucial do *estado de sítio* de que falamos e prometemos analisar noutra ocasião. Mais uma vez: conforme guerra e paz se multiplicam e expandem, num sem-número de formas híbridas, vai

---

carochinha segundo o qual a divisão social de nosso tempo passa pela oposição metafísico-cultural *cosmopolitanism versus particularism* – fica melhor em inglês. Cf. Etienne Balibar, "Trois concepts de la politique", em *La crainte des masses* (Paris, Galilée, 1997). Está claro que noutra ocasião voltarei a suas considerações sobre a crueldade contemporânea.

[66] Cf. Mary Kaldor, *New and Old Wars*, cit., para uma apresentação mais completa e convicta dessa "política".

[67] Sobre a rotina espantosa de um desses corredores humanitários, veja-se o notável gibi de Joe Sacco, *Gorazde* (São Paulo, Conrad, 2001). No prefácio, Christopher Hitchens comenta a atuação das "forças de paz" nos seguintes termos: "[...] condescendentes, negligentes e omissas [...] se esforçam para manter aquele pântano moral e aqueles termos de equilíbrio entre pólos opostos [...]. Por que a estrada de Sarajevo a Gorazde era tão intransponível? Sempre esteve aberta antes, durante muitas décadas [...]. Por que as forças da Otan, durante as mesmas décadas prontas a lançar uma guerra termonuclear de um momento para o outro, acharam inconveniente pôr abaixo um bloqueio frágil mantido por um bando de racistas bêbados? [...] Tornou-se essencial para os patrulheiros pós-Guerra Fria definir os *chetniks* e os civis bósnios como equivalentes".

80 • Extinção

se apagando em tais territórios a distinção entre elas – como sublinhado, o outro traço congênito do estado de sítio. Nem seria preciso acrescentar que a internacionalização da "administração" desses bolsões de civilidade requer antes de mais nada – uma vez, é claro, alcançado não só o consenso sobre a não-violência, mas sobretudo acerca de que o único emprego autorizado da violência se destina a manter tal consenso – a transnacionalização do monopólio da violência legítima, consumando assim, desta vez pelo alto, o confisco dessa prerrogativa de Estado, erosão, de resto, impulsionada pela própria Guerra Fria, pelo menos na Europa. Faz, então, sentido assinalar a constituição a caminho de um Estado Global, como querem os teóricos da nova guerra cosmopolita.

Seja como for – e já vimos como alguns doutrinários costumam dizer tudo com todas as letras –, vai ficando cada vez mais turva a linha divisória entre os enclaves da civilidade cosmopolita, pedindo patrocínio armado (cuja réplica ou matriz seriam as fortalezas de *welfare* encravadas nas cidades globais), e os territórios a ser incorporados e controlados segundo uma nova prática

---

Não se poderia exemplificar com maior precisão a *assimetria do sofrimento* por onde principiamos; e mais, como tal assimetria é fruto de uma equivalência sinistra entre desiguais absolutos: outra ilustração mais do que certeira da *callousness* de que falava o sociólogo da Guerra Fria (contra, evidentemente...), de como ela é composta pela indiferença anestesiante da guerra banalizada que vem a ser a guerra cosmopolita. Vai ficando cada vez mais difícil distinguir nessa mistura envolvente de frieza e crueldade quem é quem entre milícias paramilitares e patrulheiros cosmopolitas. Não sem tempo, Christopher Hitchens lança também sua pá de cal no mito da "política de identidade", à qual se contrapõe a não menos fantasmagórica verbiagem da "política de civilidade", ao lembrar que as vítimas bósnias sempre se referiram a seus carrascos "sérvios" como *chetniks*, nomeando assim o horror com uma designação política e histórica em vez do rótulo identitário.

global de *governo* para a qual ainda não temos nome, mas da qual já sabemos que a *norma* se parece muito com uma *exceção permanente*. E, assim sendo, tampouco vale a pena ressuscitar a designação "protetorado", salvo para mostrar que estamos diante de uma nova onda de "expansão imperial" depois da contração do pós-guerra[68]. Mas o que significaria Império a essa altura? Se for mesmo um fato, já sabemos que virá acompanhado de guerra perpétua como paz perpétua, e de exceção como regra de sua normalidade[69]. Se Paul Hirst tiver razão – ao especular sobre o brilhante futuro à espera da guerra no século XXI, como indiquei páginas atrás –, não só a escalada da imigração em massa dos *working poor* e a correspondente demanda de poderes draconianos da parte de populações sob estreita vigilância e controle, racismo de Estado incluído, pressionarão em favor dessa rotinização abrangente do *governo de exceção*. A seu ver, esse dispositivo tenebroso receberá um impulso decisivo de novas guerras internacionais por recursos ditos "naturais" – como nos bons tempos do neolítico maduro –, sobretudo por motivo de falência ecológica generalizada. Um aquecimento global dramático pode levar países à guerra por acesso a água, terras agriculturáveis e localizações para assentamentos populacionais. Em tais circunstâncias, o recurso estratégico básico – no acesso e na distribuição –, que o poder político nunca deixou de encarnar, mudará mais uma vez de patamar: assistiremos a uma ênfase ainda maior no governo territorial exclusivo e conseqüente "re-

---

[68] Segundo o historiador David B. Abernethy, a projeção ultramarina do capitalismo europeu teria ocorrido segundo um ritmo alternado de expansões e contrações, mas ele evita fazer prognósticos acerca da antevéspera que estaríamos atravessando. Cf. *The Dynamics of Global Dominance* (New Haven, Yale University Press, 2000).

[69] O leitor terá, quem sabe, notado que pelo menos neste ponto preciso meu argumento cruza o caminho do raciocínio desenvolvido por Toni Negri e Michael Hardt em *Empire* (Cambridge, Harvard University Press, 2000).

82 • Extinção

torno" do controle estatal e do planejamento de setores-chave da economia[70]. A atual guerra do Cáucaso que o diga[71].

8

Gostaria de voltar ao recado da *quinquilharia* por um outro caminho. Num velho artigo do tempo da Guerra Fria, o mesmo Paul Hirst (ou melhor, um outro), reabrindo a *Paz perpétua* de Kant – depois de descartar o desatino de uma opinião muito difundida no início dos anos 80, a de um "Império da Terra", algo como um poder soberano global capaz de impor o monopólio das armas nucleares, ainda que um poder despótico desse calibre descomunal pudesse até ser preferível à perspectiva de uma esfera

---

[70] Paul Hirst, *War and Power*, cit., introdução e p. 104-5. Parece ir na mesma direção o livro recente de Michael Klare, *Resources Wars* (Nova York, Henry Holt et al., 2002). Digo "parece" porque ainda não li, mas como foi citado por Antônio Ermírio de Moraes, "O petróleo e os futuros conflitos", *Folha de S.Paulo*, em 21 de julho de 2002, é melhor ir pondo as barbas de molho. A dinastia petroleira não tomou o poder nos Estados Unidos por acaso, com direito a golpe de Estado e tudo, e instalação em andamento de um soberbo arsenal de leis de exceção.

[71] Veja-se, por exemplo, o artigo esclarecedor de José Arbex Jr. sobre a operação Traceca (sigla em inglês para Corredor de Transporte Europa-Cáucaso-Ásia central), imenso complexo rodoferroviário combinado com a instalação de oleodutos e gasodutos numa bacia, a do mar Cáspio, com reservas estimadas em 250 bilhões de barris de petróleo. Quase meio século de sobrevida para economias "fossilistas", recordaria Altvater, até que a entropia social engula de vez o planeta na metade do caminho. Parafraseando o que disse Bill Clinton a propósito da guerra do Kosovo, Bush poderia dizer igualmente que isso tudo *"is what this Afghanistan thing is all about"*. O artigo citado saiu no número 64, de junho de 2002, da revista *Caros Amigos*. Clinton referia-se ao enquadramento de seus parceiros europeus como o objetivo de guerra de desmantelamento da ex-Iugoslávia. Cf. Peter Gowan, "The Euro-Atlantic Origins of Nato's Attack on Yugoslavia", em Tariq Ali (org.), *Masters of the Universe?* (Londres, Verso, 2000).

carbonizada girando silenciosamente no espaço –, lembrava aos "realistas" de plantão, que porventura ainda persistissem no raciocínio demente de considerar a guerra nuclear um prolongamento necessário e racional de política por outros meios, que tampouco a idéia kantiana de paz poderia ser assimilada a um projeto de "segurança coletiva", muito menos atribuir ao filósofo um programa de condomínio entre Estados armados "para manter a paz"[72]. Hegel não era dessa opinião, como se sabe. Achava até que era disso mesmo que se tratava no escrito de Kant (*Filosofia do direito*, parágrafo 324). Feita a ressalva de que para Hegel não poderia existir um direito internacional positivo – já que sua realização dependeria de vontades soberanas diferentes, não poderia ultrapassar a forma do mero "dever ser" – e muito menos um "pretor" de última instância; para não falar de sua compreensão da guerra como uma situação essencialmente não-jurídica. Por esse prisma, Hegel dava a entender que, no projeto kantiano – para que não fosse trivialmente jurídico-moral –, se tratava mesmo de *segurança*. Obviamente não nesses termos anacrônicos, mas por um rodeio muito mais direto e historicamente impecável. É que a seu ver a Santa Aliança – selada no Congresso de Viena pelas potências vencedoras das guerras napoleônicas – apresentava uma notável semelhança com a idéia kantiana de uma federação de Estados encarregada de assegurar uma paz duradoura. Por certo a lembrança desse passo notável não é minha, mas de Danilo Zolo, para cujo moinho o olho clínico de Hegel traz mais água. Como se há de recordar, Danilo Zolo não só cunhou a expressão "guerra cosmopolita", como também identificou na Guerra do Golfo seu primeiro exemplo; e, como igualmente se viu, não na acepção autocongratulatória que os autonomeados cidadãos do mundo conferem hoje em dia a um termo que desde sempre tem em seu

---

[72] Cf. Paul Hirst, *A democracia política e seus limites* (Rio de Janeiro, Jorge Zahar, 1993), cap. 9.

84 • Extinção

horizonte o governo do mundo. Faltou acrescentar em nossa recapitulação que Danilo Zolo reconheceu nesse cosmopolitismo de guerra justamente o modelo redivivo da Santa Aliança, matriz cuja surpreendente recorrência nem sequer foi notada por "realistas" notórios – Kissinger, por exemplo, que não por acaso doutorou-se com uma tese sobre Metternich. Serviu-lhe de mote uma *boutade* do decano dos "realistas", Morgenthau, segundo o qual o que realmente conta nas Nações Unidas é o Conselho de Segurança, que na verdade funciona como a Santa Aliança de nosso tempo, sendo que os cinco membros permanentes do Conselho formam a Santa Aliança da Santa Aliança.

É bom lembrar que Santa Aliança e Império são incompatíveis[73]. Recapitulemos: a rigor Napoleão perseguia dois objetivos antitéticos. Por um lado, o desmanche do sistema interestados

---

[73] Como o são capitalismo e Império Mundial, ao qual, no entanto, o primeiro tende compulsivamente. A tese de incompatibilidade estrutural entre capitalismo e Império – exclusão mútua, entretanto, contraditória, pois a dinâmica de concentração de poder político, por um lado, e a tendência ao monopólio econômico, por outro, convergem e geram impulsos "imperiais" recorrentes – não é ortodoxa nem à esquerda nem à direita. Talvez se possa dizer que ela remonta a Max Weber, pressuposto claro de sua teoria acerca da "necessária" origem européia do capitalismo: "enquanto o Estado nacional não ceder lugar a um império mundial, o capitalismo também persistirá", como se lê na abertura do último capítulo de *Economia e sociedade* (Brasília, UnB, 2004). Essa tese da "memorável aliança entre os Estados em ascensão e as forças capitalistas" reaparece de modo ainda mais heterodoxo em Fernand Braudel, que considerava a emergência e a expansão do capitalismo como absolutamente dependentes do poder estatal, na contramão da visão convencional que identificava capitalismo e economia de mercado, e, no Estado, o oposto de ambos. Cf. Giovanni Arrighi, *O longo século XX* (Rio de Janeiro, Contraponto, 1996). Como essa referência dá a entender, foram os autores da World-system Theory que se encarregaram da principal formulação analítica e histórica dessa inviabilização mútua de capitalismo e Império. Para um apanhado geral, Christopher Chase-Dunn, *Global Formation* (Nova York, Rowman and Littlefield, 1998).

Notícias de uma guerra cosmopolita • 85

consagrado pelo Tratado de Vestfália, enquanto pluralidade de jurisdições políticas formalmente soberanas, sobre a qual repousava o sistema mundial de acumulação e governo, a ser removido pela força das armas para dar lugar a um império universal – sobre o qual teriam especulado Hegel e Kojève, e glosado Fukuyama na primeira hora de uma nova Santa Aliança. Mas, por outro lado, na esteira da Revolução Francesa, promovia a implosão do sistema dinástico do poder europeu. Nos dois registros, a Santa Aliança (Inglaterra, Áustria, Prússia e Rússia) só poderia ser, literalmente, uma Restauração. Em termos, porém. Pela primeira vez, observa Danilo Zolo[74], procurava-se uma alternativa para a anarquia e para a guerra que fosse além da mera recondução do *status quo* anterior à guerra. (Como se pode ver, nosso autor tem uma outra versão para os primeiros tempos da *Pax Britannica*.) Resultou no primeiro esquema de governo internacional, de forma genuinamente congressual, com o propósito de assegurar a longa duração da paz dos vencedores da primeira guerra de grande escala, sem, é claro, que a guerra deixasse de figurar na agenda secreta das potências implicadas no processo. Entendamos a originalidade da matriz cosmopolita desse projeto de *paz perpétua realmente existente*: a tarefa de perpetuar a concórdia entre os Estados é confiada a um *locus* de poder altamente centralizado, uma estrutura piramidal em cujo topo se encontra um pequeno grupo de potências, no geral não mais de duas, ao qual os demais poderes "periféricos" estão de fato subordinados. Portanto, uma hierarquia assimétrica e polarizada encarregada do controle coercitivo das disputas internacionais, sendo que o círculo superior dessa hierarquia de poder não está em absoluto sujeito a qualquer tipo de controle, seja ele qual for. Percebe-se que essa união pacífica – como diriam Kant e Fukuyama – reduz o sistema das soberanias desenhado na Paz de Vestfália, de 1648, a um estatuto meramente protocolar. Quanto

---

[74] Danilo Zolo, *Cosmopolis*, cit., cap. 1.

a nosso argumento, a novidade não reside por certo no esquema hobbesiano de um Leviatã global despontando periodicamente no horizonte, mas deve ser procurada na própria natureza dessa paz perpétua enquanto realização do direito cosmopolita, como queria Kant em sua inocência transcendental. Em sua certidão de nascimento já está registrada a cláusula pétrea definidora da paz: não o *contrário* da guerra, mas antes um *congelamento* – na fórmula de Danilo Zolo – do mapa político, econômico e militar do mundo, *uma paz armada contra qualquer veleidade de mudança social*. Como um tal congelamento tende invariavelmente a exponenciar a polarização mundial, a Santa Aliança da vez se põe em marcha – como na repressão da Primavera dos Povos em meados do século XIX – assim que as castas cosmopolitas se julguem *sitiadas* pelos inimigos internos da ordem, e isso desde 1848.

Desde então, Santa Aliança – realidade ou tipo ideal – tornou-se sinônimo de expedição militar punitiva e do mais blindado reacionarismo social. Que o diga sua ressurreição na Liga das Nações, outra união pacífica, porém marcada por retaliações de toda sorte, incursões de guerra e repartições coloniais do mundo, malgrado sua curta e desmoralizada existência. Basicamente, o modelo cosmopolita da Santa Aliança revestiu a guerra de uma nova dimensão *disciplinar*. A cada maré repressiva continental sob o comando da Áustria ou da Rússia, podia-se dizer que alguma coisa como um *estado de sítio europeu* parecia cristalizar-se. A primeira onda da Santa Aliança em plena vigência é rigorosamente contemporânea da constitucionalização do conceito militar de estado de sítio, por isso mesmo dito "fictício" em suas formulações iniciais. A gestão da guerra, segundo o novo padrão que Danilo Zolo chamou de "cosmopolita", não só lhe deu uma escala transfronteira para globalitário nenhum botar defeito, como principiou a baralhar violência militar e função de polícia, amalgamadas pelo cimento da tremenda "questão social" nascente. Disraeli falou em "duas nações", temendo naturalmente que entrassem em guerra. Aliás, já estavam, como demonstra a reinvenção liberal de estado de sítio – como se há de recordar. Já a expressão "inimigo interno" reativa o repertório do *discurso da guerra*, mobilizado contra uma classe vista como anti-social.

Hoje não se fala mais em guerra social, coisa de gente atrasada, do tempo das chaminés. Mas só dessa não se fala. Tudo mais – que continua a girar em torno desse ponto cego – é questão de guerra. "Força-tarefa" (a três por dois) é termo militar norte-americano, por exemplo. Hobsbawm registrou essa contaminação – essa disposição de ir à guerra em tudo e por tudo – e creditou-a à atual indistinção estrutural entre guerra e paz, que estamos repassando ao longo destas páginas. Mas nesse uso indiscriminado – e "paradoxal" numa sociedade pós-militar... – reconheceu um efeito de fusão crescente entre as ações de dois tipos de força armada, a do soldado e a do policial, para concluir – mais uma vez – que a guerra vem sendo gerida cada vez mais como uma operação policial[75]. Coisa que já sabemos desde que a fantasmagoria bárbara da guerra justa voltou à cena. Como os miolos de Hobsbawm teimam em não derreter, continua convencido de que os Estados territoriais se mantêm política e militarmente como as únicas autoridades efetivas, ao mesmo tempo em que considera disparatada a idéia de um Estado mundial, Império ou coisa que o valha: mas, assim sendo, como pensar a guerra policial na completa ausência de toda autoridade global efetiva? As Santas Alianças, ao que parece, voltaram e estão aí para isso mesmo. São coalizões que se formam e reformam para fazer a guerra. Na ausência da referida autoridade global, são coalizões literalmente não-governamentais e à margem da lei (internacional, no caso). Por isso são coalizões de "justiceiros", ma-

---

[75] Cf. Hobsbawm, "A epidemia da guerra", cit., p. 6-7.

88 • Extinção

tadores de aluguel, em suma. Escárnio à parte, voltaremos ao ponto. Notemos por enquanto que tais coalizões de guerra geridas como operações policiais requerem armas adequadas. Noutros termos, as Santas Alianças de nosso tempo carecem de armas não-letais. De volta à crueldade, portanto.

Na paz armada pela nova guerra, trata-se, como vimos, de congelar qualquer veleidade de mudança de rumo no atual esquema de coisas. Ora, toda uma nova geração de armas ditas não-letais destina-se justamente (como se lê na bula dessas quinquilharias) a imobilizar, paralisar, incapacitar etc. Breve amostragem: armas cinéticas de impacto contundente, vaporizadores de agentes químicos, granadas de percussão, bombas acústicas, variados tipos de espumas antitração, "nevoeiro adesivo imobilizante", lasers que provocam cegueira (testados na Somália), diversos gêneros de "minas incapacitantes" – uma variante, chamada lâmina de barbear, obriga o "alvo" a se manter completamente imóvel para limitar as lacerações – etc.[76] Trata-se de um novo sistema de armas concebidas em função da atual indistinção entre as antigas esferas militar e policial, sem falar na fusão entre guerra e paz. A imobilização deve ser entendida em um sentido ampliado. Uma arma acústica calibrada para produzir 170 decibéis produzirá ruptura de órgãos, cavidades nos tecidos humanos e outros traumatismos, no limite, letais. Uma outra técnica paralisante mais direta e em dois tempos consiste em cortar o tendão de Aquiles das vítimas, para depois retornar ao local em que se encontram imobilizadas e terminar o serviço. Como a guerra cosmopolita, ou guerra sem baixas,

---

[76] Cf. Steve Wright, "Hypocrisie des armes non létales", em *Manière de Voir* (n. 56, março/abril de 2001); Maurice Najman, "Les Américains préparent les armes du XXIe siècle", em *Le Monde Diplomatique* (fevereiro de 1998); e Francis Pisani, "Penser la cyberguerre", em *Le Monde Diplomatique* (agosto de 1999).

armas não-letais são uma contradição em termos, resolvida com a passagem ao limite, segundo Steve Wright, apagando a fronteira entre controle e execução sumária. Nisso consiste a tarefa estratégica de "pensar a guerra em um ambiente civil", o real teatro de operações das novas coalizões calcadas no modelo cosmopolita da Santa Aliança.

9

Esfregando um pouco os olhos e respirando fundo, é possível farejar um certo ar de família nesse arsenal tetanizante. Puxando um pouco para o macabro, é forte a impressão de centro cirúrgico. Em todo o caso, para onde serão conduzidos os estropiados por tais armas que imobilizam igualmente pela mutilação (para o que, aliás, existem minas específicas, de última geração, como já vimos). Tenho em vista, todavia, uma outra dimensão, mais recôndita, anterior a esse desfecho corrente nas cenas de guerra. Se quisermos conhecer melhor a ordem social dita pós-militar que imaginou tais quinquilharias — já tivemos uma pequena amostra das armas propriamente ditas, isto é, "letais" — será preciso recuar um pouco. Não quero apenas insinuar que o imemorial sadismo médico acabou contaminando a guerra — e particularmente a "guerra em um ambiente civil" — à medida que esta principiou a "humanizar" a inteligência de seus armamentos. O mesmo valeria obviamente para a tortura clinicamente assistida, até mesmo para fins de experimentação tecnológica, nos moldes estabelecidos pelo Terceiro Reich, por exemplo. Há com certeza um inegável vetor torcionário no desenho das armas não-letais mais bem resolvidas. Para ser mais preciso, estou pensando no próprio exercício da profissão médica e no tipo de endurecimento pessoal que o trato diário com a doença e a morte acaba impondo. Adorno e Horkheimer comentam em outra passagem da *Dialética do esclarecimento* — de cujo desfecho catastrófico a produção histórica dessa *frieza* diante do sofrimento alheio ou próprio é uma peça-chave, pois sem ela a

90 • Extinção

dominação social seria já psicologicamente inviável, obstruindo o progresso – as hesitações do fisiologista Pierre Flourens quanto à utilização do clorofórmio como anestésico cirúrgico, pois estava convencido de que, em conseqüência da paralisia da inervação provocada pela droga, as dores seriam sentidas ainda mais vivamente do que no estado normal, só que o paciente seria incapaz de se lembrar disso depois da operação, o que poderia provocar no doente um dano psíquico permanente, sobretudo por apagar a memória de um padecimento indescritivelmente doloroso. Se Flourens tivesse razão, observam nossos dois autores, pelo menos os animais-cobaia estariam vingados, pois cada operação seria uma vivissecção. Podemos afirmar que a *guerra cirúrgica* – como a própria ironia involuntária e sinistra de sua denominação indica – é uma *operação de vivissecção*. Inimaginável? Adorno e Horkheimer sugerem uma explicação: "surgiria assim a suspeita de que não nos comportamos com os homens e com as criaturas em geral de maneira diferente da pela qual nos comportamos em relação a nós mesmos depois de ter sofrido uma operação, ou seja, cegos para o sofrimento"[77]. Quer dizer, a barreira insuperável de uma alienação que é esquecimento. Só esse esquecimento explicaria a cegueira inerente à técnica médica enquanto, também por sua vez, dominação da natureza, interna e externa. A atual guerra cirúrgica como operação civil-militar também brotaria dessa cegueira para o sofrimento. Já a encontramos em nosso caminho sob várias denominações, a começar pela anestesia lógica dos durões dos *wargames*.

Há mais ainda. Como se trata de dominação e nada mais, uma tal cegueira não proíbe distinções, daí a inequívoca "assimetria no sofrimento" infligida por meio dessa proliferação de quinquilharias-clorofórmio. Parafraseando nossos dois filósofos,

---

[77] Theodor W. Adorno e Max Horkheimer, *Dialética do esclarecimento* (Rio de Janeiro, Jorge Zahar, 1985), p. 222, 214-5.

Notícias de uma guerra cosmopolita • 91

digamos que uma análoga "perda das lembranças" – a reificação que move a sociedade produtora de mercadorias é um esquecimento – seria por sua vez a condição transcendental da tecnociência cuja identificação com a guerra é uma das chaves de nosso tempo[78]. Na mesma época, depois de assistir no cinema a cenas do desembarque norte-americano na ilha de Guam, na guerra do Pacífico, Adorno escreveria o seguinte, numa entrada da *Minima moralia*:

> A impressão que se tem não é de combates, mas a de trabalhos mecânicos, empreendidos com uma veemência incomensuravelmente intensificada, de construção de estradas e de dinamitação, ou ainda de uma "fumigação", um extermínio de insetos em escala telúrica. As operações são conduzidas até o ponto em que não resta mais nenhuma vegetação.[79]

De volta para o futuro: Guerra do Golfo ou destruição da "infra-estrutura do terror" na Palestina. Não poderia ser maior a confluência entre a guerra total do século passado e a guerra assimétrica, da qual Israel foi o primeiro a mostrar o caminho, sem falar na guerra contra a natureza, também declarada no golfo Pérsico, e que Adorno registrou pasmo em uma sessão de cinema na Califórnia mais de meio século antes. Há mais neste capítulo das recorrências nas metamorfoses da guerra na Era do Capital: Adorno também anteviu a reviravolta em seu contrário do mito da guerra cirúrgica, no exemplo que tinha à mão, "a inumanidade plena é a realização efetiva do sonho humano de Edward Grey: a guerra sem ódio". Continuamos

---

[78] Para a identificação entre "tecnociência" e "guerra", ver o livro de Chris Hables Gray, *Postmodern War*, cit.

[79] Theodor W. Adorno, *Minima moralia* (2. ed., São Paulo, Ática, 1993), p. 48.

em casa, o exercício profissional da nova crueldade militar dispensa igualmente essa paixão triste. Também percebeu naquelas operações de terraplanagem o tratamento técnico-administrativo dispensado aos inimigos que voltamos a reencontrar na guerra flexível, supostamente *cool* e pós-fordista de hoje. Enfim, para retomar nosso fio, a guerra de vivissecção, muito menos lhe escapou o fato de que naquilo tudo "o inimigo parecia cumprir o papel de paciente".

10

No discurso da guerra de hoje se falaria em uma terapia de choque. Ajustes estruturais macroeconômicos integram uma estratégia de guerra, seus efeitos sobre a infra-estrutura e a saúde de seus alvos são tão devastadores como a ação conjunta de todo o arsenal cirúrgico que passamos em revista. Mas, antes de chegar à contaminação econômica da guerra cosmopolita e seu elenco de novas violências pacificadoras – a guerra econômica de hoje é mais do que uma metáfora trivial para a concorrência exponenciada nos ciclos longos descendentes –, falta mais uma derradeira volta no parafuso na analogia médica da guerra cruel de hoje. Refiro-me ao aprendizado daquele esquecimento da dor de há pouco, cujo rastro reencontramos na quinquilharia militar empregada nas atuais guerras programadas para demonstrar a existência do fato social bruto da assimetria no sofrimento, entre outros objetivos estratégicos, por assim dizer, clássicos. Vimos também, a partir dos escrúpulos de um fisiologista do século XIX, a afinidade mais abrangente entre tal perda da lembrança da dor sofrida, e infligida, e procedimentos de anestesia. O tipo de amnésia que esses últimos provocariam justifica o emprego metafórico de "anestesia" como insensibilização moral. Tanto na escola da Guerra como na escola da Medicina correm paralelas as respectivas formações por meio do aprendizado da dor.

Até aí nada de novo. Todavia, uma recente retomada desse tópico ancestral – uma ilustração precisa das provações terríveis a que a humanidade teve de se submeter até que se formasse como "sujeito", digamos, inteiriço – extraiu outra lição da virtude guerreira por excelência que vem a ser a coragem, a faculdade desde sempre "viril" de se vencer o medo da morte violenta. Não é bem assim no argumento de Christophe Dejours, que passo a resumir, com um propósito que o leitor logo perceberá – o de pensar a guerra hoje. Segundo uma axiomática moral que remontaria às mais antigas práticas de racionalização e ascese, a estrada real para se armar de coragem e ir à luta de morte em uma guerra consistiria no emprego deliberado da violência contra o próprio corpo. Ocorre que tal "treinamento" para suportar sem fraquejar dor e sofrimento acarreta alguma coisa como uma certa familiaridade com a violência, treinamento que por sua vez exige uma associação equívoca com algum agente que inflija o sofrimento, a violência e a provação do medo, de sorte que ao termo de tal aprendizado da coragem já não se sabe mais distingui-lo do aprendizado da submissão voluntária e da cumplicidade com aqueles que exercem a violência. Estamos assim a um passo de justificá-la, quanto mais não seja por ser o instrumento de uma virtude. E bem próximos do segundo passo nessa carreira: a capacidade de também exercer violência sobre alguém. Assim como ser igualmente capaz de assistir ao espetáculo da violência sem vacilar nem demonstrar qualquer reação emocional ou afetiva. Podemos imaginar a escalada desse processo de formação: no limite, só é corajoso o "homem" capaz de se transformar em carrasco, quando as circunstâncias o exigem, claro, pois se trata de um aprendizado metódico e bem articulado de meios e fins racionalmente proporcionais.

Até aqui, vimos a guerra e seus correlatos, antigos e modernos, do ângulo do círculo vicioso entranhado na virtude patriarcal por excelência, a coragem militar. Só que o livro de Christophe

94 • Extinção

Dejours trata de uma outra guerra, a guerra econômica atual, surpreendida em um plano mais elementar e decisivo do que os lances dramáticos do confronto neomercantilista entre os Estados e suas empresas na corrida ao corte de custos, deslocalizações, capital circulante etc. Trata, mais específica e fundamentalmente, do escândalo maior de nosso tempo, a "banalização da injustiça social" – e na acepção mais enfática de todas, a que Hannah Arendt deu ao termo ao pesquisar as causas da estarrecedora "banalização do mal" sob o Terceiro Reich[80]. Dejours também se ocupa de vítimas, carrascos e colaboradores, sobretudo da grande massa desses últimos, "aprisionados" pela disciplina do medo a ser recorrentemente vencido por mecanismos de defesa tais que lhes facultem conviver e suportar o sofrimento social do qual padecem, porém na exata medida em que o infligem aos "concorrentes" ao mesmo posto de trabalho que será precarizado ou suprimido na próxima rodada das demissões "sociais" – o eufemismo é recente –, sem falar nas condições de trabalho cada vez mais deterioradas e intoleráveis, e, no entanto, "virilmente" suportadas da mesma maneira que se tolera o destino da massa crescente dos pobres, desempregados ou não, e sem falar na legião dos sem-direito de todos os tipos. Familiarizar-se com a violência, nos termos em que ela foi vista, tornando-se até seu instrumento envergonhado e "deprimido", é o caminho mais "seguro" – pois não é a integridade física e mental de cada um que se encontra sob constante ameaça? – de se desidentificar do "terço" descartável dos *inutiles au monde* – um terço na fração otimista das sociedades ricas do Atlântico Norte. Mudando de foco e passando a nosso outro termo de comparação – o tipo de auto-repressão envolvido na violência do mais simples ato cirúrgico –, verifi-

---

[80] Cf. Christophe Dejours, *La souffrance en France* (Paris, Seuil, 1998).

caremos não só que o endurecimento pessoal exigido pelo convívio, a um tempo familiar e distanciado, com o sofrimento é da mesma ordem de "virilidade" que a tolerância com o intolerável requerida pelo sistema de vasos comunicantes entre vítimas e algozes da injustiça social generalizada, como seu aprendizado implica igualmente em conquistar a capacidade de extirpar qualquer compaixão pela dor alheia, pois para assistir impassível ao espetáculo do sofrimento é preciso sufocar sentimentos de piedade, horror, náusea etc., que o referido círculo vicioso da coragem viril costuma atribuir à humanidade de segunda classe mais eloqüente das mulheres...

Não estou me desviando, passa por aqui o nervo de todo argumento. Christophe Dejours encontrará sua contraprova justamente no material filtrado por pesquisas sobre o trabalho das enfermeiras. Pois é. Para as quais não é nem um pouco degradante dissociar a capacidade de conviver e arcar com o sofrimento da disposição de infligi-lo "se as circunstâncias assim o exigirem". A essa altura, se nosso autor desse mais um passo e emendasse em sua psicodinâmica do trabalho outro tanto de crítica da economia política, certamente teria concordado com Roswitha Scholz que de fato *o valor é o homem*[81] – entendendo por valor o nexo social dominante em uma sociedade produtora de mercadorias. E que, nesses mesmos termos, vai à guerra. Veria igualmente que seu diagnóstico da banalização da injustiça social – ao qual estamos acrescentando no mesmo passo a banalização da guerra em seu atual estágio cosmopolita – aponta para o buraco negro em que foi se convertendo a sociedade salarial desde que o capital reencontrou um novo caminho para dar livre curso a sua compulsão congênita, a desvalorização suicida da fonte de seu processo de valorização. O trabalho

---

[81] Cf. Roswitha Scholz, "O valor é o homem", em *Novos Estudos* (São Paulo, Cebrap, n. 45, 1996).

mercadorizado, que continua alegando ser o único critério de acesso ao excedente social ao mesmo tempo em que o descarta como um traste inútil. Uma ficção que para se manter em vida demanda uma expansão explosiva de coerção social e seu cortejo de iniqüidades e destruição. Embora não veja a sociedade do trabalho como uma formação em crise (e crise envolvendo toda uma ruptura de época), mas quase como um dado antropológico sob o ataque implacável de forças desestruturadoras, o olho clínico de Christophe Dejours recorta com a máxima precisão o vínculo estrutural entre a nova violência banalizada, o consentimento coletivo na injustiça e no sofrimento das populações, além da decomposição atual do mundo do trabalho.

Voltando ao "gênero" do valor-trabalho, acrescentemos que para Dejours a virilidade e seu cortejo de brutalidades anestesiantes é o mal paralisando uma virtude, a coragem – nada contra a coragem em si, é bom esclarecer –, na exata medida em que se apresenta como uma decorrência necessária das atividades de trabalho nas condições contemporâneas. A virilidade dos *tough guys* é a matriz em função da qual é visto como algo positivo o sofrimento rotinizado que se inflige aos outros justamente em nome do trabalho. O cinismo dos que estão no topo das reengenharias, *downsizings* e demais estratégias de precarização *manu militare* – afinal, a "globalização" é uma guerra, não é verdade? –, e que por isso mesmo podem escarnecer de suas vítimas e falar às claras como qualquer falcão de Estado-Maior, não deve, todavia, mascarar a atuação do principal personagem do esquema de Dejours: a legião dos colaboradores de boa vontade que noutras circunstâncias repudiariam esse papel submisso de espectadores e agentes do mal, e que, no entanto, carregam o fardo de sua banalização. São mobilizados pelo medo que se infiltrou nas relações contemporâneas de trabalho, medo anestesiante, ao armar mecanismos de defesa sem os quais o sujeito ameaçado pela pressão do sofrimento, interno e externo, caminharia para o colapso. Digamos que a mesma racionalização da autoconservação como um fim em si mesmo sustenta a audiência da guerra-espetáculo propiciada por forças armadas profissionalizadas segundo o padrão de "flexibilização". E vimos nos seguintes termos como se há de recordar: na sociedade dita pós-militar, a operação das novas máquinas de guerra é encarada como um posto de trabalho igual a outro qualquer – um trabalho do mal como qualquer outro trabalho triturado pela economia de mercado vencedora.

Dessa convergência entre os dois trabalhos, o da guerra e o da economia, por sua vez "em guerra" contra a sociedade da qual também se autonomizou, dá notícias a singular crueldade trivializada das coalizões militares em operação pelo mundo. Assim também se explica o paradoxo da explosão da violência nas periferias "redemocratizadas", bem como a brutal reversão da "escalada da pacificação" nas ricas sociedades do Norte. A nova guerra permanente cosmopolita generaliza e arremata esse processo de banalização do mal pelo trabalho descrito por Christophe Dejours como um laboratório: é verdade que as relações de trabalho são relações sociais de desigualdade que confrontam os indivíduos presos em sua rede à experiência da dominação e da injustiça, mas só no presente estágio de falsa superação da sociedade salarial o trabalho tornou-se "um verdadeiro laboratório de experimentação e aprendizagem da injustiça e da iniqüidade"[82]. A guerra cirúrgica dos cosmopolitas simplesmente ampliou esse laboratório à escala do mundo.

---

[82] Cf. Cristophe Dejours, *La souffrance en France*, cit., p. 176.

CAVALARIA GLOBAL

1

Em setembro do ano 2000 – no auge da campanha eleitoral que culminaria no memorável golpe de veludo dado pelos juízes da Suprema Corte em favor do clã Bush –, o *think tank* neo-imperialista, e por isso mesmo inequivocamente batizado de Projeto para o Novo Século Americano (PNAC), divulgou um extenso relatório intitulado *Reconstruindo as defesas da América: estratégia, forças e recursos para um novo século*[1]. Não se pode dizer que a referida usina de maus pensamentos estivesse projetando no vazio. Seu manifesto de fundação, de 1997, fora encabeçado por veteranos da Guerra do Golfo e do Pentágono, como Dick Cheney, Donald Rumsfeld e Paul Wolfowitz, mais um apreciável punhado dos meninos prodígios de costume, nova safra dessa confraria norte-americana única, formada pelos assim chamados "intelectuais da segurança nacional". Pois então: na visão daqueles intelectuais da pesada, simplesmente não era verdade que o colapso da União Soviética tinha produzido um tempo morto estratégico, no transcorrer do qual os Estados Unidos poderiam recolher sem mais os dividendos de um novo momento unipolar, pelo menos enquanto não se apre-

---

[1] http://www.newamericancentury.org/RebuildingAmericasDefenses.pdf.

100 • Extinção

sentasse na arena uma potência emergente em condições de desafiar o vencedor da última guerra pela hegemonia mundial. Assim sendo, não era desprezível o risco de se pôr a perder uma oportunidade verdadeiramente histórica, sobre cuja natureza davam aliás várias indicações reveladoras. Entre outras, que a necessária presença norte-americana permanente na região do Golfo obviamente transcendia a mera remoção de um tiranete local como Saddam Hussein. Ou, ainda, quando a certa altura manifestam a esperança de que um "evento catastrófico e catalisador, como um novo Pearl Harbor" – isso mesmo, com todas as letras –, desperte uma opinião pública anestesiada pela rotina das expedições punitivas de um libertino diversionista como Bill Clinton. Desejo realizado exatos doze meses depois por obra e graça de uma antiga criatura da CIA, nunca será demais reprisar. Aliás, consta que poucos dias depois do 11 de Setembro, Condoleezza Rice teria pedido aos membros do Conselho de Segurança Nacional que pensassem rápido na melhor maneira de "capitalizar tamanha oportunidade". Também, segundo se diz, parece que Ms. Rice era de opinião que o mundo estava mesmo muito parecido com o período de 1945-1947, referindo-se aos anos de paranóia que levaram os Estados Unidos a liderar uma guerra nada fria contra a União Soviética, um outro momento unipolar enfim, em que dispunham de absoluto monopólio nuclear, além de produzirem sozinhos meio PIB mundial. Alguma coisa alimentava as fantasias de onipotência daquele auge do primeiro século norte-americano. De volta aos visionários dos anos 2000, constatava-se que o perímetro de segurança norte-americano, como se diz em jargão, vinha se expandindo lenta, porém inexoravelmente desde a derrocada soviética, escarnecendo-se na mesma medida do anacronismo das grandes concentrações de força militar norte-americana, ainda entrincheiradas na Alemanha, esperando uma invasão que jamais acontecerá. O conflito que está se delineando, continuavam, é tão global quanto o da finada Guerra Fria, mas seu teatro não é mais a planície da Europa central. Seu centro de gravidade estratégico não se encontra mais em nenhum país. Não se trata mais de conter ou dissuadir um inimigo territorialmente circunscrito. Não é que a geografia tenha evaporado ou que não sirva mais para fazer a guerra – como dava a entender aos mais bisonhos a fraseologia mercantil-humanitária do mundo-sem-barreiras, predominante na propaganda do período anterior. Assim, à medida que o protetorado militar exercido pela Otan foi se estendendo aos Bálcãs e à Europa oriental – durante os cosmopolitas anos Clinton, é bom não esquecer –, e a inclusão permanente do golfo Pérsico no mencionado perímetro de segurança passou a ser apresentada como mais um fato da vida (para ainda não falar na Ásia central), a primeira linha de defesa de tal perímetro passou a ser guarnecida por um outro tipo de aparato militar, encarregado de novas e diversificadas missões, na acepção estratégica do termo. Ou melhor, não tão novas assim: fechando a apresentação geral das alegações em favor de uma reorientação da projeção do poder norte-americano no ultramar, um certo senso histórico adormecido como uma segunda natureza nessa casta peculiar de intelectuais orgânicos levou-os afinal a atinar com a razão da paisagem. Nada mais nada menos do que a elevação daquelas forças armadas patrulhando o mundo à condição de "cavalaria da nova fronteira norte-americana". Devo a um ótimo artigo de Armando Nobre Mendes[2] não só a recuperação do relatório de setembro de 2000 no site do PNAC, mas, sobretudo, a ênfase iluminadora na extravagância imperial, porém historicamente exata, daquele reencontro marcado desde sempre com a cavalaria ao longo da fronteira norte-americana,

---

[2] *Carta Capital*, 23 de abril de 2003, p. 58-9.

102 • Extinção

incontestavelmente um curto-circuito na memória romanesca de qualquer veterano consumidor da cultura norte-americana de massa. Seja como for que se avalie a pertinência da analogia, o fato é que se trata de uma enormidade propriamente colossal. Tanto é assim que, comentando e pressentindo coisa pior pela frente, como a intensificação da preferência norte-americana pela resolução militar dos conflitos, Andrew Bacevich – de resto, ele mesmo militar de carreira antes de se tornar especialista em relações internacionais – também registrou a desmesura dessa dilatação do perímetro defensivo do país, que simplesmente passava a abarcar o globo[3].

2

Então é isso aí. A próxima fronteira é simplesmente o mundo. Está claro que na acepção norte-americana do termo "fronteira" – com cavalaria e tudo, segundo o novo conceito estratégico de espaço anunciado pelo Novo Século Americano. Quer dizer – não custa insistir, diante de tamanha reviravolta –, a próxima fronteira norte-americana será nada menos do que o próprio mundo. Em contrapartida, o mundo terá se tornado uma fronteira de dimensões planetárias, novamente na acepção norte-americana do termo. Na falta de melhor definição do Império emergente, seria o caso de prestar atenção pelo menos na fantasia nada imaterial dessa superposição, tanto mais espantosa por ser imaginada no auge da Era do Capital, como o emblema paradoxal de sua consumação sem resto. Ao mundo, por definição sem fronteiras, do capital veio enfim sobrepor-se uma fronteira a rigor sem mundo. Não estou jogando com o duplo sentido da palavra "fronteira" nem com seu correlato "mundo". Salvo pelo fato de que essa ambivalência se confunde com a própria invenção norte-americana da

---

[3] Andrew Bacevich, *American Empire* (Cambridge, Harvard University Press, 2002), p. 24.

fronteira, tanto a realidade quanto o mito. Não surpreende portanto que uma tal projeção de poder – desde o nascedouro pressentida como imperial, ora trivialmente, ora com conhecimento de causa, pois a noção de "império", como também se verá, é recorrente no vocabulário político norte-americano – comande inclusive a semântica histórica de filtragem e leitura do verdadeiro caos sistêmico que vem por aí. O que não falta é duplo sentido nesse Império do Capital, como Ellen Wood denomina a atual etapa de total impregnação do planeta pelos imperativos econômicos da acumulação irrestrita de riqueza abstrata, distinguindo-o por isso mesmo dos outros impérios históricos[4]. Ocorre que esse último império não deveria ter fronteiras, porém, como os demais que o antecederam, as tem; mas, sendo norte-americanas, não são quaisquer fronteiras. Além do mais, estamos insistindo no paradoxo da expansão acelerada de um império – ainda por definir, ficando subentendidas, doravante, as aspas de rigor – ostensivamente não-territorial, cujas novas fronteiras – obviamente ao modo norte-americano – passam atualmente por Cabul e Bagdá, deixando para trás os bolorentos protetorados militares dos tempos da Guerra Fria, nem por isso menos intactos em seu óleo canforado. Daí a perplexidade de um colunista do *Financial Times*, confrontado com a desmedida desse "imperialismo dramaticamente novo que está empurrando os confins norte-americanos para muito mais longe que as fronteiras tradicionais do país"[5]. Pasmo de um entusiasta, vê-se logo, que se poderia ao menos atenuar caso se tenha em mente a correção semântica que se acaba de sugerir. Como não pude acessar (sic) o original em inglês, fica a conjectura, que explicaria a discrepância espacial entre os dois limites, o nacional e o imperial: desconfio que "fronteiras tradicionais do país" se refiram a *border*, e que os "confins norte-americanos" remetam de

---

[4]   Ellen Wood, *Empire of Capital* (Londres, Verso, 2003).
[5]   Transcrito na *Folha de S.Paulo*, em 15 de abril de 2003.

104 • Extinção

fato ao inusitado paradigma geopolítico desse "imperialismo dramaticamente novo", a saber, à mitológica *frontier*, teoria e prática. Ainda segundo Ellen Wood, acresce que estaríamos diante do primeiro imperialismo que, tendo não obstante gerado uma capacidade militar jamais vista, aparentemente não se orienta para a conquista de territórios, controle físico de rotas comerciais ou mesmo a derrota numa guerra total de rivais contra-hegemônicos ainda mais do que improváveis. E, no entanto, o que se vê? A política de intervenção militar rotineira dos anos 90, embora sob os mais diversos e intercambiáveis pretextos, parece enveredar por um outro caminho, continua a mesma Ellen Wood, como se o novo imperialismo aos poucos estivesse reassumindo as formas do antigo, fechando o círculo do capitalismo histórico. Assim, à luz da atual conquista do Iraque, sem falar na ocupação do Afeganistão, "como os britânicos na Índia, quando o imperialismo comercial acabou dando lugar ao governo imperial direto, pode ser que os Estados Unidos estejam verificando que o império cria seu próprio imperativo territorial"[6]. Noutras palavras, associada ao Império do Capital, liberou-se uma dimensão inédita da lógica de poder territorialista, para empregar a distinção de Giovanni Arrighi. Como se há de recordar, no esquema geral dos principais formuladores da Teoria dos Sistemas Mundiais, capitalismo e jurisdições políticas concorrentes nasceram juntos, constituindo, porém, duas lógicas distintas de poder – uma territorialista e a outra propriamente capitalista (e cujo instrumento mais característico é o controle dos meios de pagamento) –, que ora confluem, ora se contrapõem na dinâmica evolutiva do moderno sistema mundial, enquanto modo de governo e modo de acumulação[7]. Digamos, para antecipar o argumento, que a atualização que está começando a ser vista, da

---

[6] Ellen Wood, *Empire of Capital*, cit., p. 167.
[7] Giovanni Arrighi, *O longo século XX* (Rio de Janeiro, Contraponto/ Unesp, 1996).

Cavalaria global • 105

fronteira norte-americana em sua dupla acepção, bem pode ser a manifestação mais enfática da confluência explosiva dessas duas lógicas de poder em um momento crucial de ruptura de época. Antes de retornar à trilha da cavalaria global, um lembrete preliminar. Segundo a boa sugestão de um estudioso desses assuntos de fronteira, se o supracitado colunista do *Financial Times* tivesse à mão apenas o *Oxford Advanced Learner's Dictionary*, poderia verificar que o descompasso em questão não só se encontra dicionarizado como identificado em sua peculiaridade nacional. Depois de atribuir ao termo *frontier* o significado de uma zona ou faixa de terra que corre por ambos os lados de uma linha divisória demarcando duas jurisdições políticas contíguas – e, não por acaso, as *frontier disputes* ocorrem precisamente em tais zonas limítrofes, lembrando todavia a origem francesa do *front* onde se congela uma linha de batalha –, o autor do verbete destaca a ênfase caracteristicamente norte-americana da idéia de frente pioneira, que define "fronteira" como o limite extremo de uma área povoada, para além da qual se encontra a mata virgem, como que pedindo para ser desbravada; feita, não obstante, a ressalva, o *Oxford* admite o emprego do termo *frontier* para designar a fronteira política linear, adotando assim, sem maiores considerandos, a ambigüidade constitutiva da "fronteira" na formação histórica norte-americana, a um tempo fronteira política nacional e frente pioneira de colonização[8]. Fronteira, na acepção norte-americana do termo, então é isso, e obviamente muito mais, pois se trata de um dos mitos fundadores do espectro que hoje ronda o mundo. Mitologia tão ostensivamente entranhada na paisagem que sugeriu ao geógrafo Friedrich Ratzel, talvez o primeiro a dirigir a atenção de sua disciplina para a expressão espacial da soberania política, uma

---

[8] Na boa observação, em cujo resumo me apóio, de Demétrio Magnoli, *O corpo da pátria* (São Paulo, Moderna/Unesp, 1997), p. 20, n. 10.

106 • Extinção

metáfora, além de obviamente visual, politicamente reveladora, ao definir aquele espetáculo insólito de uma fronteira em movimento, com o qual se defrontou em uma viagem aos Estados Unidos nos anos 1870, como a *dilatação de uma pele*, no caso, o corpo territorial do Estado[9]. Não sei de melhor imagem para o colossal processo de conquista e ocupação territorial que foi a história "interna" da formação do Estado norte-americano. Na formulação original de Gareth Stedman Jones, "os historiadores norte-americanos que falam complacentemente da ausência de um colonialismo baseado na colonização direta, que foi característico das nações européias, ocultam o fato que toda a história *interna* do imperialismo dos Estados Unidos foi um vasto processo de conquista e ocupação territorial. A ausência de territorialismo no exterior fundamentou-se num territorialismo interno sem precedentes". Depois de ressuscitar esse trecho, Giovanni Arrighi acrescenta que esse territorialismo interno sem precedentes "foi totalmente inerente a uma lógica capitalista de poder. O territorialismo e o capitalismo britânicos haviam fertilizado um ao outro. Mas o capitalismo e o territorialismo norte-americanos eram indiscerníveis"[10]. Mesmo assim, não é mais essa "dilatação" histórica que está convulsionando o planeta no momento. Pelo contrário, o miolo do perímetro propriamente nacional dos Estados Unidos está sendo paranoicamente encerrado e lacrado em um *bunker* absoluto. (Que o 11 de Setembro violou com a desenvolta selvageria dos nômades da fronteira arrasando um posto avançado da civilização – para irmos direto ao coração do argumento.) Tampouco estamos às voltas com uma falsa reprise do efêmero imperialismo à européia que se seguiu à "esplêndida guerrinha" arranjada contra as sobras do moribundo império colonial espanhol em 1898. É preciso,

---

[9] Recapitulação preciosa devida igualmente ao estudo citado de Demétrio Magnoli, *O corpo da pátria*, p. 23, n. 15.

[10] Giovanni Arrighi, *O longo século XX*, cit., p. 60.

não obstante, pelo menos qualificar os espasmos territorialistas de um império informal em vigor desde 1945. E sobretudo essa notável – por assim dizer – compulsão a lastrear tais surtos com a sucata ideológica invariavelmente recolhida no inesgotável mito norte-americano da Fronteira. Como hoje a avalanche norte-americana é global e praticamente se confunde com uma nova onda de colonização da vida pelo capital, não é descabido arriscar um diagnóstico de época puxando por esse fio.

3

Quase três anos depois, um dos autores do relatório do PNAC e, como se viu, visionário da próxima fronteira norte-americana, dá mais uma demão nesse cenário preparado para abrigar todo o cortejo de cenas e personagens da violenta "mitologia da Fronteira". Entre parênteses: apenas uma ocorrência significativa desse "eterno retorno" antes de principiar a desfiar os estereótipos da cavalaria global. Estou me referindo a matéria hoje antiga – tal a aceleração do descalabro, com as revelações dos subterrâneos da prisão de Abu Ghraib incluídas –, a escalada no imediato pós-guerra oficial das operações militares clandestinas, algo como uma extensão da doutrina Bush da guerra preventiva à caçada humana, *"preemptive man hunting"*, como diz o jornalista Seymour Hersh, citando episódios de cabeças a prêmio no Afeganistão e no Iraque. Numa palavra, agora de um articulista de *The New Yorker*, a "justiça de fronteira está virando política externa"[11]. Cenas de uma sociedade de fronteira em formação cuja assombrosa familiaridade na franja do sistema desde sempre não deve deixar que se perca de vista a tremenda metamorfose em curso da lógica territorialista do novo poder capitalista. Fecha parêntese; voltando. Trata-se de um *paper* produzido por

---

[11] Seymour Hersh, "Moving targets", *The New Yorker*, 15 de dezembro de 2003.

outro *think tank* neoconservador, o American Enterprise Institute, posto no ar em julho de 2003 com um título mais do que emblemático, o roteiro de todo um programa de expansão cuja idiossincrasia histórica não se pode deixar de reconhecer: *Toward a Global Cavalry*[12]. É isso aí. Há algum tempo a comunidade dos intelectuais da segurança nacional vem mapeando o que passou a denominar de *arco de instabilidade*. Mas o que inicialmente se considerava um delgado "crescente" – como se diz na língua da geopolítica anglo-americana, de Mackinder a Spykman – do Mediterrâneo até a Orla do Pacífico deu lugar a uma ameaçadora metástase, uma ampla e globalizada massa que desafia qualquer tentativa de regionalização. Uma faixa nebulosa que corre da região andina da América do Sul, atravessa o Norte da África, varre o Oriente Médio, se eleva à Ásia central, para terminar nas Filipinas e na Indonésia. Desnecessário ressaltar que tal arco de instabilidade está encharcado de petróleo e gás, e, em alguns pontos cruciais, de surtos cada vez mais intensos de islamismo radical. Recortado segundo as jurisdições nacionais que povoam tal arco, verifica-se sem surpresa que estamos às voltas com virtuais Estados falidos ou já francamente abandidados – segundo a nomenclatura do atual humanismo militar, o principal ingrediente ideológico do neo-imperialismo – cuja periculosidade aumenta, também sem surpresa, à medida que apodrecem os vínculos com o suposto sistema inclusivo global. Segundo a fórmula ideologicamente exata de um analista do Pentágono, no mundo de hoje o que define o perigo é a *disconnectedness*. Ideologia à parte, não se trata de uma fórmula trivial. Em primeiro lugar, por sugerir que até as bibliotecas do Departamento de Defesa estão infestadas de literatura sobre a "sociedade em rede" e temas adjacentes. Pensando bem, seria o caso de inverter o raciocínio e rastrear no

---

[12] http://www.aei.org/publications/pubID.17783/pub_detail.asp.

atual senso comum acerca do admirável mundo novo das redes, em que a conexão é tudo e a exclusão uma fábrica de ressentimentos, as impressões digitais deixadas pela origem militar das atuais tecnologias da informação. Em todo caso não surpreenderia reencontrar outra vez a guerra, instalada agora no espírito mesmo do novo capitalismo. Não deve ser à toa que a explicação da violência pós-moderna como um colapso na rede de interações simbólicas recorra com freqüência ao paradigma do ethos guerreiro, por sua vez contemporâneo da espetacularização das novas guerras norte-americanas. Essa desconexão ameaçadora assinala também uma outra periferização do mundo[13], pois até mesmo, ou sobretudo, nos cantos sinistrados dos países centrais podem estar à espreita os desviantes "desfiliados" pela nova ordem mundial – pela qual, afinal, estamos em guerra. Faz todo sentido do mundo – já que *"everything is moving everywhere"*, como diz outra sombria sumidade da referida tribo intelectual – que o controle de uma Network Society global passe por um radical reposicionamento (sic) das instalações militares norte-americanas de ultramar. Como cada vez mais operaremos em lugares remotos e inabituais, emenda outra eminência parda, deveremos também torná-los cada vez mais familiares, como se domestica um meio hostil. Como na Fronteira, enfim. Um comentário recente de Neil Smith ilustra por outro ângulo esse axioma estratégico, segundo o qual numa sociedade de risco (para mencionar outro lugar comum da apologética globalitária), que, além do mais, opera em rede – ou por isso mesmo –, é na falência da conectividade (por exemplo, perder a capacidade de "atrair" capitais) que mora a mãe de todos os perigos. A seu ver, a chamada guerra contra o terrorismo é igualmente, se não principalmente, "uma

---

[13] Cf. Paulo E. Arantes, "A fratura brasileira do mundo", em *Zero à esquerda* (São Paulo, Conrad, 2004).

110 • Extinção

guerra para preencher os interstícios da globalização"[14]. Nessas trincas podem se alojar nações inteiras, como o Afeganistão e o Iraque, mas igualmente toda uma região como os Bálcãs ou, emblematicamente, a margem ocidental do Jordão, ou ainda bairros ou simples indivíduos espalhados mundo afora, sem distinção entre metrópole e periferia. Vistas as coisas da Casa Branca ou de Wall Street, a guerra hoje visa pura e simplesmente a eliminar tais interstícios. Contra o pano de fundo de uma aparente normalidade capitalista, tudo o que se move – já podemos acrescentar, *nessa fronteira* – "é tratado como esporos do terror". Se assim é, os postos avançados sobre cuja organização em rede estamos começando a falar estão onde deveriam estar, na Fronteira. Mais do que um lugar, porém, estamos de fato falando da espacialidade contraditória do poder norte-americano, a um tempo demarcado por fronteiras cada vez mais inteligentes (*smart borders*, como a seu tempo veremos) e uma Fronteira virtualmente presente no globo.

Voltando ao *paper* sobre a cavalaria global a caminho, creio que vale a pena acompanhar sua reclassificação de continentes e regiões em conflito. Começando pela Europa: como os focos geopolíticos quentes se encontram no Oriente Médio e na Ásia central, é natural que se instalem trampolins expedicionários nos antigos Estados-tampão da fortaleza soviética; além do mais, há por lá terra barata e abundante, custos operacionais deprimidos, legislação ambiental permissiva e, de quebra, ocasião para um plano Marshall casual. Na Ásia central, as coisas são ainda mais evidentes: sob o manto generoso da insurgência islâmica, petróleo, gás etc. (muito etc. mesmo) e, sobretudo, a inédita proximidade da fronteira (*border*) chinesa, que por sua vez confina, vistas as coisas do lado de cá, quer dizer, do Quir-

---

[14] Neil Smith, "Prologue", em *American empire* (Los Angeles, University of California Press, 2003).

Cavalaria global • 111

guistão, com a também inusitada e dilatada *frontier* norte-americana. A essa altura, vale um parêntese: um pouco mais compactado, esse arco de instabilidade atende pelo nome de Global Balkans no último livro de Zbigniew Brzezinski[15] – outro "crescente" se estendendo dos Estados balcânicos europeus, que emergiram da desintegração da Iugoslávia, através da Ásia central até o Paquistão. Esse o foco central da instabilidade geopolítica a ser pacificado. Como se vê, a imaginação geopolítica norte-americana não varia muito. Tampouco a de Brzezinski, que ainda no livro anterior, *The Grand Chessboard*, de 1997, continuava a insistir, como nos tempos da Guerra Fria, na ameaça sempre presente de uma Eurásia reunificada com o fim do mundo comunista[16]. As coisas obviamente não param por aí. Num artigo em *Le Monde*[17], Claire Tréan e Laurent Zuchini se referem a um plano norte-americano de remodelagem denominado Grande Oriente Médio, abrangendo toda a vasta região entre o Marrocos e o Afeganistão. Fechando parêntese: não surpreende tanto assim – ou não mais – que o mais longo arrazoado do programa da cavalaria global concerne à África. Limito-me a reportar dois tópicos. O primeiro esbarra outra vez na confluência de petróleo e islamismo radical nas jazidas da África ocidental, sendo que atualmente a Nigéria responde por oito a quatorze por cento do consumo norte-americano. Mencionar apenas a Nigéria é pouco. De fato,

---

[15] Zbigniew Brzezinski, *The Choice: Global Dominance or Global Leadership* (Nova York, Basic Books, 2004).

[16] Para a persistência desse tema herdado de Mackinder – quem controlar a Eurásia dominará o globo... – ver Leonel A. Mello, "Brzezinski e o confronto americano-soviético", em *Quem tem medo da geopolítica?* (São Paulo, Edusp/Hucitec, 1998).

[17] "Les Etats-Unis lancent leur projet d'un 'Grand Moyen-Orient'", *Le Monde*, 27 de fevereiro de 2004.

será todo o golfo da Guiné que fornecerá pelo menos um quarto do alucinado consumo norte-americano de energia fóssil até 2015. As vantagens são óbvias: essas novas jazidas não só estão bem longe do Oriente Médio, como dois terços delas se encontram em alto-mar, o que as livra das turbulências em terra firme e permite que tenham a proteção da Marinha norte-americana. Isso não é tudo, a fim de "securizar" seu abastecimento os norte-americanos vêm multiplicando acordos militares com os potentados locais, reunindo em um mesmo cartel forças armadas, companhias petrolíferas, empresas de segurança privada e serviços afins[18]. Segundo ponto, menos óbvio e mais característico do atual *rebasing debate*: as instalações agrupadas no Camp Lemonier, em Djibuti, no Chifre da África, onde se encontram as águas do mar Vermelho e do golfo de Aden, no mar da Arábia, com vista para o Iêmen sempre instável e ameaçador, sem falar na varredura de seis países com alto risco de "desconexão" da África oriental – Somália, Sudão, Quênia, Etiópia, Eritréia e o próprio minúsculo Djibuti –, o conjunto da obra pedindo um novo Paul Nizan... De fato, nessas terras dos confins sopra um vento colonial de outros tempos, embora os tempos sejam realmente outros; tanto é assim que nosso autor (de fato são dois) esmera-se em sublinhar a novidade dessa recorrência. Ao contrário das Américas de bolso encravadas em uma Alemanha por sua vez americanizada, Camp Lemonier encarna o tipo mesmo do *forte de fronteira* que o Pentágono está semeando ao longo desse arco de instabilidade.

Algo mudou, e não é pouco. A certa altura, rebatendo argumentos favoráveis às clássicas plataformas marítimas de projeção de poder, o *paper* em questão é muito assertivo: num estado

---

[18] Pierre Abramovici, "Activisme militaire de Washington en Afrique", *Le Monde Diplomatique*, julho de 2004, p. 4-5.

de guerra em que a informação sobre insurgência e alianças *ad hoc* são fundamentais, "não há substituto para botas no terreno!". Convenhamos que uma geografia peculiar está ocupando novamente o centro da cena. E por falar em botas e coturnos, e, sobretudo, na nova relação com o território que eles não deixam de imprimir em nossa imaginação política, Chalmers Johnson, num artigo recente para o tomdispatch.com[19], reparou que as autoridades norte-americanas não conseguem mais completar uma frase sem mencionar a imperiosa necessidade de deixar a "nossa pegada" nos quatro cantos do mundo. A seu ver, nada resume melhor o impacto do novo imperialismo norte-americano do que essa compulsão do *footprint*, de botas, é claro. Uma relação nova do poder com o espaço que – se estamos no caminho certo – o imaginário da Fronteira, de resto bem tangível em sua drástica materialidade, exprime de modo ainda mais abrangente, pois afinal é o próprio mundo que está sendo esquadrinhado por uma rede de fortes de fronteira. Esse *mundo-fronteira* – que, aliás, não se resume ao exclusivo arco de instabilidade, se é mesmo fato que a cada esquina "desconectada" está emboscada uma ameaça desconhecida – é hoje o próprio perímetro da Pax Americana, cuja patrulha está a cargo dessa cavalaria global, acantonada em um sistema de *frontier stockades*. Noves fora o fuso histórico, a conclusão é irretocável: "como a cavalaria do Velho Oeste, sua missão é em parte a guerra, em parte o policiamento – ambos, de resto, inteiramente conformes à melhor tradição das forças armadas norte-americanas". Em suma, *American power is on the move*. E, se assim é, o que vem por aí?

---

[19] Parcialmente publicado no *Los Angeles Times* e transcrito em *O Estado de S. Paulo*, de 25 de janeiro de 2004.

114 • Extinção

4

A estratégia de fronteira literalmente semovente – do latim, "que se afasta" –, encarnada por uma cavalaria global, seria inviável sem os Fortes correspondentes, uma vasta rede de bases militares distribuídas por todos os continentes, até agora com a única exceção da Antártica. E sem falar nos projetos para o espaço extraterrestre, para não mencionar os mais óbvios satélites artificiais. Na opinião de Chalmers Johnson – a quem passo agora a comentar e a reportar-me –, esse enxame de instalações militares e de coleta de informações que praticamente "guarnecem" o planeta – entre outras acepções, recordo que guarnecer significa principalmente ocupar militarmente – constitui, pura e simplesmente, uma nova forma de império. Sem se reduzir a isso, é claro, essa a "base" do novo imperialismo[20]. Uma das chaves da atual espacialização do poder, sua *territorialidade de fronteira*. São mais de setecentas bases no ultramar, sem contar as secretas. Em território nacional, passam de mil. Meio milhão de soldados, espiões, técnicos e agregados de toda sorte, fornecedores e subcontratados em geral, nativos e nacionais norte-americanos. Operam também monitorando o que as pessoas no mundo todo estão falando ou comunicando por e-mail umas para as outras. Desnecessário lembrar que setores inteiros da economia norte-americana dependem das compras militares, e não se trata apenas do famigerado complexo industrial-militar, que continua aí mais firme e forte do que nunca. Também estão ancorados no novo ramo de negócios pós-Guerra Fria, o da reconstrução de infra-estruturas arrasadas pelas tropelias da cavalaria global, um tanto impropriamente denominadas "guerras". Uma nuvem empresarial de gafanhotos – sem falar nas tropas compassivas dos "humanitários" – contratados com as terceirizações

---

[20] Chalmers Johnson, *The Sorrows of Empire: Militarism, Secrecy and the End of the Republic* (Londres, Verso, 2004).

Cavalaria global • 115

de praxe, até o restabelecimento da mais-valia absoluta extraída do último faxineiro não-branco. Uma vasta usina de lucros extraordinários capturados na edificação e manutenção de tais instalações de fronteira, só que sem a agreste rudeza da Fronteira histórica. A essa nova casta, com e sem uniforme, é preciso confortar numa escala inaudita de serviços privilegiados. É preciso não só alojá-la em quase-bairros-jardins norte-americanos típicos, mas abastecê-la com supermercados de última geração, fazer funcionar seus clubes, tratar a água de suas piscinas, equipar seus shoppings, mas sobretudo manter o conjunto da obra perfeitamente aclimatizado, afinal se trata do posto avançado de uma civilização do ar-condicionado[21]. Um mundo paralelo à imagem e semelhança de todas as secessões que a polarização social contemporânea vai multiplicando – das *gated communities* aos santuários culturais calafetados contra as infiltrações de incivilidades. Com o acréscimo significativo da decolagem rotineira de supersônicos entupidos de bombas de fragmentação e urânio empobrecido. (Voltaremos por certo a esse sistema de analogias estruturais, afinal não é pouca coisa constatar que à fortificação das camadas sociais privilegiadas, privatizando lugares públicos e militarizando o espaço construído, responde a proliferação de bases militares, disseminadas em rede como os elos de uma cadeia produtiva de multinacional, que se configuram enfim replicando mundo afora *resorts*, *spas* ou parques temáticos. No outro pólo conjugado, seu duplo subterrâneo, algo como um outro arco de instabilidade alimentado por toda sorte de desconexões perigosas.)

---

[21] Michael Mann transcreve o seguinte trecho de um *site* do Pentágono destinado a recrutar pessoal para o sistema de bases no exterior: "instalações militares são realmente pequenas cidades seguras. As mesmas coisas transcorrem em ambas as localidades – vida de família, vida social, shoppings, restaurantes, cultos, creches, escolas, serviços médicos, esportes, *hobbies*, lazer e assim por diante", em *Incoherent Empire* (Londres, Verso, 2004), p. 21.

116 • Extinção

Assim, como a acumulação interminável de capital e a expansão indefinida do poder – para voltarmos às duas lógicas do poder, enunciadas em sua tautologia imanente –, o apetite norte-americano por bases militares parece insaciável. Está claro que Chalmers Johnson não ignora a evidência histórica de que, desde a Antiguidade, bases militares ou colônias são comuns a todos os regimes imperiais. Num artigo de março de 2002[22], os editores da *Monthly Review* recapitulavam as variações desse nexo ao longo da história, de Roma ao atual sistema norte-americano, passando pelo método britânico de dispor suas instalações militares ao longo dos corredores marítimos dominados pela Royal Navy, para relembrar obviamente que a rede norte-americana não pressupõe o controle formal da soberania territorial de outras nações, além de estar a serviço de uma estratégia mais propriamente geoeconômica – segue-se o indefectível exemplo dos oleodutos projetados para a região do mar Cáspio[23]. Há algo mais em jogo, como estamos vendo, que as dicotomias clássicas não esgotam. Algumas observações de Michael Mann sobre as incoerências do novo imperialismo nos devolverão a nossa trilha, a do mundo-fronteira recoberto por uma teia jamais vista de postos avançados de controle dos territórios. Desse ponto de vista, não são poucas as dissonâncias com as formas passadas do territorialismo capitalista. Assim, uma instalação no deserto da

---

[22] "U. S. Military Bases and Empire", *Monthly Review*, v. 53, n. 10, março de 2002.

[23] Cf. o comentário de Flávio Dagli e Armando Sartori, "Marcos do império", *Reportagem*, n. 49, outubro de 2003. Os autores, aliás, relembram que mesmo para uma superpotência há limites, como se está vendo no Iraque, sendo mais fácil derrotar militarmente um país do que mantê-lo sob ocupação. Logo veremos que o debate entre os neo-imperialistas gira em torno do caráter dessa ocupação, para além de definir se o novo império será formal ou se permanecerá na informalidade, como tudo no admirável mundo novo das redes.

península Arábica, por exemplo, à primeira vista se parece até demais com os fortes e guarnições dos Estados imperiais do passado. Todavia, nada mais estranho ao espírito daquelas antigas locações do que o tipo ideal da dominação contemporânea, o enclave absoluto – pelo menos é assim que se pode entender o paradigma Diego Garcia, a base de todas as bases, um atol no meio do oceano Índico cujos habitantes foram devidamente deportados para as Ilhas Maurício. À luz dessa verdadeira utopia se pode compreender o permanente quebra-cabeça das "pacificações" que se seguem às novas intervenções militares. Seria o caso de sublinhar o parentesco estrutural do sonho de uma não-territorialidade absoluta com o devaneio de um antigo presidente da Dow Chemical Company, cuja fantasia de poder multinacional se fixara na compra de uma ilha não comprometida com nenhuma soberania ou sociedade, além do mais aliviada da sobrecarga de habitantes nativos, persuadidos a dar o fora, indenizados, sem dúvida, para sediar o comando geral da companhia – num dos exemplos preferidos de Giovanni Arrighi para ilustrar a distinção de espaço-de-fluxo e espaço-de-lugar[24]. Embora seja o caso, ainda não é o momento de esmiuçar o parentesco entre *fronteira* e o recém-mencionado *espaço-de-fluxo*, "um espaço funcional não territorial" que cresceu dentro do moderno sistema de governo, constituído pela diferenciação das coletividades em espaços territoriais fixos e mutuamente excludentes de dominação legítima – ainda na formulação de Arrighi. Se fôssemos antecipar o argumento, seria o caso de acrescentar, infelizmente baralhando um pouco a terminologia, que uma base militar norte-americana, por meio da qual um novo império deixa seu *footprint* no mundo, pode ocupar um lugar sem ser definida pelo lugar que ocupa – afinal, estamos lidando com uma fronteira em movi-

---

[24] Cf. Giovanni Arrighi, *O longo século XX*, cit., p. 82-3.

118 • Extinção

mento, mais ou menos como o sistema das "feiras sem sede" realizadas pela dispersa classe dos negociantes genoveses há quatrocentos anos. Passemos então ao elenco de desvios do padrão colonial, segundo Michael Mann – desvios tanto mais notáveis por ocorrerem de novo em antigas paragens coloniais. Como já assinalado, o pessoal militar norte-americano vive isolado das populações locais. Quando se exercitam fora do perímetro, o fazem em zonas previamente "clareadas". Em regiões conflagradas, patrulhas nada mais são do que shows de força, pois tais bases não são guarnições pacificando o país, sobre o qual não projetam seu poder. Como não estão comprometidas com os governantes locais, não podem coagi-los, limitando-se a intimidar virtuais insurgentes por sua mera presença, de resto confinada, como se disse, numa bolha de ar-condicionado. Em contraste – prossegue Michael Mann –, as guarnições coloniais clássicas, por assim dizer, não eram enclaves remotos, mas brotavam nas vizinhanças das cidades-chave, quando não nos mais exclusivos bairros da elite nativa, como os clubes de oficiais britânicos e seu séqüito de serviçais nativos. A repressão, embora rotineira, era calibrada e, de certo modo, vivia em simbiose com a violência local. Embora seja freqüente a comparação, entre críticos e entusiastas do poder norte-americano, com a política imperial britânica de canhoneiras e Ghurkas, portanto com uma ocupação mais ou menos definida pelo lugar, a visão de nosso autor de agora – e veremos que também a de Chalmers Johnson, o primeiro a mapear esse novo império de bases – é, antes, de um espaço-de-fluxo constituído por bases que "*overleap the host country altogether, projecting offensive air and carrier strikepower somewhere else – not imperial pacification, but offensive intimidation from afar*"[25]. Não se trata de mera ausência de cultura colonial européia,

---

[25] Michael Mann, *Incoherent Empire*, cit., p. 27.

Cavalaria global • 119

como se costuma alegar entre os neo-imperialistas desapontados, mas de uma outra lógica capitalista de poder territorial – e vice-versa –, a de uma fronteira-fluxo.

5

Voltemos então à história doméstica do imperialismo norte-americano, à fusão peculiar de capitalismo e territorialismo na formação do Estado norte-americano – na formulação de Arrighi já mencionada, o territorialismo interno inerente à lógica capitalista de poder. A esse balanço convergente sobre capital e coerção – para falar como Charles Tilly[26] – na formação nacional norte-americana, seria preciso acrescentar o cimento estruturalmente decisivo representado pela Guerra Civil na origem da autoridade a rigor incontestável do Estado Central norte-americano, em que pese a lenda em contrário alimentada pelo culto da Constituição e dos Pais Fundadores, como mostrou Richard Bensel no *Yankee Leviathan*[27]. Só que não se trata de uma guerra qualquer: o mais violento conflito militar do século XIX deveu muito da carnificina que produziu, anunciando inclusive o que viria a ser a guerra total do futuro, não apenas por ser de fato a primeira guerra do capitalismo industrial, mas também por exponenciar, graças aos novos meios técnicos, os métodos e objetivos da tradição territorialista nacional da *savage war* – porém, entre "brancos", essa a tremenda novidade. Aviso aos navegantes: como lembrado na abertura deste ensaio, a palavra "império" comporta uma acepção precisa na cultura política norte-americana. Por mais barateada que esteja sua repetição a torto e a direito, os donos do poder norte-americano raramente se enganam a seu

---

[26] Charles Tilly, *Coerção, capital e Estados europeus* (São Paulo, Edusp, 1999).

[27] Richard Bensel, *Yankee Leviathan: the Origins of Central State Authority in America, 1859-1877* (Cambridge, Cambridge University Press, 1990).

120 • Extinção

respeito, conferindo um lastro histórico inesperado à pregação desinibida dos *think tank*s neo-imperialistas.

Arrighi, corrigindo Max Weber – por assim dizer, uma vez que sua concepção do moderno sistema mundial é, em parte, weberiana no que concerne à dinâmica da competição interestatal por capital circulante –, relembra que Benjamin Franklin, que na remota Massachusetts puritana defendia as virtudes da poupança ininterrupta como um fim em si mesmo, saudava igualmente a sabedoria do governante que "adquire um novo Território ao encontrá-lo vazio, ou que retira os Nativos para dar Espaço a seu próprio Povo", exibindo assim, na pureza quase clássica do espírito capitalista, um espírito territorialista intensa e igualmente pronunciado[28]. Pois bem, tão logo a Independência desatou as mãos dos colonos – continua Arrighi –, eles trataram de conquistar toda a parte do continente norte-americano que era lucrativa, reorganizando esse novo espaço de maneira totalmente capitalista. Podemos acrescentar que estamos sendo apresentados à matriz material que funde *expansão, fronteira* e *genocídio*. O resultado – agora na conclusão de Arrighi – foi um compacto "império" territorial doméstico. As aspas que destacam a expressão império remetem – como anunciado linhas acima – a um debate histórico que remonta aos Pais Fundadores, significando muito mais do que mera sinonímia para União Federalista, com o que todos concordavam. Resumindo bem resumido. Um dilema político-moral inquietava o espírito territorial-capitalista daqueles colonos às voltas com uma tarefa inédita de *Nation Building*. Ocorre que essa passagem – inaugural sob todos os aspectos – da condição de colônia ao status de nação estava por sua vez literalmente ancorada em um enorme território, justamente comparável em tamanho à Rússia czarista, algo como a súmula do mal europeu: absolutismo, tirania, corrupção etc. A alternativa clássica, República ou Império – que até hoje comanda

---

[28] Giovanni Arrighi, *O longo século XX*, cit., p. 60.

Cavalaria global • 121

as escolhas políticas norte-americanas –, era expressão direta desse vínculo moral e político entre dimensão territorial e virtude cívica. Tratava-se então de saber se um vasto território poderia constituir a base de uma República incorruptível. De Maquiavel a Gibbon, passando por Montesquieu, o que não faltava eram argumentos antiimpério, claro. Estava aí o exemplo de Roma, que não deixava margem a dúvidas. Gibbon, aliás, foi a primeira fonte para a síndrome do declínio por *overstretch* imperial. Quanto a Maquiavel, desorientava ainda mais, pois, ao mesmo tempo em que identificava em toda expansão – e o modelo era sempre romano – o germe da degenerescência e da destruição final, sustentava que, se uma república era saudável na mesma medida em que seus cidadãos eram virtuosos, ela continha, por isso mesmo, um elemento de vigor militante e expansivo. Sendo, por outro lado, enorme o país, a alternativa espartana da insularidade defensiva não era um modelo atraente, além de inibir a visão da grandeza nascente e expor a nação a novos riscos de segurança – resolvido, aliás, tal problema de segurança, sem maiores escrúpulos filosóficos, na melhor lógica européia realista de poder, pela anexação tanto real quanto virtual de sua "periferia" hemisférica. Esse, de resto, o significado original da Doutrina Monroe, a expressão do mais "vigoroso expansionismo", nas palavras de Bill Williams, na esteira contra-intuitiva de um outro precursor não menos radical, Charles Beard[29]. Estavam à mão, de resto, dois argumentos

---

[29] Cf. William Appleman Williams, *The Tragedy of American Diplomacy* (Nova York, Norton, 1959). Cito conforme a edição revista de 1972, nova reimpressão. Ainda sobre as origens da Doutrina Monroe, ver John Mearsheimer, *The Tragedy of Great Power Politics* (Nova York, Norton, 2001), p. 252. Mearsheimer, por sua vez, reporta-se à opinião de um historiador do mito do excepcionalismo norte-americano, Frederick Merk. Quanto ao sobrevôo do dilema república ou império, apóio-me na ótima síntese de Anders Stephanson, *Manifest Destiny: American Expansionism and the Empire of Right* (Nova York, Hill and Wang, 1995), p. 16-8.

122 • Extinção

neoclássicos[30]. Muito oportunamente, ideólogos ingleses do novo império ultramarino em formação alegavam tratar-se de um novo tipo de império (e não será a primeira vez...), um império incorruptível porque marítimo e comercial, além do mais protestante, enfim tudo que a rival Espanha não era, aliás, ilustrando com razoável antecedência a tese de que impérios territorialistas se corrompem fatalmente, enquanto os impérios propriamente capitalistas podem contornar tal sina – mais à frente toparemos outra vez com esse confronto quase ancestral entre terra e mar, mais exatamente entre poder terrestre e poder marítimo. O segundo argumento, muito mais atraente, porque de índole colonial, garantia que nem sempre império equivalia a tirania, pelo contrário, poderia e deveria ser concebido como a extensão do governo da lei à mata virgem, algo como a ampliação progressiva (nos dois sentidos) da civilização e da ordem, de sorte que o destino de um império não estaria selado simplesmente por abarcar um território descomunal ou apenas "normal". James Madison resolveu a equação invertendo os dados do problema e inaugurando um modelo original de império: para as repúblicas baseadas no princípio da soberania popular, a vastidão territorial não era uma danação, mas uma bênção, um seguro contra a corrupção das virtudes cívicas, além de alimentar a prosperidade material. Estava assim lavrada a certidão de nascimento do mito norte-americano da expansão benigna. No resumo de Bill Williams: a fórmula de Madison se destinava a banir do horizonte a ameaça da divisão social causada pelos conflitos econômicos crescentes, assegurando que só a *ex-*

---

[30] Que recordo sempre na esteira de Anders Stephanson. Não se trata de desvio no argumento: em seu devido tempo e lugar, o leitor verá – se não for presumir demais – como Toni Negri e Michael Hardt, os autores de *Empire* (Cambridge, Harvard University Press, 2000), mergulham de cabeça nessas antigas elucubrações acerca da contínua dilatação espacial da Constituição norte-americana.

pansão – a rigor, o *pivot* em torno do qual irá girar toda a história norte-americana – forneceria a chave preventiva contra os choques disruptivos a caminho, a expansão não só produziria um império para a exploração e o desenvolvimento, como interporia entre as classes e os interesses antagônicos distâncias no espaço e no tempo providenciais[31]. Um século depois, como se verá adiante, o historiador Frederick Jackson Turner completaria o argumento com o enunciado canônico da *Frontier Thesis*. Mas, voltando aos Pais Fundadores, é preciso lembrar também que o engenhoso sistema de Jefferson, de reprodução contígua de Estados individuais, lançou os fundamentos da futura expansão territorial. Doravante, igualmente: expansão, na acepção norte-americana do termo. Coroando tal projeto – agora sim verdadeiramente "imperial" –, os ideólogos jacksonianos do período subseqüente aos anos de formação, amalgamando de vez territorialismo e capitalismo, encarregaram-se da versão mais agressiva dessa visão inaugural em que uma república popular-escravista precisa de fato se dilatar espacialmente para se manter de pé – repetindo, estava no ponto o mito fundador de uma sociedade de fronteira, quer dizer, entre tantas outras conseqüências, a crença na "regeneração pela violência"[32], confirmada pela graça da riqueza econômica milagrosa ao alcance da mão.

Não se pode portanto dizer sem mais que os Estados Unidos começaram sua carreira de potência como um império tradicional. Mas podemos retirar as aspas (sempre implícitas), pois tam-

---

[31] William Appleman Williams, *The Tragedy of American Diplomacy*, cit., p. 22.

[32] O tema da regeneração nacional por meio da violência é particularmente desenvolvido por Richard Slotkin no primeiro volume de sua trilogia sobre a mitologia norte-americana da Fronteira, *Regeneration trough Violence: the Mythology of the American Frontier, 1600-1860* (Middletown, Wesleyan University Press, 1973).

bém é disso que se trata, um império que se alastrou pelo continente espetando postos militares nos territórios recém-conquistados, tanto para melhor defendê-los quanto para explorá-los economicamente. Forte Apache, Forte Laramie e Cia., cujas réplicas hoje recobrem o mundo como outras tantas guarnições de fronteira, eram de fato bases militares avançadas num território obviamente hostil que estava sendo ocupado e colonizado, por certo que no sentido "pioneiro" de irradiação econômica na esteira de uma *pax* civilizadora. Todavia tão logo o compacto imperial doméstico alcançou suas fronteiras geográficas ditas abusivamente naturais, a expansão mudou de plataforma territorial. Daí a verdadeira excepcionalidade norte-americana, desta vez sem a neblina mitológica: tendo consolidado com zelo paranóico os limites territoriais de seu império nacional continental, estender indefinidamente suas "fronteiras" mundo afora. Ao contrário das potências coloniais modernas, os Estados Unidos, uma vez concluída sua construção – digamos assim, abrasileiradamente –, nunca anexaram territórios ou semearam colônias. Aparentemente, contentaram-se com zonas militares exclusivas no estrangeiro (algumas simplesmente "alugadas"), "criando assim não um império de colônias, mas um império de bases" (novamente Chalmers Johnson). Hoje essas bases praticamente cercam o mundo. Para entender o neo-imperialismo – nele incluído tudo o que já se sabe acerca do mundo espantoso que a dominância financeira da valorização está criando –, é preciso examinar de perto essa geopolítica de cavalaria global, o modo pelo qual essas novas *basing policies* estão guarnecendo o planeta, e começar o diagnóstico pelo esqueleto do império, por suas bases, enfim.

Não sem paradoxo, essa singular estratégia de expansão imperial praticamente sem colônias – a exceção das Filipinas apenas confirma a regra, ou mesmo a percepção das bases militares como minicolônias, e nesse caso de novo as Filipinas nada mais formam do que uma gigantesca base militar, uma super Okinawa, essa sim

Cavalaria global • 125

propriamente uma colônia militar –, embora comandada por uma não menos extemporânea política colonial de fronteira. Pois bem: como já foi mencionado, e precisamos reprisar, essa peculiar rota nacional para o poder mundial principiou por uma estréia clássica no estilo do velho imperialismo europeu, a "*lovely little war*" contra uma falida e militarmente inoperante antiga metrópole colonial. Entendamo-nos. A "esplêndida guerrinha" de 1898 contra a Espanha liberou mecanismos de subjugação e anexação coloniais clássicos – da decisão de absorver de vez a província açucareira do Havaí à secessão do Panamá em 1903, passando pela apropriação de Porto Rico segundo o modelo britânico de Hong Kong e pela reconversão de Cuba em um misto de protetorado militar e *plantation* norte-americana etc. –, além de exibir, agora numa arena de ultramar, as afinidades coloniais eletivas da Fronteira, como a *savage war* contra a rebelião filipina ou a presteza com que foi adotada a política espanhola dos reconcentrados, a remoção de camponeses para aldeamentos estratégicos, método reintroduzido na Guerra do Vietnã, como adiante se verá. Tudo isso sem esquecer a mescla ideológica original da mitologia da fronteira em expansão, uma zona pioneira de encontro entre civilização e barbárie, com a parafernália mental daquele auge imperialista *fin de siècle*. Todavia – aqui a novidade que está nos interessando – à medida que a maré vigorosamente imperialista refluía e nenhuma outra investida parecia lhe dar seqüência, começou a transparecer a originalidade dos imperativos estratégicos do novo imperialismo que, muito embora originário de um territorialismo interno, não seguia os passos de seus concorrentes europeus – ou mesmo, dentro em breve, japonês. O mar do Caribe de fato se tornara o que sempre fora, um lago norte-americano. E, no entanto, quando, numa nota, considerada desde então um divisor de águas na história oficial do Império norte-americano, o secretário de Estado Richard Olney fez saber, em 1895, ao governo britânico, então envolvido em uma disputa de fronteira com a Venezuela, que "neste

126 • Extinção

continente os Estados Unidos são praticamente soberanos...", estava apenas refinando o enunciado da Doutrina Monroe de setenta anos atrás. Acrescentando, porém, uma dimensão radicalmente inédita: como compreender essa extensão despropositada da noção européia de Soberania a todo um continente, àquela altura quase todo ele composto não obstante de nações formalmente independentes? Chegaremos lá, a esse ponto nevrálgico de todo o argumento. E uma Soberania continental anunciada pouco antes da entrada oficial do país no ramo dos negócios imperialistas de ultramar, cuja expressão espacial, estamos vendo, não deixa de ser anômala, mais precisamente, uma fronteira compreendendo por assim dizer, de saída, as três Américas. Por outro lado, é bom não esquecer que não se pode falar em soberania sem um território sobre o qual se exerce uma tal jurisdição, e que, além do mais, a expansão retomada no momento de crise nacional por exaustão da fronteira interna – como anunciado pela *Frontier Thesis* supracitada e mais adiante comentada – está justamente quebrando o princípio instituído pelos Pais Fundadores, o da contigüidade espacial na própria definição da dilatação imperial da República.

6

Retomemos nosso atalho, porém no rumo do novo imperialismo que define toda a cena contemporânea. Com o recuo daquela primeira maré, o que se deixa ver na praia é um outro gênero de resíduo colonial: bases militares. A centenária Guantánamo continua lá, sendo que o campo de prisioneiros capturados no outro extremo da fronteira global norte-americana fecha, por assim dizer, o primeiro círculo do argumento. Não dá para não perceber que os *unlawful combatants* que ali se encontram "concentrados" são da mesma estirpe dos sobreviventes de uma *savage war*. Estava lançada então a pedra fundamental de um novo império – um império de bases, na visão original de Chalmers Johnson, a mais enfática cristalização territorial requerida pelo

Império do Capital, para ficarmos na fórmula de Ellen Wood. Nosso autor vai mais longe ainda: a seu ver, já naquele momento inaugural defrontamo-nos com uma política de Estado – desenhada naquela ocasião deliberadamente pelos cinco Pais Fundadores do neo-imperialismo norte-americano[33] – que, não por acaso sob pretexto de guerra justa contra os desmandos de uma

---

[33] A saber: o ex-secretário da Marinha, vice-presidente e depois sucessor do presidente McKinley, Theodore Roosevelt; o senador Henry Cabot Lodge; o antigo secretário e biógrafo de Lincoln, depois secretário de Estado e patrono da chamada política de Portas Abertas, John Hay, corolário natural da estratégia de expansão interminável e algo como a iniciativa ancestral do *capitalismo de acesso* contemporâneo (cf. nota 36), sobre a qual Bill Williams fundamentará toda a sua revisão radical da diplomacia norte-americana; o advogado das grandes corporações e depois igualmente secretário de Estado, Elihu Root; e o capitão de Marinha Alfred T. Mahan, depois professor do recém-fundado Naval War College. Sobre esses "cinco norte-americanos que fizeram de seu país uma potência mundial", Warren Zimmermann, último embaixador norte-americano na Iugoslávia, publicou um estudo biográfico, de fato uma história intelectual do impulso imperial originário cujas ressonâncias contemporâneas honestamente não procura camuflar, mesmo porque se trata de enaltecer essa primeira invenção de um "autêntico imperialismo norte-americano", baseado inclusive numa precoce política de "direitos humanos e estabilidade". Cf. Warren Zimmermann, *First Great Triumph: How Five Americans Made their Country a World Power* (Nova York, Farrar, Straus and Giroux, 2002). Resenhando o livro, Richard Holbrooke – ex-representante dos Estados Unidos nas Nações Unidas – ressalta igualmente o sistema de correspondências entre os dois períodos, inaugural e terminal: há um século, o *establishment* norte-americano se debatia – enquanto a opinião pública era devidamente manipulada pela nova imprensa de massa alimentada pela rivalidade delinqüente entre Randolph "Cidadão Kane" Hearst e Joseph "Prêmio" Pulitzer – em meio a dilemas de *nation-building* e *preemptive action* a propósito de Cuba e Porto Rico. Cf. "In the Beginning", *Foreign Affairs*, novembro/dezembro de 2002. Esses personagens e mais um punhado de figurantes podem ser vistos em ação no romance histórico de Gore Vidal, *Império* (Rio de Janeiro, Rocco, 1991).

128 • Extinção

bolorenta agência européia da velha política de poder, simplesmente apanhou a ocasião, aliás inteiramente fabricada, para plantar bases militares na América Central, no Caribe e no Pacífico. Esse o real objetivo de guerra, criar as primeiras bases para além das linhas nacionais[34]. Pensando bem, não se pode dizer que esse imperativo estratégico não constasse, por exemplo, das elucubrações do capitão Mahan acerca da superioridade do poder naval e sua influência na história, concentrando o nervo da geopolítica imperial norte-americana – obviamente embrulhada em todo o palavrório imperialista da época – em algo como uma "logística de fluxos e escalas"[35]. Assim, o Havaí seria providencial por ser, antes de tudo, uma *station* em pleno Pacífico, a meio caminho da Ásia, cujas "portas", no momento, interessava "abrir" – a tópica do "acesso", que madrugava. Com muito mais ênfase, justificava-se a conquista das Filipinas. A necessidade de postos avançados que poderiam ou não eventualmente se transformar em colônias, desde que o requisito da segurança na projeção do poder viesse em primeiro lugar. No fundo, trata-se de uma original malha em que as funções de caminhos e fronteiras se confundem e que, por isso mesmo, requer *"stations along the road... not primarily for trade but for defense and war"*[36]. Até um velho imperialista da gema como Theodore Roosevelt – de resto, igualmente mitógrafo da Fronteira – fazia ressalvas: as recém-conquistadas ilhas espanholas no Atlântico e no Pacífico não se destinavam de modo algum a ser repovoadas por novos pioneiros

---

[34] Chalmers Johnson, "Prologue" e "The Spoils of War", *The Sorrows of Empire: Militarism, Secrecy and the End of the Republic*, cit.

[35] A expressão é de Michel Foucher, num comentário introdutório acerca das diferenças entre a geopolítica anglo-americana e a alemã no início do século XX. Cf. *Fronts et frontières: un tour du monde géopolitique* (2. ed., Paris, Fayard, 1991), p. 21.

[36] Warren Zimmermann, *First Great Triumph: How Five Americans Made their Country a World Power*, cit., p. 96-9.

norte-americanos, pois, nessas fronteiras de agora, o papel de colonos, por assim dizer, seria desempenhado pelo Exército norte-americano[37]. Numa palavra, o que Chalmers Johnson, não sem alguma audácia, está procurando demonstrar é que o vencedor da Segunda Guerra Mundial, ao armar sua estratégia para a subseqüente Guerra Fria por ele mesmo deflagrada, ao mesmo tempo em que deixava desmoronar os velhos impérios coloniais europeus, convertia seus despojos clássicos de guerra, quer dizer, seus ganhos territoriais na Europa e na Ásia, num espantoso arco de bases militares cujos extremos se estendiam da Islândia ao Japão. A roda de fato havia girado durante e depois da Segunda Guerra, nas palavras de Giovanni Arrighi, observando que a descolonização maciça fora, no entanto, "acompanhada pelo estabelecimento do aparato mais extenso e potencialmente destrutivo de força ocidental que o mundo jamais vira, a imensa rede de bases ultramarinas quase permanentes, instaurada pelos Estados Unidos", algo que, nas palavras de um outro estudioso por ele citado, "não teve precedentes históricos; anteriormente, nenhuma nação havia baseado suas tropas no território soberano de outros países em números tão vastos e por um período tão longo de paz"[38]. A roda girou e, não obstante, a atenção do novo

---

[37] Warren Zimmermann, *First Great Triumph: How Five Americans Made their Country a World Power*, cit., p. 225. Mais do que simples curiosidade: o primo de Theodore, Franklin D. Roosevelt, além de leitor entusiasta de Mahan, iniciou igualmente sua carreira política pelo Navy Department, do qual se tornou secretário-assistente em 1912. No ano de 1914, em que sugeriu uma guerra geral contra o México para dar um paradeiro na revolução, retomou o fio expansionista do ilustre parente, aliás nunca rompido como se está vendo: *"our national defense must extend all over the Western hemisphere, must go out a thousand miles into the sea, must embrace the Philippines and over the seas wherever our commerce may be"*. Citado por Peter Gowan, "America's United Nations", *New Left Review*, n. 24, novembro/dezembro de 2003, p. 7.

[38] Giovanni Arrighi, *O longo século XX*, cit., p. 21.

establishment mundial concentrou-se na evidência geopolítica elementar do cerco assim imposto à União Soviética e à República Popular da China, não querendo ou não podendo atinar com a originalidade daquela derradeira metamorfose do imperialismo, que desprezara não só as fórmulas consagradas do colonialismo, como, sobretudo, a prática ancestral da conquista territorial. Ou melhor, na verdade mudara radicalmente o regime espacial dessa prática milenar, como estamos vendo. Simplesmente – para dar um exemplo extremo – deslocou para a nova fronteira norte-americana, expandida até os protetorados militares a que foram a rigor reduzidos Alemanha e Japão, os seus novos "fortes Apache". Como também ninguém se deu conta de que a guerra total travada contra as duas potências do Eixo fora, a seu modo – além, é claro, do horror pós-clausewitziano inaugurado pelo choque dos imperialismos em 1914-1918, o real princípio do fim –, uma *savage war* nos moldes do territorialismo interior dos tempos de formação nacional, não era mesmo de se esperar a identificação daquela verdadeira subversão no sistema do mundo. Pode-se dizer que, juntamente com o novo dinheiro mundial acordado em Bretton Woods, o padrão dólar-ouro, o regime de bases militares, vagamente legitimado por não menos tênues alianças e pactos de segurança mútua, tornou-se de fato o arcabouço dessa nova forma de imperialismo.

Derrotado e desmembrado o sistema soviético, essa dinâmica assumiu uma fisionomia inconfundível, verdade que agora acoplada a um novo padrão monetário imperial, o dólar-flexível, aliás um padrão que é mais uma exceção do que uma regra, pois emana do poder discricionário global do Tesouro Norte-americano. O espaço liberado pelo refluxo soviético foi varrido desde então por uma avalanche de guerras "imperialistas". Quer dizer: na seqüência das quais novas bases militares foram somadas às herdadas do ciclo anterior da fronteira novamente em movimento. Acresce – na visão perplexa de

Chalmers Johnson – que essa expansão, impulsionada por novas guerras, de postos avançados em territórios que, por sua vez, vão tomando cada vez mais feições de sociedades de fronteira, parece obedecer a uma paradoxal lógica endógena, como se o implante de novas bases exigisse a instalação de outras para proteger as posições anteriores, e assim por diante, como uma finalidade autônoma que se bastasse a si mesma. Nessa autonomização de ciclos cada vez mais curtos de guerras, negócios militares, mais a semeadura de bases, que, no conjunto, vão desenhando a geografia física desse complexo que se está chamando de Império, Chalmers Johnson acredita poder discernir o contorno de um militarismo cuja novidade ainda está pedindo uma conceituação original. Deixaremos, por enquanto, nosso autor se debatendo com o enigma da finalidade sem fim desse militarismo – não que ignore tudo o que está trivialmente em jogo nessas guerras de fronteira –, algo como a flagrante irracionalidade desse sistema de bases que lhe permite definir o poder norte-americano como um império cada vez mais propriamente militar, daí a fronteira em permanente movimento. Falando como um *expert* em assuntos estratégicos, foi se dando conta de que essas famosas bases não são em absoluto necessárias para o que, afinal, sempre contou, "lutar as guerras da nação", a saber, as guerras nacionais modernas. Mesmo nas guerras tópicas e assimétricas atuais, praticamente todas as forças combatentes vêm da *homeland*. As bases próximas de cada teatro de operações servem a rigor para abrigar com pompa e circunstância os chefes da guerra e sua parafernália de controles remotos e assessores de tudo e qualquer coisa. Fora isso, nada. Pelo menos em termos estritamente militares.

Pequena adivinha de um jornalista norte-americano: por que será que em nenhuma dessas novas guerras se aciona uma clara estratégia de saída? Porque simplesmente se trata de entrar e nunca

132 • Extinção

mais sair. É essa presença bruta que parece inspirar a primeira impressão na raiz do qualificativo imperial. Por isso o enigma não cessa de dar voltas na mente dos observadores mais sensíveis à novidade do fenômeno. Lembremos do relativo pasmo de Ellen Wood: pela primeira vez na história capitalista dos Estados nacionais, a rivalidade geopolítica entre as grandes potências teria sido efetivamente deslocada pela concorrência econômica e, no entanto, supremo paradoxo, o *hegemon* não só principiara uma escalada militar destinada a perpetuar uma lógica imbatível de *full spectrum dominance*, como deflagrara uma verdadeira estratégia de guerra pura – para falar como Paul Virilio –, quer dizer, um estado de guerra permanente e, no entanto, inteiramente fora de esquadro, porque sem fim, tanto em seus objetivos quanto em sua duração. À primeira vista, algo como o uso irracional da força militar, essa a impressão de Ellen Wood poucos anos atrás, diante da guerra do Kosovo. O que pensar daquela desmesurada – outra vez – exibição de poder de fogo, por assim dizer sem nenhum propósito, nenhuma razão inteligível quanto a objetivos claros ou estratégias de longo alcance, senão que se trata – de novo, outra vez – de um fim em si mesmo, sempre o mesmo recado tautológico: os Estados Unidos recorrem a seu poder militar simplesmente porque querem e podem, a qualquer momento e não importa em que lugar, assim mesmo, imprevisível, e nisso consiste sua desconcertante irracionalidade. Àquela altura, Ellen Wood achava que ainda não dispúnhamos de um aparato conceitual capaz de dar conta de tão singular militarismo, cuja relação com o território é assim tão aleatória quanto abstrata[39].

Voltando – para encerrar – à opinião de Chalmers Johnson, na qual visivelmente repercutem tais perplexidades estratégico-territoriais, parece que no fundo também desconfia, ou

---

[39] Ellen Wood, "Kosovo and the New Imperialism", em Tariq Ali (ed.), *Masters of the Universe? Nato's Balkan Crusade* (Londres, Verso, 2000).

Cavalaria global • 133

melhor, está certo de que tal sistema de bases existe simplesmente por existir, entendamos, a sua simples existência seria a razão para que a todo momento o governo procurasse motivos para usá-lo. Seria o caso então de suspeitar que a invasão do Iraque deveu-se menos a seus próprios movimentos do que ao fato bruto de que os Estados Unidos dispunham daqueles meios ao alcance da mão? Repetindo: como relembra o autor, os grandes enclaves de bases em Okinawa ou na Alemanha não só não se envolveram em qualquer conflito desde a Segunda Guerra, como nunca foram de fato planejadas para contribuir para o que realmente importaria, "*war-fighting capabilities*". Dito de outro modo: como a sociedade é do espetáculo e nela o poder se exerce e se inculca tanto melhor quanto mais intensamente aparece e integra o show enquanto pirotecnia separada, apartada e elevada às nuvens, seria o caso de dizer que esses postos avançados existem para sediar ostensivamente o comando dos novos procônsules que partilham a "governança" (isso mesmo) do mundo enquanto "manifestações visíveis do poder imperial norte-americano". Simples assim? Por exemplo: durante a última guerra do Iraque, os Estados Unidos não usaram de fato suas bases no golfo Pérsico e na Ásia central, salvo para a decolagem de (algumas) aeronaves com a missão de bombardear cidades iraquianas, uma atividade que, dada a absoluta superioridade aérea norte-americana, não tem rigorosamente nada a ver com o que usualmente se chama combate. Em suma, "qualquer que seja a razão pela qual os Estados Unidos tenham entrado em um país e instalado aí uma base, eles aí permanecerão por razões imperiais – hegemonia regional ou global, interdição de acesso do território a seus rivais, provisão de acesso para as suas multinacionais, gestão da estabilidade ou de sua credibilidade como força militar, e simples inércia". Essa talvez uma das chaves da expansão de fato inercial da nova fronteira global: o controle exclusivo do *acesso*, na acepção mais ampla e inédita do termo[40]. Não nos esqueçamos de que a fronteira semovente é também uma barreira, sem falar no espectro variado dos novos territórios ao alcance dessas novas bases de acesso.

---

[40] Cf. "A viagem redonda do capitalismo de acesso", neste mesmo volume.

GUERRA SEM NÉVOA

Uma digressão sobre o filme The Fog of War: Eleven Lessons from the Life of Robert S. McNamara, *dirigido por Errol Morris, 2003*

Em maio de 2001, Robert S. McNamara finalmente se deixou entrevistar e filmar pelo cineasta Errol Morris. Entrevistar talvez seja dizer muito. Não mais de meia dúzia de perguntas lhe são dirigidas ao longo de 90 minutos de projeção. Comprovando ao vivo a real utilidade de uma de suas máximas – nunca responder às perguntas que lhe fazem, mas às perguntas que gostaria que lhe fizessem – McNamara correu o tempo todo por uma pista livre. Roubaria a cena de qualquer jeito. Se o propósito era mesmo mostrar como as pessoas se descrevem e recontam a própria vida sem serem induzidas ou acossadas por uma câmera reducionista – mesmo que sob pretexto de simplesmente fazer luz, muito embora fosse o esperado num filme cujo motivo condutor, afinal, é o nevoeiro –, não surpreende o espetáculo superlativo oferecido por um octogenário enxutíssimo, articuladíssimo, e, no final, quase simpaticíssimo. Isso mesmo, o famigerado arquiteto da Guerra do Vietnã esbanja charme e simpatia. Convenhamos, um derradeiro feito de guerra. Uma vez dominado o teatro de operações como a única voz em cena, esmerou-se em ganhar os corações e mentes que perdera nos anos 60. Mas não pedindo perdão, como seria de se esperar numa era rasa e politicamente correta como a nossa, e sim simplesmente fazendo funcionar a seu favor, mais uma vez, uma de suas lições, a que recomenda estabelecer um canal de empatia com o inimigo.

136 • Extinção

É claro que também contribui para esse efeito tático, que poderíamos batizar operação Smoke Gets in Your Eyes, deslanchada pela força da matéria bruta do relato, a sensação de se estar diante de uma visão da história em primeira mão, como a resumiu um crítico norte-americano. Substância contra o fundo da qual ressalta ainda mais a surpreendente indigência da maioria das lições, no geral sabedoria convencional que, por sua vez, contamina a moral de toda a história. Seja como for, estamos diante de um alto personagem, leal servidor do imperialismo, para voltar a empregar uma palavra proscrita pelo cretinismo globalista dos anos 90. A voz dos donos do mundo nunca é uma voz qualquer. Nesse caso particular, além do mais ela, a bem dizer, repercute todo o século norte-americano. Aliás, apenas o primeiro, nos planos do McNamara de turno. A propósito: quando Donald Rumsfeld garante que não está lançando o país em um "atoleiro", está sem dúvida se referindo ao tremendo erro histórico de seu remoto antecessor no cargo – como ele, igualmente um exaltado doutrinário à paisana da guerra *high-tech*, restando ver se aos 80 anos também o reencontraremos na trincheira humanitária e pregando, a custo político obviamente zero, a abolição das armas nucleares.

Mas voltemos à vida e obra de nosso *likeable* depoente. Sua carreira é um resumo enciclopédico das ligações perigosas que foram armando o explosivo capitalismo norte-americano. Na condição do mais jovem e promissor assistente da Harvard Business School, recrutado pelo esforço de guerra norte-americano para servir no Departamento de Estatística da Força Aérea, com a missão de maximizar a eficiência dos *carpet bombing* recém-iniciados, conforme o conflito escalava rumo à guerra total, cálculo gerencial de custo-benefício aplicado à calibragem da pulsão exterminista que desabrocharia em Hiroshima. Finda a Segunda Guerra, selecionado para integrar o corpo de executivos seniores da Ford Motor Company, da qual se tornaria CEO poucos meses antes de ser convocado pelo presidente Kennedy para assumir o posto de secretário da Defesa. Se ainda fosse preciso expor mais uma vez o sistema de afinidades eletivas que comanda a evolução conjunta da máquina de guerra norte-americana e a afluência do consumo de massa que a legitima, e vice-versa, pois na base da prosperidade material o público podia divisar igualmente o combustível do terror nuclear, bastaria um estudo de caso a respeito dessa espantosa continuidade entre as duas mobilizações: a das bombas e seus vetores e a da sociedade motorizada. Nunca é demais lembrar a propósito que a fábrica taylorista é contemporânea da guerra civil norte-americana e que os soldados norte-americanos reencontraram a linha de montagem fordista nas trincheiras da Primeira Guerra Mundial.

Até aqui uma aula de graduação sobre capitalismo e guerra. A pós-graduação viria com a revolução nos assuntos militares durante os anos McNamara à frente do Departamento de Defesa, exponenciada pelo *management* científico da Guerra do Vietnã, sem falar na proliferação dos *think tanks* recheados por uma nova espécie de intelectuais, responsáveis por um também novo discurso da guerra, cuja sintaxe se resumia a uma combinação de teoria dos jogos e suas supostas decisões racionais, mais análise de sistemas, tudo sob a rubrica geral dos assim chamados estudos operacionais. Embalavam todos a miragem fatal de uma guerra sem fricção. Foi o que se viu depois, e o filme não esconde, embora o foco narrativo seja sempre a alma atormentada do ex-secretário – um contador que teve um exército a sua disposição, como se dizia na época. Não é à toa, por sinal, que os historiadores do militarismo costumam observar que o da pior espécie é o civil, no geral mais propenso a intensificar a carnificina, a projetar um combate mais absoluto e letal. Defenestrado do Pentágono, recebeu a presidência do Banco Mundial como prêmio de consolação, outra rima fantástica nessa carreira exemplar marcada pelo trânsito de-

138 • Extinção

senvolto entre a produção e a destruição. Por fim, nada mais norte-americano do que o epílogo filantrópico.

Seria injusto dizer que o filme sequer resvala nessa ordem decisiva de razões, sem as quais, todavia, acaba envolvendo com um nevoeiro suplementar o "*fog* pessoal" no qual se debate McNamara, tanto seu próprio, desorientado com a descoberta tardia de que a Máquina do Mundo não respeita a análise estatística, quanto o que espalha a sua volta, novamente derradeira astúcia de guerra. Bem que o filme se esforça e tenta timidamente retratar um pouco esse real fio condutor de toda a peripécia, ora com uma certa inocência escolar, quando substitui as bombas despejadas pelos aviões por cifras e gráficos, ora com mão leve, talvez leve demais, na regularidade com que retornam as imagens de bombas manipuladas, transportadas, balançando ao vento, explodindo, novamente recarregadas, a recorrência dessa atmosfera visual, sublinhada pela música de Philip Glass que, sem desenvolvimento, sugere uma expansão monótona e incontrolável, que na ausência de sua mola material vai adquirindo aos poucos dimensões metafísicas, além de anular as lições do entrevistado, pois ao fim a e ao cabo parece que nada se aprendeu. Nem por isso o filme é nulo, longe disso. Só que é preciso esfregar bem os olhos para atinar com seu real interesse, afinal estamos todos sob a névoa da guerra, ainda.

Um dos achados involuntários do filme, e que por isso mesmo o derruba, reside na convergência mortal entre a sua poética – digamos assim – e a estratégia retórica de McNamara. Ao cineasta interessa menos arrombar o que presume ser uma porta aberta política do que algo como uma redenção pela palavra. Daí sua ênfase no documentário de uma só voz. Errol Morris notabilizou-se por filmar monólogos de gente incomum, recorrendo a uma técnica cinematográfica especial de intensificação do poder de revelação da palavra falada. Para um cineasta, não deixa de ser curioso confiar mais na verdade verbalmente enunciada do que na visual, além do mais em situações nas quais o auto-engano é a regra. Sobretudo se o que quer mostrar na tela é o que seus tipos desviantes estão "vendo" quando falam do mundo. A conclusão é magra – para ver é preciso crer, só vemos o que queremos ver etc. –, porém cheia de conseqüências. É com essa mesmíssima filosofia de bolso que um *superinsider* com o prontuário de McNamara o leva na conversa, já que estão de acordo quanto à natureza da percepção, para ambos *ser é ser percebido*. Numa situação de guerra, então, nem se fala.

Poética e estratégia se cruzam enfaticamente na sétima lição de McNamara, acerca do engano inerente a nosso emaranhado de crenças e visões, para concluir igualmente que *believing is seeing*, a propósito do incidente do golfo de Tonkim, a pretexto do qual, em 7 de agosto de 1964, o presidente L. B. Johnson editou uma resolução autorizando-o a dar a partida em uma guerra *full-scale* contra o Vietnã do Norte, na nova condição, este último, de país agressor. No relato de McNamara, as coisas se passaram assim: em 2 de agosto, o destróier Maddox, "navegando em águas internacionais", informou a Washington que se encontrava sob um contínuo ataque de torpedos; na dúvida, porém, não houve retaliação imediata; dois dias depois, o mesmo alarme, só que, dessa vez, Johnson foi à televisão, denunciou a agressão deliberada e, ato contínuo, as bombas começaram a chover. Lição de McNamara sobre a névoa da guerra: o segundo ataque, que precipitou a declaração de guerra, de fato não ocorreu, os homens do radar, num ambiente de confronto militar, viram torpedos porque simplesmente quiseram vê-los no que eram de fato ecos de seu próprio sonar; em compensação, o primeiro e desconsiderado ataque ocorreu mesmo, justificando pelo menos formalmente o voto de guerra enfim arrancado do Congresso. E assim vai o mundo, tateando sob a neblina, rumo à desgraça. Acontece que não se deve confundir a névoa dos clássicos com cortina de fumaça.

140 • Extinção

Quase tudo é mentira. Simples assim. Para azar de McNamara e infelicidade filosófica de Errol Morris, ocorre que o analista da CIA Daniel Ellsberg, o mesmo personagem histórico que em 1971 vazaria para a imprensa os papéis do Pentágono, documentando o envolvimento norte-americano na Indochina de 1945 a 1968, entrara em funções exatamente naquele mesmo 2 de agosto em que a névoa da guerra turvara os melhores cérebros do país – na fórmula de David Halberstam, *"the best and the brightest"* da nova fronteira que J. F. Kennedy prometera reabrir –, e viu desfilar sob seus olhos não só todos os cabogramas, mas, sobretudo, os relatórios anteriores acerca de operações por debaixo do pano, *as usual*, sem falar nas discussões internas que testemunhou, nas quais manipulação, engodo e mentira deslavada eram a moeda de troca nas traficâncias de chefes de guerra, políticos e altos funcionários. Uma estréia e tanto na cultura do segredo e da conspiração. Àquela altura, o jovem Ellsberg achou tudo aquilo normal, o custo das grandes manobras de um estadista, empenhado em ganhar as guerras da nação. Três anos depois – a guerra apodrecendo –, receberia a missão de compilar os famosos papéis. Sete mil páginas de evidência documentária de que, durante 23 anos, quatro presidentes – Truman, Eisenhower, Kennedy e Johnson –, e suas respectivas administrações, mentiram descaradamente para o público e o Congresso, enquanto planejavam e perpetravam um rosário de feitos criminosos, no varejo e no atacado, numa expressão, de Ellsberg, *"actions of mass murder"*. A mentira como sistema de Estado, correndo solta nos bastidores de uma guerra definitivamente sem névoa.

Não estou, por meu turno, arrombando uma porta que se abre facilmente para os clichês tão temidos por Errol Morris, porque o ponto não é esse. O espantoso é que tanto McNamara quanto seu diretor contem ainda com a ignorância do público a respeito de um dos tópicos mais vasculhados da história norte-americana do século passado. Para não falar dos historiadores especializados, não há âncora de televisão que não saiba que o Maddox se encontrava em águas territoriais norte-vietnamitas, e não estava sozinho, conduzindo havia algum tempo operações de desembarque e sabotagem; que os oficiais que operavam o sonar de fato "viram" na tela os torpedos, mas porque tinham todas as razões do mundo para justamente esperar um contra-ataque; que essa *covert operation* tinha até nome, Plano 34A, e, como relembra Fred Kaplan – autor de um livro clássico sobre as doutrinas estratégicas destiladas nos *think tanks* que orbitam no complexo industrial-militar, *Wizards of Armageddon*[1] –, um plano especialmente desenhado para provocar uma resposta norte-vietnamita. O que de fato conseguiram, porém uma resposta muito débil, infelizmente: numa daquelas primeiras noites de agosto, uma lancha guarda-costas vietnamita conseguiu deixar de fato uma bala de metralhadora incrustada no casco do Maddox. Uma das características desse ramo da curiosidade norte-americana é que ela também é insaciável. Assim, livros recentes sobre a Crise Cubana dos Mísseis e as fitas da Casa Branca do período Johnson já haviam levado, antecipadamente, às cordas as meias-verdades de McNamara a respeito. Que está afinal em seu papel, a rigor uma segunda natureza, por isso mente mesmo quando está dizendo a verdade. É tal a compulsão profissional que chega a mentir para se auto-incriminar, como no episódio das bombas incendiárias lançadas sobre 67 cidades japonesas no fim da Segunda Guerra, procurando atabalhoadamente compartilhar a responsabilidade com o criminoso de guerra confesso Curtis LeMay. Na intenção dos mais jovens, lembro que o indigitado LeMay é o modelo do militar aloprado e levianamente genocida interpretado pelo ator George C. Scott no filme de Kubrick, *Dr. Strangelove* [Dr. Fantástico]. Consultado a respeito,

---

[1] Fred Kaplan, *Wizards of Armageddon* (Stanford, Stanford University Press, 1991).

142 • Extinção

um dos mais autorizados historiadores da Força Aérea norte-americana, tendo inclusive entrevistado durante horas o próprio LeMay, assegura que o nome de McNamara, então uma personalidade mundial, jamais aflorou.

Mas, e Errol Morris? Por que desconsiderar todo esse material factual? Afinal, trata-se de um documentário, e não da possível verdade-maior decantada pela fabulação de uma obra de ficção. Curiosa licença poética. Talvez por considerar com seus botões filosóficos que, a essa altura do beco histórico em que a humanidade se encalacrou – de quem é a culpa? –, nem mesmo a verdade verdadeira dos fatos tem maior significado. Por isso lhe interessava tanto deixar espraiar-se a metáfora da névoa, que vai se espessando conforme vão se apagando as luzes do esclarecimento nuclear. As confissões de uma bela alma do poder norte-americano se enquadram à perfeição nesse cenário crepuscular de eclipse da razão. Todavia, o veterano *wiz kid* dos anos 60 parece não achar tão irrelevante assim a pergunta: de quem é a culpa? Tanto é que a descarrega inteiramente na névoa da guerra. Com toda a razão, considera a expressão que dá título ao filme uma *wonderful phrase*.

Comentando o filme na *CounterPunch*, Alexander Cockburn[2] credita o pioneirismo dessa técnica de *fogging* a um livro dos anos 60, de Roberta Wohlstetter, *Pearl Harbor: Warning and Decision*[3], no qual desenvolve a tese do nevoeiro, digamos, acústico-semiótico, a saber: um "ruído de fundo" havia impedido o Alto Comando norte-americano de se antecipar à surpresa do ataque japonês. Esplêndida surpresa, como a não menos esplêndida e provocada "guerrinha" com a Espanha há um século. Até

---

[2] "The fog of cop-out: Robert McNamara 10, Errol Morris, 0", *Counter Punch*, 24/25 de janeiro de 2004 (edição do final de semana).

[3] Roberta Wohlstetter, *Pearl Harbor: Warning and Decision* (Stanford, Stanford University Press, 1962).

Guerra sem névoa • 143

as pedras sabem que Roosevelt ansiava por uma provocação japonesa e sabia que ela estava a caminho, embora possivelmente ignorasse sua escala de destruição. A inovação do "ruído" wohlstetteriano está em seu ponto de aplicação invertido, baralhar essa sabedoria das pedras. Por mais que circulem as elites do poder norte-americano, certas invariâncias disciplinam seu exercício, uma delas se exprime precisamente neste estratégico verbo *to fog*. Os desavisados patriotas que já na própria manhã do 11 de Setembro lembravam Pearl Harbor não desconheciam a profundidade histórica de seu ato falho. Segundo o *Oxford*, *to fog* consiste no ato deliberado de confundir alguém, tornando as coisas menos claras do que são; também das lentes de óculos ou de uma superfície de vidro recoberta por vapor d'água de sorte a não se poder ver através, diz-se que se encontram *fogged up*. Se a historiadora militar Eugenia Kiesling tem razão – em artigo publicado na *Military Review* de setembro/outubro de 2001, "On War. Without the Fog", de cujo teor tenho notícia apenas de segunda mão (impossível abri-lo mesmo no Google) –, não seria implausível supor que uma tal forma verbal do nevoeiro remontasse aos comentários em língua inglesa do livro de Clausewitz, venerado nas academias militares, e daí contaminando o idioma, como se a metáfora *the fog of war* fosse a imagem mais natural do mundo. Falei em comentários porque a frase não é original de Clausewitz, e se aí se encontrasse não teria o significado trivial de informação não confiável. Na dúvida, um trecho famoso: "A guerra é o domínio da incerteza; os três quartos de elementos nos quais a ação se fundamenta permanecem nas brumas de uma incerteza mais ou menos grande"[4]. As "brumas" do trecho por certo remetem ao nosso *fog* ou *Nebel*, no original que não tenho à mão. Seria preciso ressaltar, na atual circunstância do

---

[4] *Livro I*, cap. 3 (trad. portuguesa Teresa Barros Pinto Barroso, Lisboa, Perspectivas e Realidades, 1976).

144 • Extinção

filme, que, assim sendo, na continuação do texto, Clausewitz passava a encarecer a qualificação intelectual de quem ocupa o primeiro posto de observação e comando, entendamos, algo como uma faculdade de refletir e discernir a verdade através dessa poeira de incertezas. McNamara talvez não saiba o quanto chegou perto desse quadro iluminista exemplar. Ver claro através da neblina, pensar a guerra nos limites políticos da simples razão – ao preconizar a empatia com o inimigo e apresentá-la como uma chave filosófica do desenlace não cataclísmico da Crise dos Mísseis. Colocar-se no lugar do Outro é um dos mandamentos da reflexão esclarecida desde a Idade da Razão. Quem diria.

Agora, se fossem menos rígidos os preconceitos estéticos e políticos de Errol Morris, e se pesquisasse com um pouco mais de afinco os percalços da formação de uma Nação literalmente feita pela guerra, teria compreendido por que faltou empatia, proporcionalidade e reciprocidade no Vietnã – como um século antes nas Filipinas, há meio século no Japão e, hoje, no Iraque. Não só, mas também porque a avassaladora expansão da razão norte-americana – se pudermos falar assim para abreviar num só conceito a carreira de uma máquina IBM sobre duas pernas, como era chamado McNamara nos seus tempos de Pentágono – se deu por meio da *Indian War* na zona de fronteira, cuja selvageria extravasou para as guerras de ultramar nas fronteiras do mundo que o capital estava disciplinando, e que hoje se cristalizou nas chamadas guerras assimétricas. Mas isso já é outra história, embora tenha tudo a ver com a substância do vice-reinado de McNamara, a junção do princípio exterminista da guerra norte-americana de fronteira com a doutrina estratégica daquela nova geração de profissionais da coisa militar. Segundo a qual, mesmo em um ambiente nuclear apocalíptico, as forças armadas existem para isso mesmo, como um recurso de poder a ser utilizado, um instrumento a serviço dos interesses nacionais bem compreendidos. Quer dizer, passado o susto inicial com o advento irreversível da Era Atômica, a guerra voltara a ser encarada como um processo administrável entre outros, dentro dos limites da política mundial de poder. Nesses termos, a Guerra do Vietnã, vista pelos estrategistas do Pentágono, era por certo um conflito de baixa intensidade, cuja graduação podia ser calibrada como em uma câmara de tortura, enquanto para os nativos no solo a guerra, longe de ser limitada, era total e de extermínio, natureza incluída. Escaldado pelo fiasco da análise estatística como algoritmo de resolução dos problemas mundiais, entrando nos anos 90 McNamara começara a se dar conta de que o fim da Guerra Fria pouco alterou a estratégia de marcação de alvos das duas principais potências nucleares – ambas agora economias de mercado... Se desse uma volta a mais no raciocínio que o apavora – das 7.000 ogivas nucleares norte-americanas, 2.500 são mantidas em posição de alerta máximo, acionáveis em 15 minutos, segundo um processo decisório previamente coreografado –, verificaria que a mesma armadilha de dupla entrada (baixa intensidade de um lado, extermínio do outro) que lhe encerrou a carreira de chefe de guerra continua funcionando a pleno vapor, *et pour cause*.

Mas, como também não vim aqui para enterrar ou enaltecer McNamara, voltemos ao ponto cego mais saliente do filme, aliás seu momento de maior força, a inexplicável mendacidade compulsiva de quem não tem mais nada a perder quarenta anos depois dos fatos narrados. Devemos tomá-la como uma característica sistêmica. Sua última batalha travada, por que persistir indefinidamente na tática do *fogging*, como se a guerra que o extraviou em sua neblina pessoal e arrastou consigo 58 mil norte-americanos e 3,5 milhões vietnamitas fosse interminável? Pensando bem, Errol Morris jogou fora a chance de fazer um filme histórico. Diante da fala espantosa de McNamara – uma espécie de Doutor Fausto norte-americano, em cujo peito se debatem não duas, mas três almas, cada qual puxando por uma

146 • Extinção

fibra singular: industrial, marcial e cordial-humanitária –, documentou-a com imagens redundantes, renunciando a explorar cinematograficamente o sistema de suas evasivas, a ondulação ao longo da qual a um pico autocondenatório sucede um vale enevoado de pistas falsas. Há um método nesses altos e baixos. Falei em três, na verdade são duas as almas, e gêmeas. Assim sendo, um bom ângulo seria tomar o duplo registro dessa voz de fundo falso permanente como uma alegoria, ou coisa que o valha, do poder norte-americano visto em perspectiva histórica. Nessa alternância, quando não mera justaposição, entre dois códigos, sem prejuízo de que um desminta o que o outro declara, nessas idas e vindas entre a região mais etérea do drama de consciência, que hesita entre o reconhecimento do mero erro de comando e o pecado de prolongar a sobrevida de um matadouro sabidamente inútil, e os subterrâneos da fraude e da violência que os florentinos do Renascimento canonizaram e os Pais Fundadores da jovem República norte-americana pelo menos alegavam abominar, pois, nesse vai-e-vem dramático para um puritano, uma certa tradição crítica norte-americana reconheceria um retrato fiel do que William Appleman Williams chamou de tragédia da diplomacia norte-americana – justamente essa convivência de parede-meia entre a política de poder de corte europeu e as fantasias sinceras acerca do excepcionalismo norte-americano. No que diz respeito à lógica da guerra, ficou sugerido acima que essas duas faixas não tardariam a se superpor. Seria até melhor dizer que os massacres administrativos da guerra norte-americana eram a verdade da regulação intra-européia da violência política, que a nova fronteira do mundo convidava ao desrecalque.

Pois bem. Essa dualidade auto-explicativa da formação nacional norte-americana já foi dramática, há muito tempo porém é apenas funcional, daí a sensação de tartufaria nos escrúpulos um tanto Antigo Regime de nosso memorando.

Quando McNamara publicou, em 1995, *In Retrospect: the Tragedy and Lessons of Vietnam*[5], muita gente se perguntou: Por que só agora, por que só depois do fim da Guerra Fria achou conveniente, ou quem sabe necessário, providenciar a salvação de sua alma? As datas variam no que concerne à natureza e à periodização desse corte na história norte-americana, a mudança de função daquela dualidade de regimes – de verdade e de poder. Possivelmente em algum momento entre Hiroshima e o início oficial da Guerra Fria. É onde Wright Mills situaria o Big Bang na origem norte-americana da "definição militar da realidade", algo como uma ambiência metafísica destilada pela Idade Atômica do Capital e a subseqüente transformação estrutural do capitalismo norte-americano em uma economia de guerra permanente. Não se trata de uma tese extravagante sobre o lugar preponderante ocupado pelo complexo militar nos fundos de acumulação do país. Décadas mais tarde, E. P. Thompson faria justiça àquela intuição, observando que os Estados Unidos não *têm* apenas um complexo industrial militar gigantesco, eles *são* esse complexo. Essa redefinição crucial da realidade que, por assim dizer, sobrou da hecatombe de 1945, e da escalada genocida que a precedeu, comporta uma outra expressão, ainda nos termos da intuição fulminante de Wright Mills. A seu ver, desde então a elite norte-americana no poder começou a falar e agir como se o país houvesse ingressado para nunca mais sair em um *estado de emergência sem fim*. A guerra e, nos seus momentos de interrupção, uma frenética preparação para essa mesma guerra tornaram-se uma condição normal e permanente dos Estados Unidos. Dito de outro modo, na era do capitalismo nuclearmente armado, a emergência se confunde

---

[5]   Robert McNamara, *In Retrospect: the Tragedy and Lessons of Vietnam* (com Brian VanDeMark, Nova York, Times Books, 1995).

148 • Extinção

com a normalidade dos negócios. Daí a naturalidade do livre trânsito de McNamara entre os vários anéis, entrelaçando a emergência de um *warfare state* termonuclear e as prestações normais de uma afluência economicamente turbinada.

Em meados dos anos 80, um outro publicista radical exemplar, Sidney Lens, completaria o argumento, observando que "emergência" também é prerrogativa suspensiva de uma Presidência historicamente imperial, a rigor desde a Constituição golpista de Filadélfia, como mostrou Charles Beard há um século. Enfim, governa-se com poderes emergenciais, por meio de leis emergenciais, que no geral não são revogadas uma vez encerrada a crise que as suscitou. De Roosevelt a Jimmy Carter, por exemplo, 470 leis delegaram poderes emergenciais ao presidente. Ao fim e ao cabo, o Executivo se tornou, na expressão de Sidney Lens, um *"rogue elephant"*, como se o poder central se comportasse como um poder paralelo, correndo solto numa zona de anomia que veio se espraiando como uma mancha de óleo subterrânea. Estado constitucional, porém fora da lei. A fusão entre o Capital e a Bomba – que não é uma coisa inerte, insistia E. P. Thompson, mas o resumo técnico de um sistema social de armas com vida própria – acabou borrando desde então qualquer distinção entre Ordem, e suas correspondentes instituições de disciplina e controle, e Estado de Emergência. Não se trata apenas de repisar a evidência de que desde o Projeto Manhattan, o aparelho de segurança nuclear nunca esteve submetido a qualquer controle público, tampouco de relembrar piedosamente que, desde o Absolutismo, razões de Estado inescrutáveis correm por esse trilho secreto e ameaçador. O fato é que, ao encerrar a guerra do Imperialismo, iniciada em 1914, a Bomba – com a qual duas gerações de *wiz kid* deixaram de se preocupar – redefiniu o teatro em que atua o poder soberano, instância última que decide acerca da emergência nuclear. Uma instância terminal, cujo engatilhamento McNamara monitorou em 1962 e, por isso, até hoje continua a fazer *fogging* em torno.

De volta à visão complementar de Sidney Lens, eis o ponto que interessa, a chave da lógica binária identificada nos termos que se viu: dizer que desde 1945 os Estados Unidos estão engajados em uma guerra permanente – levando-se em conta, além do mais, que a guerra é a mais aguda emergência que um país deve enfrentar e que, para tanto, requer medidas excepcionais para fazer face a tal emergência –, portanto que essa excepcionalidade máxima se tornou o horizonte sempre dilatado da normalidade institucional, que por sua vez se expressa na ordem estatal, ela mesma composta por essa coabitação entre Constituição e sua anulação rotineira, implica finalmente admitir a realidade dual do Estado norte-americano. Nas palavras de Sidney Lens, um Estado nacional, dois governos, mais exatamente, dois governos gêmeos, um oficial e aberto à visitação pública, mas que não conta, e outro operando na sombra, secreto e autoritário, onde os grandes contratadores circulam em torno de um Executivo imperial e seus chefes de guerra. Essa a real matriz das duas almas que se debatem no peito dilacerado de Robert McNamara, a razão de ser da névoa perpétua pairando sobre o pleno e cada vez mais acelerado funcionamento do governo real, o aparelho da mentira sistêmica, cujos ponteiros continuam girando no pulso de um octogenário sinceramente contrito, embora vez por outra mande algum veterano do Vietnã mais inquisitivo calar a boca.

Esse cala-a-boca aconteceu recentemente e está documentado. Nele se pode ouvir ainda a voz do dono, que no filme se alterna com a voz da consciência e seus dramas. Por meio dessa última ainda fala o servidor do primeiro poder gêmeo, hoje uma reminiscência, sendo o Executivo federal uma instância cada vez mais remota, a corrupção do Congresso, um fato consumado, e a falta de sentido das eleições, uma evidência – na observação de um estudioso isento, aliás antigo consultor da CIA. A segunda voz narrativa merece tanta confiança quanto o secreto "governo alternativo" – na expressão de Chalmers Johnson. Sendo um governo da guerra permanente, faz todo o sentido do mundo evocar, sempre que acossado pela indiscrição de suas vítimas, a eterna névoa da guerra. Pois foi nesse governo alternativo que esbarrou Daniel Ellsberg há mais de 30 anos, cuja voz alternativa, no entanto, Errol Morris dispensou, talvez por considerá-la um "ruído" diversionista a mais.

2

ESTADO DE SÍTIO

1

Se fosse possível e desejável resumir em uma única fórmula o atual estado do mundo, eu não pensaria duas vezes: *estado de sítio*. Palpite arriscado. Se sairmos por aí perguntando, é bem provável que quase ninguém mais saiba dizer ao certo o que seja, salvo um ou outro estudante de Direito Constitucional. Com razão, a coisa tornou-se mesmo obsoleta, como os regimes militares na periferia, substituídos com vantagem pela ditadura dos mercados. O Brasil de agora que o diga: golpes de Estado hoje em dia são politicamente incorretos, já uma crise cambial pode pôr nos trilhos maus pensamentos sobre alternância no poder. Nessas condições, não seria inútil principiar o argumento por uma breve recapitulação histórica.

A literatura político-jurídica costuma despachar em poucos parágrafos, no geral discretamente edificantes, a bizarra instituição do estado de sítio. Não deixa afinal de ser estranho que ele seja uma criatura do constitucionalismo moderno. Qualquer que seja, aliás, sua denominação – estado de sítio, estado de exceção, estado de emergência ou urgência, plenos poderes, lei marcial etc. –, representa o regime jurídico excepcional a que uma comunidade política é temporariamente submetida, por motivo de ameaça à ordem pública, e durante o qual se conferem poderes extraordinários às autoridades governamentais, ao mesmo tempo em que se restringem ou suspendem as liberdades públicas e certas garantias constitucionais. Diante do dilema inevitável – de um lado, a necessidade de restaurar a ordem, de outro, o respeito à integridade dos direitos do cidadão –, não parece haver muita hesitação, pois o sacrifício da primeira exigência pela segunda não seria possível nem oportuno, uma vez que, dependendo das circunstâncias, "só o estado de sítio pode impedir que uma minoria incapaz de fazer triunfar democraticamente suas idéias consiga impô-las pela força". E estamos conversados, sem esquecer, é claro, de condenar certas derrapagens facinorosas, como a proclamação do estado de sítio pelos coronéis golpistas na Grécia em 1967.

Quem porventura ainda se lembrar de uma das obras-primas de Marx, *O 18 Brumário de Luís Bonaparte*, sabe em que condições foram promulgadas as leis francesas de 1849 sobre o estado de sítio, quando e onde tudo começou. E que estréia, a desse paradoxo, assim arredondado em uma frase típica daquele momento de grandes capitulações dissimuladas em seu contrário: "as medidas excepcionais, que a necessidade de concentrar a força pública autoriza, devem ser determinadas por lei, prestando-lhe assim homenagem no momento mesmo de suspendê-la", conforme se lê na exposição de motivos da lei instituindo o estado de sítio. Assim como a hipocrisia é uma homenagem que o vício presta à virtude, poderia ter dito o sobrinho de Napoleão, preparando-se para jogar a Constituição no lixo, no golpe de 2 de dezembro de 1851. Cinismo? Sem dúvida, porém objetivo. Depois de lembrar que a Assembléia Nacional votou a Constituição da recém-nascida Segunda República enquanto o general Cavaignac massacrava o povo insurreto nas barricadas de Paris, Marx vincularia o preço pago mais adiante por essa mesma classe de massacradores, para se livrar do fardo da dominação direta, a uma tal certidão de nas-

Estado de sítio • 155

cimento, afinal a própria Constituição fora concebida e parida em plena vigência de um estado de sítio.

A estréia burlesca do poder político burguês puro deu-se, portanto, à sombra desse prodigioso achado institucional, graças ao qual se codifica a exceção à norma legal. Reconstituindo a repetição farsesca do 18 Brumário original, Marx fez a crônica do nascimento conjunto da exceção e da regra, dando a entender, à vista do roteiro que culmina em um golpe providencial destinado a livrar de uma vez por todas a sociedade burguesa da preocupação de governar a si mesma, que o estado de direito dos sonhos de seus demiurgos estaria condenado a viver sob um regime de exceção permanente. Isto é, normal. A própria quadratura do círculo. Dá para sentir o drama de nossos ancestrais: como era preciso defender a sociedade contra seus inimigos internos – outra semente lançada naqueles primeiros tempos de alta criatividade na guerra social, essa idéia de que é preciso "defender a sociedade" –, nossos inventivos reformuladores do estado de sítio simplesmente introduziram a ditadura no ordenamento do estado de direito. Verdade que com certa inconsciência, porém infalível instinto de classe. Daí o empenho grotesco, renovado a cada momento de transe, de legalizar a suspensão da legalidade.

De tanto se decretar estado de sítio, a exceção estava praticamente virando norma durante a República de Weimar. E, no entanto, tudo parecia girar prolixamente em torno de tal ou qual jornal ter sido ou não corretamente empastelado nos termos da legislação em vigor, enquanto ao Poder Executivo cabia, a seu critério soberano, decidir se era ou não o caso de lançar gases venenosos sobre populações amotinadas. Até que Hitler cortou o nó. E, aplicando a lei – artigo 48 da Constituição de Weimar –, instaurou por doze anos um estado de exceção programado para durar mil.

Mas tudo isso foi um pesadelo que se dissipou com a implosão da civilização liberal, que arrastou para o túmulo, juntamente

156 • Extinção

com o padrão-ouro, essa outra relíquia arcaica, o estado de sítio. Trinta anos gloriosos de consenso keynesiano, crescimento econômico e padrão dólar-ouro varreram para debaixo do tapete a memória da exceção. Ou melhor, empurraram-na para a periferia, terra de ninguém mesmo, na qual vegetou rotineiramente, durante todo o período, preciosa contribuição para o conforto moral da metrópole. Até que as coisas começaram a mudar, mais ou menos a partir da virada dos anos 70 para os anos 80. O consenso se desmanchou, a sociedade do pleno emprego foi desmantelada, as modernizações periféricas, abortadas. Finalmente o Muro ruiu, só que os famosos dividendos da paz, em vez de irrigarem a horta da propalada sociedade civil global, foram investidos em um novo ciclo de guerra, e de guerra que provou seu caráter sistêmico depois de uma década de campanhas militares encadeadas. De sorte que o anúncio de uma Nova Ordem Mundial soou menos como uma promessa do que como uma ameaça. Um germanista norte-americano, que na época escrevia um livro sobre os sintomas precursores do nazismo, pressentiu naquela obsessão com a Ordem Mundial os primeiros lances de uma inequívoca escalada de paranóia. Cujo misterioso magnetismo surtiu o efeito desejado no 11 de Setembro. O resto é conhecido e está nos jornais. Mesmo assim, não posso dispensar uma segunda recapitulação.

Se algum dia *O 18 Brumário de George W. Bush* vier a ser escrito, recomendaria, a título de prólogo, a instrutiva leitura de um capítulo do filósofo italiano Domenico Losurdo sobre a origem e caráter da venerada Constituição norte-americana. Que os Pais Fundadores pudessem não ser semideuses, como no sonho de Jefferson, mas políticos bem treinados a ponto de fazer passar por uma espécie de sucedâneo das Sagradas Escrituras um documento – a Consituição da Filadélfia de 1787 – que sancionava um verdadeiro golpe de Estado, destinado a cortar pela raiz a agitação democrática radical que se seguira à Guerra de Inde-

Estado de sítio • 157

pendência, sempre se desconfiou e disse, desde a primeira hora, e o historiador Charles Beard confirmou num estudo audacioso de 1913. Até hoje se discute acerca do real significado da contra-revolução federalista. Seja como for, a novidade do enfoque de Losurdo – pelo menos para mim – reside na identificação de um bonapartismo atlântico, quer dizer, dos dois lados do oceano, separadas por uma década, duas estratégias análogas para se pôr um fim a uma Revolução igualmente atlântica em seu âmbito mundial. Custei a crer – em minha ignorância afrancesada – que o modelo do 18 Brumário original pudesse estar na América do general George Washington e seu Executivo forte, *tanto mais enérgico quanto mais liberal*, desenhado para acabar de uma vez por todas com governos débeis, indecisos etc. Mas parece que foi assim mesmo, nada mais nada menos do que *a invenção norte-americana do estado de emergência*. Dotado de amplos poderes, mesmo em tempos de aparente normalidade, o presidente pode-se converter, sem solução de continuidade e na ausência de qualquer abalo institucional, em uma espécie de "ditador romano", chamado a gerir a crise com poderes, a rigor, absolutos. Mas um ditador romano que investe a si mesmo, sendo o único juiz do estado de emergência que vai conduzir, auto-investido então desses poderes que os liberais federalistas desejavam "sem limites". Tudo se passaria portanto como se, desde a origem, a Constituição norte-americana fosse concebida tendo em mente o estado de exceção. E como se a forte energia liberal do governo – a um tempo tirânico e barato – nada mais fosse do que estado de sítio represado.

O sinal de alarme voltou a soar no dia 11 de setembro de 2001 nos dois lados do Atlântico Norte. Algumas providências chegaram aos jornais, e por elas se pode antever um pouco do arrastão que vem por aí. Até mesmo o *establishment* começou a pôr as barbas de molho. "A mais vasta manobra para retirar proteções constitucionais", *The New York Times dixit*. O poder

158 • Extinção

Executivo agora "é investigador, promotor de justiça, juiz, júri, carcereiro e executor", nas palavras de mais um jornalista norte-americano ressabiado, mas que nas primeiras semanas também tocava tambor na Times Square enrolado na bandeira. À vista do prontuário resumido acima, porém, não seria justo fincar apenas nas costas quentes do lamentável G. W. Bush o marco zero do real estado de sítio mundial em que estamos nos instalando desde muito antes dos megaatentados. Mesmo assim, demorou um pouco até que se atinasse com o verdadeiro nome da coisa. Até onde sei, tal nome comparece pela primeira vez em um artigo de James Petras[1]. Destacando o caráter ditatorial dos plenos poderes assumidos pelo presidente Bush – acabamos de ver, no entanto, que o problema não é Bush, mas a Constituição – ao decretar, no dia 13 de novembro de 2001, a famigerada ordem de emergência que permite ao governo prender e condenar sem o devido processo indivíduos sob suspeita de envolvimento com o terrorismo, Petras evocou "a sensação de viver em um verdadeiro estado de sítio".

Na Europa, o sinal de alarme não só foi ouvido mais cedo e com mais intensidade, mas juntou, de saída, palavra e realidade. Para os autores de um artigo publicado no jornal *Le Monde* em novembro de 2001[2], a dúvida quanto a saber se a União Européia (UE) estaria ou não bem encaminhada no rumo do estado de sítio não é mais do que uma cláusula classificatória. Acabara de ser enviado ao Parlamento Europeu, pela Comissão de Bruxelas, um anteprojeto de lei definindo a "infração terrorista" de modo tão abrangente – a simples associação de dois indivíduos, digamos, mal-intencionados caracterizaria a formação de um grupo terrorista, crime punido com dois a

---

[1] "Uma nação de delatores", *Caros Amigos*, fevereiro de 2002, n. 59.

[2] Alima Boumediene-Thiery, Alain Krivine, Giuseppe Di Lello Finuoli, "Europe: vers l'état d'exception?", *Le Monde*, 29 de novembro de 2001.

Estado de sítio • 159

vinte anos de cadeia – que não seria exagero concluir que a UE logo estaria também vivendo num verdadeiro "estado de exceção permanente". O fato é que, desde que caiu do céu aquele providencial 11 de Setembro, está sendo armado na Europa um verdadeiro arsenal de medidas excepcionais, cujo sentido real, sempre sob pretexto de discriminar o "ato terrorista", reside na adoção de regras de procedimento penal que derroguem efetivamente o direito comum. Por exemplo, a criação de um mandado de prisão europeu, substituindo o princípio de extradição baseado na exigência de dupla incriminação, mais a prerrogativa da autoridade política para concedê-la ou recusá-la. Outra excrescência significativa é o alegado caráter proativo – como se diz no jargão do Terceiro Setor – de tais medidas, quer dizer: elas podem ser aplicadas mesmo na ausência da chamada infração terrorista. E por aí afora.

Ainda no capítulo das analogias históricas, gostaria de ressaltar uma outra dimensão do estado de sítio e sua provável reprise contemporânea. Voltando portanto a nosso termo de comparação. Na raiz do golpe de Luis Napoleão, Marx adivinhou não só uma capitulação política, mas um cortejo de ressentimentos, ruminações vingativas, contorções espirituais e racionalizações arrevesadas, enfim, um complexo que caracterizaria o estado de sítio moral, no qual passaria a viver a classe dos massacradores de junho, e que voltaria a reincidir na matança final da Comuna de Paris. Resta ver se em algum lugar das subjetivações contemporâneas reinaugurou-se aquele antigo teatro interior, relíquia dos bons tempos em que as vilezas da classe dominante ainda lhe custavam os penosos trabalhos da má consciência. Seria pedir demais no fim de linha a que chegamos. Mesmo assim, dá para presumir um certo ar de família impregnando a atmosfera da ruptura de época que desabou sobre o planeta. Por exemplo: como sua ancestral francesa de um século e meio atrás, a recém e muito malnascida socie-

160 • Extinção

dade civil cosmopolítica, ou coisa que o valha, também parece ter passado procuração, embora de alma leve e espírito obliterado, à famigerada governança global, na verdade, comissão de frente de um proteiforme Partido da Ordem Mundial. Veremos, mas já posso antecipar um exemplo desse estado de sítio moral da inteligência globalitária, ora afinando pelo *jeu de massacre* autocongratulatório, ora desafinando pelo jogo marcado dos dilaceramentos do espírito.

Nas primeiras semanas depois do ataque às Torres Gêmeas, começaram a aflorar aos poucos, nas colunas patrióticas da imprensa norte-americana, insinuações, camufladas pelos eufemismos de praxe, acerca da reavaliação de antigas técnicas de extração de informação. Tortura, é claro. Demanda devidamente estilizada na forma do dilema weberiano da moda, ética da convicção *versus* ética da responsabilidade. Até que numa *Newsweek*[3], um colunista de "mentalidade aberta", como o próprio diz de si mesmo, achou que já era tempo de se voltar a "pensar sobre tortura". No caso, o recurso à palavra "pensar" é mero automatismo de linguagem, pois o novo estado de sítio que está nos ocupando não é obviamente mera coação física, mas também um arranjo mental destinado justamente a tornar desnecessário o simples ato de pensar. Ironia involuntária igualmente na referência despudorada à própria "mentalidade aberta": pois era assim que Kant denominava a máxima da "faculdade de julgar", expansão de espírito que permitiria a um ser pensante refletir pondo-se no lugar de um outro. Até onde posso saber, Slavoj Žižek[4] foi o primeiro a chamar a atenção para a obscenidade dessas declarações. Pequena amostra da nova abertura

---

[3] Jonathan Alter, "Time to Think About Torture", *Newsweek*, 5 de novembro de 2001.

[4] Slavoj Žižek, "A terceirização da tortura", *Folha de S.Paulo*, 16 de dezembro de 2001.

cosmopolita de espírito: "um pouco de tortura sempre funciona", "não sou a favor da tortura, mas, já que vamos tê-la, deve ter a aprovação da Justiça". Pensar na tortura, então, é isto: permitir-se cortejar a idéia enquanto se mantém a consciência limpa, pelo menos enquanto seu endosso explícito chocar a estreiteza de espírito dos preconceituosos. Segundo Žižek, "essa legitimação da tortura como tema de debate muda o pano de fundo dos pressupostos e das opções ideológicas muito mais radicalmente do que sua defesa declarada: ela muda todo o campo, enquanto, sem essa mudança, a defesa declarada permanece uma opinião idiossincrática". Pois é uma espantosa mudança de campo como essa que assinala o estado de sítio moral no qual estamos mergulhando. O 11 de Setembro apenas precipitou a cristalização de uma síndrome aliando crueldade e impotência política, que há muito tempo vinha pedindo passagem. Estudando a cultura narcísica de nosso tempo, Christopher Lasch deparou-se com uma "individualidade sitiada", a que chamou "mínimo eu". Ocorre que esse feixe violento de estratégias destrutivas de sobrevivência está novamente saindo de seu *bunker*, como demonstra, entre outras manifestações que beiram a extinção pura e simples da mera capacidade de discernimento, essa programada banalização da tortura, inclusive como política de Estado – que, aliás, já é o caso da Palestina, em estado de sítio permanente.

Não me referi por acaso ao cosmopolitismo da mentalidade aberta requerida pelo admirável mundo novo descortinado pelo 11 de Setembro. O impulso desprovincianizante que tal espírito livre e despreconcebido assinala em seu esclarecimento sem limites – se é fato que uma Ilustração auto-limitada seria uma contradição em termos – tem muito, senão tudo, a ver com a redefinição das relações centro–periferia na atual constelação imperial. Não sem paradoxo. Sendo o preconceito contra a tortura, sua funcionalidade e dividendos em curto prazo uma

162 • Extinção

prevenção subalterna e acanhada, não deixa de ser intrigante que o centro cosmopolita da nova casta mundial a condene, enquanto – pelo mesmo raciocínio arejado – as práticas periféricas a respeito revelariam em alto grau uma elasticidade moral de vanguarda. Mas, assim como o capital em expansão reinventou em sua franja colonial a escravidão moderna, pode-se dizer que o sistema imperial em formação sob nossos olhos está inaugurando uma nova divisão internacional do trabalho da tortura. Não estou inventando, apenas glosando a fórmula sugerida pelo articulista da *Newsweek*[5]: "Não podemos legalizar a tortura; é contra os valores norte-americanos. Teremos de pensar em transferir certos suspeitos para nossos aliados menos escrupulosos". Uma *joint venture*, em suma. Ou melhor, um sistema de subcontratações múltiplas, operando em rede, como sugere o comentário de Žižek:

> [...] o capitalismo contemporâneo depende cada vez mais da prática da terceirização: em vez de possuir diretamente as capacidades produtivas, uma empresa norte-americana contrata uma empresa do Terceiro Mundo para fazer o trabalho sujo da produção material: os tênis Nike são produzidos na Indonésia etc. As vantagens são claras: não apenas a produção é mais barata, como também podemos evitar questões sobre padrões ecológicos, de saúde e humanitários, afirmando que não podemos controlar o que fazem nossos contratados. E o que se propõe, não é uma prática similar de terceirizar a tortura?[6]

Um brasileiro não precisa pensar duas vezes para saber de onde vem essa oportuna vantagem comparativa, que deriva com certeza do *estado de exceção permanente* no qual se formou e re-

---

5 Jonathan Alter, "Time to Think About Torture", cit.
6 Slavoj Žižek, "A terceirização da tortura", cit.

produziu a periferia colonial e pós-colonial, espécie de verdade e objeção viva ao oco da normalidade metropolitana. Às classes confortáveis do núcleo orgânico correspondiam, como um complemento exato, as classes torturáveis nas zonas periféricas do sistema. Em tempo: na literatura especializada, e chocada, com esse paradoxo brasileiro que vem a ser a explosão exponencial da violência à medida que se consolida a "democratização" da sociedade, observa-se que as classes torturáveis são compostas especificamente de presos comuns, pobres e negros, torturáveis obviamente nas delegacias de polícia e prisões, rotina invisível que o escândalo da ditadura militar recalcou ainda mais, por ser inadmissível torturar brancos de classe média. Voltando. Não por acaso – na observação de outro filósofo italiano, Giorgio Agamben, cujo livro *Homo Sacer* foi recentemente traduzido no Brasil[7] e, até onde sei, foi dos primeiros a redescobrir a dramática atualidade teórica e política da velha cláusula auto-aniquiladora do estado de sítio –, nos primeiros tempos do direito público europeu, o recém-anexado Novo Mundo era visto como um espaço juridicamente vazio, no qual tudo era permitido.

2

Encerro com a evocação de modesta contribuição brasileira no capítulo edificante das parcerias morais entre metrópole e Estado-cliente, agora que o novo governo do mundo dá outra volta no parafuso e aperta um pouco mais o cerco. É nessas horas pesadas que nossos maiorais costumam alçar vôo às altas paragens do pensamento. Na *London Review of Books*[8], pode-se ler extenso e inquieto artigo de fundo sobre a nova legislação especial em expansão nos Estados Unidos e na Europa. Outra demanda da pedra filosofal, a

---

[7]   Giorgio Agamben, *Homo Sacer* (Belo Horizonte, Editora da UFMG, 2002).
[8]   Bruce Ackerman, "Don't Panic", *London Review of Books*, 7 de fevereiro de 2002.

164 • Extinção

perene quadratura liberal do círculo ditatorial reintroduzido a cada reordenamento constitucional na forma paradoxal de uma exceção à lei, porém legalmente fora da lei, uma exceção em regra, portanto. O título do artigo já diz tudo: "Não entrem em pânico!". Motivos não faltam. E por isso o autor junta as mãos e clama, sim, por um regime de emergência, mas desenhado de forma a deixar no limbo as medidas extremas, no entanto inevitáveis etc., reclamando urgência na elaboração de cláusulas constitucionais criativas... Não seja por isso.

Como acabamos de ver, sempre se poderá arrumar uma parceria esperta com os aliados "menos escrupulosos" da outra margem, sobretudo no ramo florescente da filosofia da exceção. Tomando-se, é claro, essa referência, aparentemente adversa a um déficit no item "escrúpulo", em sua acepção propriamente dialética... Afinal, estamos na terra natal da exceção sem regra. Renderá certamente conforto ao aflito *mister* saber que nosso Primeiro Filósofo já está cuidando do caso. Em recente sermão pregado à esquerda nocauteada por não saber lidar com a violência organizada, o Pensador recomenda um forte complemento de "violência na margem da lei"[9]. Violência criativa, portanto, como a contabilidade da nova escola norte-americana de auditoria agressiva. E tão criativa que "traz consigo a virtualidade de revitalização [da política], ensejando novos tipos de controle". Como? Simples: "institucionalizando democraticamente os espaços marginais onde possam ser avaliados os excessos cometidos", por meio de "quadros institucionais maleáveis". Maravilha! O realejo de sempre, com um toque brasileiro malandro. Estamos inventando o estado de sítio flexível, à altura dos novos tempos de acumulação idem! E depois dizem que os sociólogos estrangeiros que andam falando de uma brasilianização do mundo exageram. Vamos ensinar o

---

[9] José Arthur Giannotti, "Esquerdas desprevenidas", *Folha de S.Paulo*, 12 de maio de 2002.

mundo a "negociar com a norma". Por exemplo: se tenho um caso com a Norma, que regra a minha exceção está seguindo? Aplicação: enviar uma força-tarefa filosófica em socorro do novo governo colombiano, interessado em adotar uma lei marcial "como as que têm os países mais felizes e avançados da terra", suspira o ministro do Interior, infeliz porque a atual Constituição não prevê as restrições dos estados de sítio clássicos e "temos que resgatar a norma constitucional para declarar inimigos mortais do Estado... x, y, z etc.". Fechando o círculo do estado de sítio moral em que há algum tempo vive a inteligência do país, recordo que, não faz muito, o Primeiro Filósofo já se notabilizara pela introdução do conceito de "infração intersticial" na gramática da corrupção, e outros jogos de linguagem conexos.

A VIAGEM REDONDA DO
CAPITALISMO DE ACESSO

Bons dicionários podem funcionar como sismógrafos sociais. Até pouco tempo, recorda Jeremy Rifkin, o emprego da palavra *acesso* não era muito freqüente em inglês e no geral se referia à possibilidade de se penetrar em um espaço físico. A partir de 1990, no entanto, as edições do *Concise Oxford English Dictionary* passaram a registrar a forma verbal daquela palavra-chave do novo léxico social, que em português resultou no bárbaro *acessar*. Aos olhos de um teórico da Economia do Acesso, como Rifkin, trata-se, sem dúvida, da sinalização de um considerável abalo sísmico, uma ruptura de época marcada pela passagem da lógica da propriedade material para a lógica do acesso, obviamente regulado, muito bem controlado e, sobretudo, pago. Não que a propriedade tenha deixado de ocupar lugar central na atividade econômica, pelo contrário; todavia, nunca as empresas se empenharam tanto em se livrar de seu patrimônio, por assim dizer tangível, eliminando bens, enxugando pessoal, reduzindo estoques, terceirizando atividades etc. A posse de um capital físico passou a ser encarada antes como um estorvo do que como um ativo produtivo. Melhor acessar do que ser simplesmente proprietário. E vice-versa: os provedores da oferta continuam tão proprietários quanto antes e, no entanto, nada mais está à venda como antigamente; a troca de equivalentes entre vendedores e compradores estaria sendo substituída por outro sistema, o do acesso em curto prazo, operando entre servidores e clientes, daí a multiplicação dos procedimentos de locação, concessão, direito de admissão, adesão, assinatura etc. O mercado de acesso é tudo menos um mercado livre. O princípio do acesso é o do controle, basicamente de quem entra e de quem sai, sua lógica é a da barreira e do nicho. Por isso o *marketing* do acesso precisa inculcar o logro oposto, o da porta aberta – sobre exatamente o quê, veja-se o artigo de Isleide Fontenelle[1].

O leitor que vem acompanhando o debate sobre *software* livre e propriedade intelectual[2] sabe que há uma lógica em tudo isso, a lógica do capital-informação, na fórmula original de Marcos Dantas, expandida no campo da Economia do Conhecimento pelos estudos de César Bolaño[3]. Segundo outro estudioso dessa fronteira da acumulação baseada na tecnociência, Laymert Garcia dos Santos, a ambição maior da nova economia é controlar o acesso à dimensão virtual da realidade, apropriar-se do futuro, em suma. Laymert[4] ressalta a sintonia entre a atual estratégia norte-americana da guerra preventiva e esse movimento de antecipação que caracteriza a dinâmica da aceleração total da economia de acesso – pois bem, trata-se de um regime de acumulação puxado por uma nova fonte de valorização, o trabalho com informação, de cuja intensificação decorre a presente desvalorização do suporte físico das mercadorias.

---

[1] Isleide Fontenelle, "O *marketing* do relacionamento", *Reportagem*, n. 58, julho de 2004.

[2] Por exemplo, nos números 44 (maio de 2003) e 49 (outubro de 2003) da mesma *Reportagem*.

[3] Entre outras mais à mão, "Trabalho? Sim, ele ainda existe", *Reportagem*, n. 58, julho de 2004.

[4] Laymert Garcia dos Santos, "O estado terrorista imperial", *Reportagem*, n. 43, abril de 2003.

Para efeito do argumento que será desenvolvido adiante, interessa reter o seguinte da elaboração desses dois autores: o resultado da produção informacional é um recurso social, cujo travestimento na forma mercantil visa a assegurar aos proprietários dos meios de acesso à informação-valor, aprisionada no suporte, algum tipo de monopólio, que, por sua vez, se traduz em uma renda diferencial que impulsiona a acumulação. Controlar o direito de acesso a um recurso essencial à reprodução da vida social e econômica é próprio de um açambarcador, como se dizia na época dos atravessadores e similares. Ao fim e ao cabo, o destino da falsa mercadoria *informação* repete a violência expropriadora das *enclosures*, a interdição de acesso ao que até então era comum, por onde tudo começou quinhentos anos atrás.

A nova língua do acesso já estava, portanto, dicionarizada, quando, em 1993, numa matéria de capa para a *New Republic*, sobre o Grupo Carlyle, o jornalista Michael Lewis[5] cunhou a expressão "capitalismo de acesso". Nem a reportagem nem o neologismo, no entanto, foram suficientes para tirar da discreta penumbra em que prosperam seus negócios o maior fundo mundial de participações, aproximadamente 18 bilhões de dólares sob sua gestão. Uma indesejada notoriedade viria finalmente no dia 11 de setembro de 2001. Isso mesmo. Trata-se de mera coincidência, mas naquele exato e fatídico dia, o Grupo Carlyle realizava no Ritz-Carlton de Washington sua convenção anual. Enquanto os seletos investidores ali reunidos assistiam, sabe-se lá com que sentimentos, as torres desabarem, seus ativos remontavam aos céus – pois as empresas que controlam se distinguem por uma característica comum: seus clientes são

---

[5] Michael Lewis, "The Access Capitalists", *The New Republic*, 18 de outubro de 1993.

170 • Extinção

principalmente governos e administrações e, para variar, o principal do negócio encontra-se no complexo industrial-militar. Em matéria recente sobre o sistema Carlyle, no jornal *Le Monde*, seu autor reporta uma declaração de princípios consagrada em documento interno do grupo: investir em oportunidades criadas e indústrias fortemente afetadas por mudanças de políticas governamentais. Um enunciado plausível do princípio básico do *access capitalism* em questão. Assim sendo, não é fruto de mera casualidade o elenco de celebridades um tanto sinistras presentes nos salões do Ritz-Carlton – no meio das quais George Bush sênior, que foi conselheiro do grupo durante dez anos, fez uma aparição meteórica. A coleção dos personagens que passaram por ali, operando ou levando algum, é daquelas que acabam conferindo uma certa dose de realismo às mais delirantes teorias conspiratórias. Não faltou quem visse no 11 de Setembro um complô Carlyle... Alguns nomes para pouco espaço: além do clã Bush, seu par siamês, a família Bin Laden; o ex-primeiro-ministro britânico John Major; o ex-presidente filipino Fidel Ramos; o ex-primeiro-ministro da Coréia Park Tae-Joon; o príncipe saudita Al-Walid; Colin Powel (ele mesmo, a incorruptível pomba); dois ex-secretários de Estado, James Baker III e Caspar Weinberg; e até George Soros passou por lá, bem como a filha de Madeleine Albright. A lista européia não é menos brilhante, encabeçada por um ex-presidente do Deutsche Bundesbank. Como o sistema Carlyle não deixa de ser uma indústria criativa – não se pode dizer que ela não seja absolutamente intensiva em conhecimento... –, nada mais justo do que reservar o lugar de honra nessa pirâmide da felicidade a seu inventor, Frank Carlucci, ex-tudo: diretor-adjunto da CIA, conselheiro de segurança nacional e depois secretário de Defesa de Reagan. Em tempo, Carlucci é também muito próximo de Rumsfeld, com quem dividiu o quarto nos tempos de Princeton. Mister Clean (o Sr. Limpo), como é apelidado

Carlucci, tornou-se CEO de Carlyle apenas seis dias depois de deixar o Pentágono. Desnecessário navegar por seu caudaloso prontuário, no qual há de tudo um pouco em matéria de envolvimentos tenebrosos. Com a exposição devida ao sucesso do 11 de Setembro e as campanhas político-militares que se seguiram, a galáxia Carlyle tornou-se um dos alvos preferenciais da mídia, juntamente com as famigeradas Halliburton, do vice-presidente Dick Cheney, e Bechtel Corporation, do ex-secretário de Estado George Schultz. O jornalista de negócios Dan Briody chegou a dedicar-lhe todo um livro, *The Iron Triangle*[6], cujos vértices são fáceis de adivinhar: indústria-governo-segurança nacional, o conjunto costurado pela tênue linha que corre entre fazer *lobby* e beber uns copos com um velho amigo.

Todavia, pelo calibre dos interesses envolvidos, não é tão singelo assim o "acesso" em torno do qual vai girando o novo regime de acumulação. Sem dúvida, estão presentes todos os ingredientes usuais do folhetim do *big business*, a arte de fazer negócios na intersecção nebulosa entre aqueles vértices. Frank Carlucci é conhecido como *Spooky* (fantasmagórico) por isso mesmo. Se a força irresistível do Grupo emana do interior do Pentágono é porque, invariavelmente, Mr. Clean *is going to have access*. Literalmente. O sistema foi desenhado para funcionar e cobrar, como um porteiro, abrindo e fechando portas, no uniforme clássico do *"deal-maker's high-level politic contacts"*. Velhos amigos ajudando-se uns aos outros, como sempre, acionando a velha porta giratória do circuito público-privado. Outro passo muito mais inventivo é dado quando políticas governamentais regulatórias entram em sintonia com o ritmo desse negócio peculiar, o de um curioso capitalismo, pois sua crença

---

[6] Dan Briody, *The Iron Triangle: Inside the Secret World of the Carlyle Group* (Nova York, J. Wiley, 2003).

172 • Extinção

na eficiência dos mercados livres não o impede de empregar executivos em função de suas conexões, e não de suas habilidades gerenciais. Na invenção terminológica inicial de Michael Lewis, são os "capitalistas do acesso". Na avalanche de artigos acerca das ligações perigosas do não assim tão novo capitalismo de acesso – a novidade estaria em sua espantosa regressão, digamos, mercantilista –, não faltaram os mais exaltados a ponto de comparar essa nova versão da acumulação flexível a certa variante de fascismo econômico, repertoriando as conexões espaventosas do Terceiro Reich com os grandes conglomerados de negócios, norte-americanos incluídos, até o martelo bater depois de Pearl Harbor. Os mais indiscretos remontaram às origens da fortuna pessoal de Prescott Bush – avô de George W. Bush –, um dos sete diretores de um banco nova-iorquino de investimento controlado pela família Thyssen, para a qual fluíam em abundância os dividendos do Holocausto.

A dicionarização do "acesso" e suas variações é mais ou menos contemporânea de outra inovação terminológica no mesmo âmbito das práticas capitalistas aparentemente desviantes. Dessa vez, foram os asiáticos os primeiros a entrar na berlinda. Já nos tempos idos da disputa econômica cabeça a cabeça com os japoneses, era praxe entre os rivais norte-americanos evocar como exclusividade oriental o milagre denominado no Japão "descida dos céus", que consistia na reencarnação de um ministro no topo de uma corporação regulada por seu antigo ministério. Consta que a outra expressão-chave de nosso enredo *crony capitalism* – em bom português, algo como capitalismo de compadres – entrou em circulação nos últimos tempos da ditadura de Ferdinand Marcos nas Filipinas. Época de surpreendentes variações patrimoniais movidas a conexões políticas pertinentes. Isso nos anos 80, uma prática do mais reles patrimonialismo periférico que ainda desconhecia o imenso futuro que lhe reservava a Era do Acesso. Mas a expressão se firmou mesmo durante a crise asiática de 1997-1998, invariavelmente empregada por autoridades monetárias multilaterais, investidores e, sobretudo, analistas norte-americanos de risco, para melhor envilecer a cultura de negócios da região, uma esquisitice em relação aos parâmetros anglo-saxônicos, e assim responsabilizar a vítima pelos ataques especulativos infligidos por *raiders* ocidentais à cata de ativos fragilizados. O espírito desse capitalismo nem um pouco weberiano – em vez de a família e as relações pessoais se retirarem do centro da vida econômica, a cultura mercantil asiática estaria encharcada no mais ancestral familismo, sendo o ambiente organizacional por sua vez francamente paternalista – estaria condensado na palavra *guanxi*, algo como o equivalente chinês para *connections*.

Quando os Bush voltaram ao poder, a lâmpada do acesso reacendeu com brilho definitivo. Num livro sobre o ambiente texano de negócios[7], Michael Lind, entre outras constatações, notou que não existe no mundo nada mais parecido com uma rede asiática de conexões do que os negócios de compadre do clã Bush, cuja apoteose – um ano antes da "reconstrução" iraquiana – dera-se em público com os escândalos Enron, WorldCom etc. É preciso não confundir, entretanto, o capitalismo de compadres com a corrupção rotineira de um sistema econômico por definição extralegal – desde a origem, *a lex mercatoria* sempre correu por fora. Na curiosa comparação de Lind, quando um Thomas Edison subornava um senador da República, fazia-o com o dinheiro que lhe rendiam suas invenções – para não mencionar a contribuição do banqueiro J. P. Morgan, que também passara a investir no ramo próspero das patentes, aliás a pré-história do acesso de que

---

[7] Michael Lind, *Made in Texas – George W. Bush and the Southern Takeover of American Politics* (Nova York, Basic Books, 2003).

174 • Extinção

estamos falando –, além do mais o naufrágio da democracia não seria completo, pois, em princípio, nem todos os senadores estavam à venda. Não é assim com o capitalismo de acesso, quer dizer, a verdade norte-americana do *crony capitalism*, este se refere a algo bem diferente da corrupção usual. Trata-se da criação original, da lavra de indivíduos por certo muito bem relacionados, de um simulacro de economia corporativa. Do fac-símile de todo um setor de negócios – acrescenta Michael Lind. Enquanto no primeiro caso se pode distinguir quem compra e quem se vende, o homem de negócios e o político, no capitalismo de compadres desaparece essa distinção, sendo que, além do mais, o próprio mundo privado dos negócios tende a se converter em um feudo da elite política, em uma espécie de patrimonialismo às avessas, uma curiosa realização literal do capitalismo político weberiano. Ora, segundo Lind, esse verdadeiro capitalismo de fachada – se é que se pode falar assim – é o produto singular de uma certa elite sulista norte-americana, a flor facinorosa de uma sociedade cevada no trabalho servil e barato, no corte costumeiro do imposto dos ricos, criada na pilhagem dos recursos naturais, de preferência os fósseis e não-renováveis. Estamos enfim falando de uma sociedade de castas, cruel e militarista, formada na tradição de ferocidade da escola jacksoniana de estratégia política.

Quando uma rede como essa – a dos *good ole boys*, o cognato sulista do *guanxi* – forma uma família, torna-se verossímil falar em dinastia. George W. Bush é de fato o primeiro presidente norte-americano a herdar o cargo. "Por quatro gerações, a família Bush prosperou por meio da exploração de suas conexões políticas, especialmente no mundo secreto da inteligência, para avançar nos negócios, além de explorar suas conexões no mundo dos negócios, para avançar na política". O autor dessas linhas certamente sabe muito bem do que está falando; não mais longe do que 1999, o dito cujo, Paul Krugman, não só estava na folha de pagamento da Enron como membro de seu *board*, como era um entusiasta do sistema Enron. Como se há de recordar, uma suposta companhia energética que atuava mais como uma corretora comprando e vendendo oportunidades do que propriamente investindo no ramo de eletricidade e gás. E cuja cosmologia, digamos assim, também compreendia o mundo na forma de uma repartição ontológica na forma de *insiders* e *outsiders*. Tal como no universo Carlyle. Depois da queda e já em campanha nas colunas de *The New York Times*[8], Krugman passou a classificar a atual administração como um governo de *access capitalists* puro-sangue. O trecho citado acima se encontra em uma resenha de fevereiro de 2004, na qual comenta o livro de Kevin Phillips sobre a dinastia Bush. Pois, então, é assim: a polarização norte-americana da riqueza chegou a tal ponto que passou a produzir pessoas ricas o bastante para formar dinastias. A *overclass* gerada no pólo superior do capitalismo de acesso tornou-se no fundo uma classe dinástica. O insuspeito Krugman nos faz o favor de citar o seguinte panorama segundo Kevin Phillips: "Se as conexões da família presidencial fossem parques temáticos, o Bush World mereceria uma visita. Bancos do Oriente Médio, ligados à CIA, ocupariam boa parte do espaço, acompanhados por empresas de poupança imobiliária da Flórida que um dia lavaram dinheiro para os Contras nicaragüenses. Dezenas de poços de petróleo que funcionariam perpetuamente sem encontrar petróleo, graças a periódicos depósitos em dinheiro feitos por velhos usando bótons da campanha Reagan–Bush e fumando charutos de 20 dólares... Por volta da metade do século XX, conexões familiares e capitalismo de compadres (*crony capitalism*) já eram a

---

[8] Depois recolhidas em livro: Paul Krugman, *A desintegração americana: EUA perdem o rumo no século XXI* (Rio de Janeiro, Record, 2006).

176 • Extinção

base da economia familiar dos Bush, com ênfase nas recompensas do mundo financeiro e na lealdade política instintiva ao mundo do investimento". E, por falar no combustível *guanxi* desse capitalismo de fachada, uma amostra literal colhida na mesma fonte: "no recente processo de divórcio deste Bush [o irmão Neil], surgiu a informação de uma empresa patrocinada por empresários chineses, entre os quais o filho do presidente Jiang Zemin, que teria pago grandes quantias a Neil por serviços mal explicados".

Como se vê, não se trata propriamente de uma anomalia texana, tampouco se trata de pequenas manobras provincianas, como se costuma resmungar entre as viúvas de Bill Clinton que se presumem cosmopolitas. Fechando o argumento, não seria demais mencionar um outro braço de ultramar dos compadres de sempre, lembrando que a guerra do Iraque, pensando bem, não deixou de ser uma questão de direito de acesso resolvida *manu militari*. Um artigo na *London Review*[9], sobre a pirataria de alto-mar, arrematava o cenário evocando uma atmosfera de claro *revival* mercantilista: nada mais parecido com a famigerada East India Company do que o governo (isso mesmo) exercido por corporações como Halliburton e Bechtel sobre porções do território iraquiano reconquistado. Ao contrário das multinacionais do século XX, as antigas companhias mercantilistas eram a um só tempo comerciais e governamentais, gozando de um indisputável exclusivo territorial em relação às outras organizações similares – no Iraque ocupado de hoje, companhias altamente superavitárias no item intangível *guanxi*.

Juntemos pelo menos duas pontas. De uns tempos para cá, justamente a propósito dos novos "cercamentos" com os quais

---

[9] Charles Glass, "The New Piracy", *London Review*, 18 de dezembro de 2003.

se parecem cada vez mais as privatizações da última onda capitalista vencedora, debate-se para saber se a chamada Acumulação Primitiva deve ser entendida em um sentido puramente histórico ou como um processo contínuo. Para ficarmos com a prata da casa, num artigo recente[10], Carlos Aguiar Medeiros, referindo-se à intensificação da concorrência privada pelo controle dos "novos espaços abertos pelo imenso alargamento da esfera privada de acumulação", observa que, "como sempre ocorre em territórios e áreas desreguladas, os métodos de apropriação de bens públicos foram em geral semelhantes aos descritos classicamente por Marx para a acumulação primitiva de capitais". Noutra chave, quando os movimentos antiglobalitários "reclamam" a reintegração de posse coletiva ante o esbulho atualmente em curso, estão querendo com isso assinalar o que há de comum entre a chamada globalização e a Acumulação Primitiva – por isso reclamam tudo o que é "comum", da informação genética aos fundos públicos. A viagem redonda do capitalismo de acesso vem a ser esse retorno da Acumulação Primitiva. Não seria assim descabido identificar nesse círculo a dinâmica subjacente do novo imperialismo. As desregulações de hoje emendam na pirataria de ontem, uma guerra humanitária numa guerra justa colonial etc. Juntos, enfim, numa mesma linhagem, corsários do rei e "compadres" em projetos de *nation-building*; senhores tribais da guerra, *condottieri high tech*, prepostos encarregados de gerir governos em territórios ocupados etc. A atual apologética neoconservadora redescobriu o *cash nexus*, algo como uma relação axial do dinheiro com o poder, desde os tempos em que o financiamento da guerra moderna inventou a dívida pública e, no limite, a total alienação

---

[10] Carlos Aguiar Medeiros, "Estado, Império e propriedade", *Reportagem*, n. 52, janeiro de 2004.

do Estado. Podemos rebater, lembrando que não seria necessária toda essa casuística do acesso sem esse nexo fundamental, que no fundo é o da apropriação direta – pura e simples. Fernand Braudel costumava dizer que o capitalista-negociante de alto vôo não conseguiria manter sua posição no topo da pirâmide sem a produção continuada de hierarquias sociais, de cuja preexistência se alimenta esse monopolista congênito: daí sua propensão a se propagar por linhagens, a constituir "famílias longas", como se referia ao parasitismo de longa duração desses profissionais das conexões exclusivas. Seria o caso de acrescentar – como sugeriu Giovanni Arrighi – que, não fosse a ruptura histórica da conquista colonial do mundo pelo Ocidente, provavelmente essa camada superior capitalista não entraria tão triunfalmente em cena. E, ao que parece, estamos no limiar de uma Reconquista catastrófica.

ÚLTIMO *ROUND*

Novo imperialismo? Há quem duvide. E nem mesmo entenda sua razão de ser. Se o tributo imperial fluía sem maiores tropeços até o *locus* do poder mundial, por que o risco de uma aventura colonial fora de época? Por que ainda mais poder?, continua a se perguntar um Michael Mann perplexo com o que considera a esquizofrenia do poder norte-americano[1]. Podemos traduzir: esquizofrênico, entre outras reações disparatadas, por oscilar, aparentemente sem método, entre o ritual da norma multilateral e a infração ostensiva dessa mesma regra quando lhe convém – quer dizer, sempre –, ainda mais se lembrarmos que seu mais desabusado recurso de poder reside precisamente na imprevisibilidade. Nessa última, o emblema da irracionalidade própria do novo militarismo – cuja falta de lógica também lhe escapa. Um "mais poder" tanto mais incompreensível, porquanto já a plenitude do atual se beneficia do consentimento das próprias vítimas, a saber: não havendo hegemonia que se sustente sem uma base material em que as práticas econômicas imediatas aparecem como fatos da vida, a simples reprodução do descomunal apetite do mundo pelo dólar – sem distinção de classe, opulência ou desvalimento – não só subsidia, como se

---

[1] Michael Mann, *Incoherent Empire* (Londres, Verso, 2003), p. 82-3.

180 • Extinção

sabe e não custa insistir, o pantagruélico consumo norte-americano e o gasto militar que o protege e alavanca, como literalmente lhe compra a adesão, confirmando que não há mesmo alternativa diante de um poder econômico sem restrições externas, pois afinal um país com déficits na própria moeda pode lançar impunemente um imposto sobre o resto do mundo. Enquanto funciona, nada mais conveniente.

As dúvidas de Robert Brenner são de outra ordem[2]. Todavia, sua incredulidade, mesmo correndo pelo trilho exclusivo da racionalidade econômica moderna, não deixa de sublinhar, malgrado seu próprio argumento, os traços arcaizantes cuja ressurgência parece estar no centro do atual caos sistêmico. Segundo Brenner, a estratégia ultra-imperialista do governo Bush Jr. – intervenção múltipla, mudança de regime, colonização temporária, ameaça global etc. – não atende minimamente a qualquer interesse capitalista fundamental, ficando subentendido no raciocínio que o jogo mundial de acumulação teria sido até agora, pelo menos potencialmente, de soma positiva, assegurada, por sua vez, por uma política, definidora da hegemonia norte-americana, destinada a garantir a riqueza patrimonial das classes proprietárias, fortalecer as prerrogativas do mundo dos negócios, transnacionais, por natureza, e estender até os confins do globo toda sorte de mecanismos de extração de mais-valia. Por paradoxal que pareça, Brenner garante que daria para provar na ponta do lápis que nem mesmo os interesses do *big oil* seriam contemplados por uma estratégia de predação direta, como parece ser o caso no Iraque. Por princípio – pelo menos desde que a Acumulação Primitiva cumpriu seu ideal –, "mesmo uma pilhagem séria (sic) raramente se compara, como método, à acumulação

---

[2] Robert Brenner, "Um novo imperialismo?", em Theotônio dos Santos (org.), *Globalização: dimensões e alternativas* (Rio de Janeiro, PUC/Loyola, 2004, v. 2).

capitalista propriamente dita, sobretudo no que diz respeito à segurança da riqueza, visto que a primeira tende normalmente a implodir drasticamente a segunda". Acontece que o atual fim de linha – ou se preferirmos, por enquanto sem maiores explicações, o fim da trégua que se seguiu à guerra civil mundial de 1914-1945 – sugere a hipótese inversa: é bem possível que o atual surto territorialista dos imperativos econômicos, a que se resume em parte a novidade do neo-imperialismo, aponte para uma reatualização por outros meios da chamada Acumulação Primitiva, que pode muito bem nunca ter desaparecido inteiramente de cena. Essa pelo menos a tese defendida por David Harvey, da qual logo mais nos ocuparemos[3]. Que é disso mesmo que se trata, as restrições de Brenner dão alguma notícia, sobretudo quando procura rebaixar a dimensão da patologia em curso: um golpe de mão e de Estado perpetrado por um bando de aventureiros, além do mais rasamente doutrinários, a um tempo fanáticos mambembes do novo humanismo militar – professado pela atual vanguarda cosmopolita da inteligência européia –, da corrupta extrema direita israelense a setores do complexo industrial-militar, passando por empreiteiras e companhias petrolíferas. Está claro que nada disso chega a comover nosso autor. Para além da mera anomia de elites delinqüentes, o assim chamado novo imperialismo é pouco mais do que uma miragem. Continua valendo o de sempre. Os monopólios comerciais ou de investimentos que um império, pouco importa se formal ou informal, porventura propiciasse seriam perfeitamente redundantes para produtores, mercadores e financistas, operando no mundo a partir do espaço econômico norte-americano. Qualquer recurso continua disponível nos mercados a preços tão com-

---

[3] David Harvey, *The New Imperialism* (Londres, Oxford University Press, 2003). Para um comentário indireto desse ponto: Paulo E. Arantes, "A viagem redonda do capitalismo de acesso", neste volume.

primidos que nem sequer remotamente se justificaria o custo de uma colônia – ao contrário do que calcula bisonhamente um entusiasta do neo-imperialismo como Niall Ferguson[4]. Quanto ao mais – continua argumentando Brenner –, o intervencionismo tópico e sem entraves continua sendo a norma, como sempre foi, ao longo de toda a primeira (e propriamente dita) hegemonia norte-americana. A seu ver, a invasão e a ocupação do Iraque representam uma flagrante e estapafúrdia quebra de estilo, o do intervencionismo militante que pautou a geopolítica hegemônica desde 1945, regra que continuou a ser seguida mesmo depois do fim da Guerra Fria, do Panamá à Iugoslávia, a saber: tratar sem maiores considerandos o espaço exterior ao núcleo orgânico do mundo capitalista como uma imensa *free fire zone*. Olhando, todavia, mais de perto, o que se verifica é que uma peculiar zona de fogo aberto está se alastrando pelo globo – e, afinal, é justamente disso que se trata, quando se encara sem maiores desconversas a normalidade perdida do mundo, nela incluída a "funcionalidade" do neo-imperialismo.

Pois bem – com perdão do curto-circuito –, encontramo-nos no âmago da surpreendente guinada territorialista do poder norte-americano. Quem porventura consultar o *Quadrennial Defense Review Report*, divulgado oficialmente duas semanas depois do 11 de Setembro, não encontrará o habitual palavreado do período anterior acerca das missões humanitárias, pacificadoras ou, simplesmente, punitivas que maquiaram a última safra das guerras norte-americanas, mas em compensação se deparará com redefinições abruptas de tais guerras (as mesmas e as vindouras), cujos objetivos declarados de "mudança de regime" ("encobertos" nos tempos de Guerra Fria, como se há de recordar) não excluem mais a ocupação de territórios estrangeiros, chegando mesmo a

---

[4] Seu último manifesto: Niall Ferguson, *Colossus: The Price of America's Empire* (Londres, The Penguin Press, 2004).

sugerir, com os eufemismos de praxe, a hipótese de um "império territorial temporário"[5]. Repetindo: é inegável que uma drástica mutação na lógica territorialista do poder global está em curso. Dessa mutação – que vale por todo um diagnóstico de época – procura dar conta o esquema de Harvey, mencionado acima. Vale o registro sumário. Sem chegar a ver no retorno da turma Bush ao poder uma aberração na patologia corrente das elites norte-americanas, Harvey ainda prefere distinguir as duas agendas, a neoliberal e a neoconservadora, e, por via de conseqüência, uma reviravolta na passagem de um imperialismo a outro, ambos no entanto compondo um só bloco desde a retomada a partir da crise dos anos 70. Tudo se passa como se a contra-revolução deflagrada pelos ajustes estruturais empurrados mundo afora goela abaixo – e seu cortejo de privatizações, desregulações, aberturas comerciais, biopiratarias e tráfico de patentes, sem falar nas predações financeiras conexas – assinalasse de vez o fim da hegemonia, digamos, liberal, em que a alegação de que o jogo mundial da acumulação não era de soma zero parecia plausível, e a ressurreição do imperialismo ("novo", agora), quer dizer, a retomada da acumulação em crise de sobrecapacidade por outros meios, a começar pelos supracitados, entendamos, meios de extrair "tributo" do resto do mundo, se recobrissem sem quebra de continuidade. Quando o estouro da bolha tecnológica, em 1999, deu a largada para um novo plano inclinado, estava claro, bem antes do 11 de Setembro, que os dias da rotina neoliberal e sua forma específica de "imperialismo" estavam contados. É nesse momento que Harvey identifica a entrada em cena de uma nova lógica territorialista de poder. A grande questão, a seu ver, é saber como ela será calibrada, ou não, pela lógica propriamente capitalista de poder, que não pode sem mais ser

---

[5] A menos que Michael Mann, em *Incoherent Empire*, cit., tenha projetado no subtexto do Pentágono suas visões do novo militarismo.

184 • Extinção

contrariada em sua natureza de fluxo a operar em um espaço contínuo, enquanto seu par antitético, porém indispensável, opera em um espaço territorializado. Para Harvey, é evidente que a escalada das guerras norte-americanas recentes convivem (mal) num grau crescente de tensão com os imperativos do capital, cuja acumulação carece no entanto da "abertura" sem fim do "acesso" a novas "portas" – para empregar o vocabulário clássico da expansão da Fronteira norte-americana desde suas origens míticas. Seja como for, uma economia de guerra permanente sempre esbarrará em um limite que a história norte-americana tem demonstrado ser instransponível. Ao que parece, não há nada no mundo, nem mesmo a dilatação indefinida do poder nacional nos termos imperiais que estamos testemunhando, que possa ameaçar impunemente a espiral consumista doméstica – é bem verdade que esse mesmo hiperconsumidor norte-americano defenderá à bala seu direito de esgotar o planeta até a morte, retaliação nuclear incluída. Nesse caso, a lógica capitalista de poder reduziria a cacos a atual lógica territorial. Pode-se duvidar, como sugere o paradoxo que se acaba de mencionar, e explicar em parte a irresistível ascensão da dinastia Bush. Aliás, esse limite até agora não foi posto à prova por uma razão muito simples, por assim dizer. Como é de conhecimento de qualquer leitor de jornal, há alguns anos, o total mundial acumulado de reservas cambiais encontra-se investido primordialmente em títulos do Tesouro norte-americano, asiáticos à frente. Na opinião do colunista Martin Wolf, do *Financial Times*, "esse deve ser o maior programa de 'assistência' de todos os tempos, em proporção do PIB mundial, permitindo que os Estados Unidos travassem guerras sem se privar das vantagens da paz, evitando a necessidade de escolher entre canhões e comida"[6].

---

[6] Martin Wolf, "Gesto europeu por mudança cambial na Ásia é inútil", *Folha de S.Paulo*, 11 de fevereiro de 2004.

Último *round* • 185

Seja como for, a hipótese central de David Harvey para explicar a engrenagem do novo imperialismo é preciosa. Nada mais nada menos que uma reativação de formas supostamente arcaicas de exploração e dominação que Harvey enfeixa sob a denominação única de Acumulação por Despossessão. Uma fuga para a frente na qual, como se disse, a lógica territorialista de poder volta a ser preponderante, mesmo antagonizando a normalidade aterritorial dos negócios capitalistas correntes e seu atual paradigma financeiro, no qual se exprime o desejo do capital de não estar fixado em lugar nenhum. Quer dizer: por uma crise nada trivial, à reprodução ampliada sufocada por essa mesmíssima crise veio em socorro (por assim dizer) um regime de acumulação por "outros meios", em sua grande maioria processos marcados por toda sorte de violência. Numa palavra, mais uma vez: Acumulação Primitiva. Só que reinterpretada de modo a reintroduzir no interior do sistema finalmente completo do capitalismo as práticas predatórias que caracterizaram sua pré-história externa – das guerras mercantilistas ao esbulho das *enclosures*, passando pelo sistema colonial e pela instituição do milagre perene da dívida pública. Não há nenhuma extravagância na hipótese. De uns anos para cá, justamente a propósito dos novos "cercamentos" com os quais se parecem cada vez mais as privatizações da última onda capitalista – nada mais próximo, hoje, de um exclusivo colonial do que uma seqüência genética patenteada –, debate-se para saber se a Acumulação Primitiva deve ou não ser entendida num sentido puramente histórico ou como um processo contínuo[7].

---

[7] Mais especificamente, Harvey remete, entre outras contribuições, ao livro de Michael Perelman, *The Invention of Capitalism: Classical Political Economy and the Secret History of Primitive Accumulation* (Durham, Duke University Press, 2000). A essa hipótese, Harvey acrescentará uma original reformulação do axioma de Henri Lefebvre, segundo o

186 • Extinção

Não me parece excessivo concluir que a lógica econômica do *tribute-taking* inerente ao regime dólar flexível, enquanto moeda financeira mundial, não coincide por acaso com a estréia da nova máquina de guerra norte-americana – devidamente reaparelhada por uma surpreendente revolução nos assuntos militares – no mercado internacional de compra e venda de proteção. Dito isso, não estou dizendo nada de muito novo. Desde a Guerra do Golfo, tornou-se política norte-americana, identificada por todos os interessados, vender suas Forças Armadas como um "bem público internacionalmente financiado", nas meias palavras de um alto funcionário de então, ou, na fórmula menos delicada de um editor financeiro da grande imprensa conservadora: "o virtual monopólio norte-americano do mercado de segurança", além das vantagens auferidas por qualquer açambarcador que atue em um meio específico de negócios – no caso, simplesmente toda a segurança do mundo –, já se converteu na principal alavanca de "nosso controle sobre o sistema econômico internacional"[8]. Foi, aliás, por esse tempo que se tornou tão freqüente quanto desinibida a menção do papel a rigor mercenário desempenhado pelos militares norte-americanos, "hessianos" mais especificamente[9].

---

qual o capitalismo sobrevive a suas crises recorrentes "ocupando espaço, produzindo espaço". Se estou no caminho certo, espero poder reafirmar que o espaço qualitativamente novo que está sendo produzido é uma "terra de fronteira global", cuja matriz original se encontra no âmbito histórico e estrutural da acumulação primitiva ou por "despossessão". Para uma primeira aproximação, "Cavalaria global", neste volume.

[8] Citado por Noam Chomsky, *Contendo a democracia* (Rio de Janeiro, Record, 2003), p. 18.

[9] Exércitos alugados ou marinhas arrendadas eram comuns durante o Antigo Regime. O pequeno "Estado" alemão de Hesse-Cassel celebrizou-se por ser especializado na produção e exportação de soldados mercenários. A Inglaterra recorreu a ele para completar suas forças na luta com os colonos norte-americanos rebeldes. Desde então, o termo

Segredo de Polichinelo por certo. Entre tantas amostras desse à vontade para além de qualquer esforço ideológico: durante os preparativos para a segunda guerra do Iraque, novamente outro personagem das altas rodas financeiras internacionais não se acanhava nem um pouco em assinalar que o singular sistema econômico baseado nos Estados Unidos girava em torno da troca de sobreconsumo por exportação de segurança, um excedente securitário que, de resto, já estava "tomando a forma física de uma responsabilidade direta por seu campo de atuação", presença ostensiva no território, numa palavra[10]. Derra-

---

"hessiano" tornou-se sinônimo de mercenário, além de amalgamar numa só conotação pejorativa o tipo grosseiro e impatriótico. Cf. Charles Tilly, *Coerção, capital e Estados europeus: 1990-1992* (São Paulo, Edusp, 1996), p. 141. Desde o fim do serviço militar obrigatório – um dos efeitos da derrota no Vietnã, que apressou tanto o fim do alistamento quanto a conseqüente profissionalização das Forças Armadas –, o termo "hessiano" readquiriu um estatuto de classe oposto e socialmente perverso: o engajamento voluntário dos "desprivilegiados", previamente brutalizados por uma vida no subemprego, nas prisões ou na clandestinidade do imigrante sem documentos. Cf. John Gregory Dunne, "The horror is seductive", *The New York Rewiew of Books*, 29 de maio de 2003, p. 23. Um registro assombroso dessa reversão se deve a um jornalista "inserido" em um corpo de Fuzileiros Navais durante a invasão e ocupação do Iraque, Evan Wright, *Generation Kill: Devil Dogs, Iceman, Captain America, and the New Face of American War* (Nova York, G. P. Putnan Sons, 2004), testemunha ocular do despertar programado do ethos guerreiro em pobres-diabos condenados a uma vida de "*dead-end jobs*", subitamente catapultados à condição de representantes das Forças do Bem em luta com sub-raças de nações párias. Cf. Chris Hedges, "On War", *The New York Review of Books*, 16 de dezembro de 2004. No comentário de Susan Watkins, pela cabeça feita desses novos "hessianos", passa um coquetel de cultura da pistolagem, videogames, pornografia e violência desumanizada: "Vichy on the Tigris", *New Left Review*, n. 28, 2004, p. 8, publicado na coletânea *Contragolpes: seleção de artigos da New Left Review* (São Paulo, Boitempo, 2006).

[10] Alexandre Stärker, "'Exportation sécuritaire' à outrance", *Le Monde*, 20 de março de 2003.

188 • Extinção

deira malícia – do financista em questão –, tudo muito parecido com o antigo sistema soviético de proteção do espaço econômico. E, como se há de recordar, tal como o império czarista que o precedeu e o regime cleptocrático que o sucedeu, a potência eurasiana territorialista por excelência, quer dizer, uma "potência" para geopolítico nenhum botar defeito.

Juntemos então as pontas. Sem querer sugerir que a Casa Branca esteja sob o domínio do crime organizado, o que pensar do fato – o mais saliente de uma constelação portentosa – de que a empresa que enriqueceu o vice-presidente dos Estados Unidos é exatamente a mesma que açambarcou contratos milionários para a reconstrução de um país ocupado, e previamente destruído pelas mesmas forças armadas do país presidido por seu superior imediato? Uma operação desse calibre atende pelo nome científico de *racket*, que é como se denomina a atividade profissional dos *gangsters*, a saber: dominação e apropriação diretas, sem maiores rodeios, a alma de um negócio que consiste em ameaçar com a violência e depois cobrar o devido pagamento pela "proteção" oferecida no mesmo pacote assustador, o conjunto da obra se exprimindo na forma de monopólios e demarcação de territórios exclusivos. Segundo o historiador Charles Tilly, a formação original do Estado europeu obedeceu rigorosamente a esse mesmíssimo esquema de chantagem, num momento em que a distinção entre senhores da guerra, bandoleiros e governantes não era muito nítida, sobretudo quando esses últimos, ao cabo de sucessivas guerras de subjugação, monopolizando os meios de violência em um determinado território, se dedicavam a extorquir os tributos que financiariam as próximas campanhas militares de expansão. Endinheirados em geral e mercadores de longo curso, cujos lucros extraordinários provinham da proteção de governantes, pela qual de resto pagavam, em nada diferem das empresas ou dos grupos econômicos que cooperam e compram proteção de

Último *round* • 189

uma organização criminosa vitoriosa na luta pelo poder numa "jurisdição" particular – qualquer que seja a dimensão histórica dos protagonistas, a lógica é a mesma[11]. No fundo, as objeções de Robert Brenner à improvável racionalidade econômica dos lucros da coerção – e portanto ao desvio de caráter mercantilista das megacorporações contemporâneas, e não só à anomia muito peculiar que define o capitalismo de compadres da dinastia Bush[12] – se parecem com o repúdio originário de Adam Smith às práticas "arcaicas" das grandes companhias mercantilistas de seu tempo, exponencialmente aperfeiçoadas pela famigerada Companhia das Índias Orientais, a "primeira corporação imperial", na visão insuspeita de um historiador adepto das virtudes civilizadoras do livre comércio e do investimento socialmente responsável[13]. Voltando. A certa altura de

---

[11] Charles Tilly, *Coerção, capital e Estados europeus: 1990-1992*, cit. Na crise terminal do capitalismo europeu de entreguerras, o colapso da República de Weimar foi arrematado por uma operação de compra e venda de proteção de proporções shakespeareanas. Sabemos no que deu. Para uma versão condensada dessa variante do argumento, "Arturo Ui", neste volume.

[12] Sobre a origem e emprego atual da expressão, cf. o já mencionado artigo sobre o capitalismo de acesso, neste mesmo volume.

[13] Nick Robins, "Em má companhia", *Folha de S.Paulo*, 13 de fevereiro de 2005. Num artigo recente sobre o renascimento da pirataria de altomar, Charles Glass ("The New Piracy", *London Review of Books*, 18 de dezembro de 2003), também observa que não há nada mais parecido com a East India Company – cujo poder de mercado, como suas precursoras holandesas, era movido também por um exército privativo – de que uma Halliburton, que literalmente governa apreciáveis porções do território iraquiano reconquistado. Está claro que o controle desses novos territórios econômicos não seria viável sem o ramo terceirizado do novo poder mercantilista, a legião de mercenários recrutados pelas Private Military Companies. Cf. Sami Makki, "Sociétés militaires privées dans le chaos irakien", *Le Monde Diplomatique*, novembro de 2004. Como essas externalizações estão moldando a nova configuração das Forças Armadas norte-americanas "públicas", pode-se dizer que a privatização das guerras já não é mais um horizonte tão remoto assim.

suas considerações sobre a eclosão do militarismo norte-americano, que por sua vez se expressa no que chama de Império Americano de Bases, Chalmers Johnson observa que em muitos casos tal rede de postos avançados se relaciona com o território em que opera como os *gangsters* dos anos 30: afinal, os Estados Unidos pressionam os governos que hospedam tais instalações militares a arcar com os custos de seus projetos imperiais à maneira nacional inconfundível de um *racketeer*. No limite – continua –, não se poderia portanto descartar a hipótese, por assim dizer, institucional de um imperialismo baseado em uma espécie de "*international protection racket*"[14]. Assim, não é nada implausível que se possa também considerar o novo imperialismo como a certidão de nascimento de uma sociedade terminal que, a partir de um núcleo oligárquico central, vai se espraiando pelo mundo na forma de luta entre gangues em torno dos recursos mundiais. Na conceituação clássica, um aprofundamento conclusivo da pré-história em um momento de liberação máxima das forças produtivas.

---

[14] Chalmers Johnson, *The Sorrows of Empire: Militarism, Secrecy and the End of the Republic* (Londres, Verso, 2004), p. 25, 31.

3

ARTURO UI

Na visão desconcertante de um historiador, nada mais parecido com o crime organizado do que o Estado em seus primórdios. Nos primeiros tempos da formação dos modernos Estados territoriais europeus, não era muito nítida a distinção entre senhores da guerra, bandidos e governantes. Quando um chefe guerreiro e seu bando eliminavam os concorrentes e monopolizavam a violência num determinado território, sua primeira providência era passar a "governar", quer dizer, extrair tributos das populações concernidas para financiar novas guerras de expansão e consolidação de seu domínio. Assim sendo, tampouco era muito clara a diferença entre arrecadação de impostos e extorsão. Criminosos, quando se organizam, adotam o mesmo esquema de chantagem: ameaçam com a violência e depois cobram o devido pagamento pela "proteção" que oferecem contra essa mesma ameaça. Não é outra a lógica originária do Estado, continua nosso historiador: os governantes também vendem proteção, sobretudo quando a repressão do Estado vem a ser a principal ameaça pairando sobre a cabeça de seu próprio povo, à qual acrescenta a dos inimigos, internos ou externos, que ele mesmo se encarrega de inventar ou provocar, e contra os quais oferece, é claro, "proteção". Em bom inglês – a língua original do argumento que estou citando –, alguém que produz tanto o perigo quanto o escudo bem pago que o afasta chama-se *racketeer*.

Sem tirar nem pôr, essa a cena primitiva que Brecht entreviu na ascensão da "coisa imunda" que a República de Weimar pariu ao desmoronar. A última palavra do capitalismo, o sintoma terminal de toda uma civilização, sua "flor mais delicada" – como Brecht uma vez se referiu a Hitler –, nada mais era afinal do que a repetição apocalíptica daquele "ato arcaico de despotismo", na expressão original de um filósofo para o gesto fundador da modernidade. Projeto inacabado ou o entra-e-sai de um grande show de *gangsters*? Al Capone, dito *Scarface*, nunca se enganou a respeito: referindo-se certa vez a Napoleão Bonaparte, admitiu que este havia sido de fato o maior *gangster* da história (*the world's greatest racketeer*), mas que, mesmo assim, ainda teria alguma coisa a lhe ensinar. No último ato, como no prólogo, novamente compra e venda de proteção. "Nós o contratamos", teria assegurado o aristocrata Von Papen à camarilha que rodeava o presidente do Reich, nosso estimado Dogsborough. Voltando à parábola de Brecht, é bom não esquecer que Arturo Ui não oferece seus serviços a qualquer um, mas, não por acaso, a um truste. É que os lucros da coerção não exigem apenas escala. Os grandes empresários da morte não poderiam prosperar sem a indispensável alavanca dos monopólios, a começar pelo mais decisivo deles, o da violência. Outra vez o estágio imperialista mais avançado denuncia seu caráter terminal ao emendar, na era inaugural da dominação direta, a apropriação violenta sem maiores rodeios. Que a história, portanto, tenha sido sempre a história dos monopólios – um enredo de gangues e *protection rackets* – dá notícia a incrível semelhança entre o *modus operandi* ancestral da máfia e das grandes organizações do *big business*, tirante talvez a interpretação um tanto literal da imperiosa necessidade de liquidar a concorrência e enquadrar os clientes recalcitrantes. Entre tantas outras, a observação se encontra em um antigo ensaio rigorosamente brechtiano de Hans Magnus Enzensberger sobre a Chicago de Al Capone, a seu ver, o modelo da sociedade terrorista do século XX, aliás uma *wide open city* como Mahagony, onde se confundiam, como se há de recordar, o *Imperium* dos *gangsters* e a ditadura do divertimento compulsivo. Ninguém mais ajustado e integrado ao mundo moderno dos negócios do que aquele enxerto bárbaro de outras eras: a mais avançada sociedade capitalista do mundo soube encaixá-lo como se estivesse preparada desde sempre para a regressão. Um amálgama exemplar de anomia selvagem e do mais estrito conformismo, que na década seguinte Hitler levaria a seu fecho conclusivo.

Um ciclo histórico depois, o ventre que pariu a coisa imunda continua fértil. O desenvolvimento descortinado pela parábola brechtiana terá sido talvez provisoriamente suspenso, mas não interrompido. Ele ameaça se completar por meio de uma guerra sem fim, de âmbito global, que tende a se fragmentar numa profusão de guerras civis legais, sancionadas por um estado difuso de exceção, eternizando-se em meio à indiferença das *cliques* blindadas e ao tumulto crescente dos perdedores confinados no arquipélago de bantustões em que o mundo está se transformando. Um terreno de inesgotável fertilidade para a compra e venda de proteção. Em tempo, já que o demônio da analogia anda solto novamente: o 11 de Setembro de Adolf Hitler caiu em um 27 de fevereiro (de 1933), data do incêndio do Reichstag; no dia seguinte, o estado de exceção foi proclamado, em estrita conformidade com o artigo 48 da Constituição de Weimar, só que nunca mais foi suspenso; outra vez não por acaso o decreto que instituiu aquela ditadura constitucional de última geração, alegando urgência na defesa da sociedade contra os inimigos de turno, era uma ordem de "proteção", autorizando uma indefinida "detenção preventiva" ou "custódia protetora" das referidas populações infectadas, "proteção" assegurada por espaços juridicamente vazios: os campos. Confrontado com o limiar que estamos atravessando, o raio de manobra do *gangster* de

196 • Extinção

todos os *gangsters* era relativamente provinciano. As tábuas do palco, hoje sim, representam toda a cena do mundo, e nelas opera um incomensurável *racketeer*. Os senhores da guerra estão de volta, até mesmo na forma arcaica porém *high-tech* dos novos mercenários, cuja terceirização é promovida por empresas militares privadas. Como na pré-história do sistema de dominação cuja hora da verdade se reapresenta, já não é mais inequívoca a separação entre os chefes da guerra, os do governo e os do crime organizado. Aos quais veio se juntar nesses últimos tempos de imperialismo da segurança a figura patética do agente humanitário, com ou sem fumigações. Nada mais parecido com o cenário original da parábola de Arturo Ui do que o Iraque ocupado e privatizado de hoje. Estão todos lá: um vice-rei, os negócios do cartel da couve-flor e as forças da "proteção" contratadas para vigiar uns e outros. Sem falar na mescla original de estado de sítio – próprio da fusão entre "governança" e guerra intermitente – e anomia característica de uma nova "fronteira", na acepção norte-americana do termo. Não é segredo que, desde a Guerra do Golfo, a superpotência remanescente vende – e muito caro, afinal seus custos de manutenção são astronômicos – "proteção" contra a ameaça de um inimigo tão proteiforme quanto o caos sistêmico em que o mundo do capital está mergulhando. Sabemos, todavia, que esse descomunal sorvedouro de riqueza alheia, que esse país rentista por excelência, como nos bons tempos do imperialismo clássico, é a própria fonte da ameaça para si mesmo e para o resto do planeta. Seria preciso acrescentar, todavia, que não se trata de ameaças *contra* a ordem mundial, mas que a verdadeira ameaça *é* essa mesma ordem mundial, sendo o capitalismo hoje sinônimo de catástrofe. Como no capitalismo turbinado de agora não é mais possível distinguir acidente de atentado, tudo se passa como se o próprio sistema chantageasse a si mesmo e fosse seu próprio *megagangster*. A apologética contemporânea estilizou a desgraça, afirmando que a ultramodernidade é, antes de tudo, uma "sociedade de risco". Estamos vendo que no fundo se trata mesmo de uma sociedade de *rackets*, como Arturo Ui se encarregara de demonstrar.

PENSANDO POR FORA

Qual é – ou o que é – esse outro grupo de pessoas de passagem por um breve período da história? Numa primeira tentativa de identificação, comecemos pelas heresias. Para início de conversa, digamos que não choram mais sobre o leite derramado da construção nacional interrompida. É verdade que são muito jovens e, talvez por isso mesmo, excessivamente severos com uma industrialização periférica que uma reviravolta produtiva e financeira no centro do mundo bastou para devolver à condição marginal de origem, levando consigo o preço extorquido a mais de uma geração dos esbulhados de sempre. Tampouco foram vistos assinando manifestos de esquerda a favor do Desenvolvimento Nacional – era só o que faltava, com maiúsculas e em pleno século XXI. Não é que não saibam das coisas, pelo contrário, são até lidos demais – mesmo, ou sobretudo, para um proleta de classe média depois da queda, a real inteligência do mundo continua um ponto de honra. Simplesmente acharam que já era tempo de levar a sério o retorno periódico da fórmula meio enrustida "ilusão do desenvolvimento". Ilusão progressista, está claro, pois as camadas detentoras dos reais controles de mando jamais se equivocaram a respeito: riqueza oligárquica não se redistribui, e desenvolvimento para valer – já que insistem no nome – é uma questão de dominação interna e projeção externa de poder. Não só o fosso da polarização mundial de riqueza e poder é intransponível em seus próprios termos – até mesmo uma ruptura anti-sistêmica como a soviética precisou entrar nos trilhos da luta interestatal pela sobrevivência, na forma de uma recuperação modernizadora de tal modo implicada no sistema contra o qual se batia a ponto de reinventar até a militarização do trabalho –, como, afinal, não é disso que se trata quando está em jogo a liberação de uma sociedade na qual relações de dominação de qualquer natureza definitivamente não tenham mais vez. Tudo isso sem falar na carga positivadora que a própria idéia de desenvolvimento carrega consigo, pois afinal se trata de uma longa marcha ascendente através das instituições de uma ordem mundial cuja lei é a hierarquia, o monopólio e o lucro extraordinário – daí a fatal identificação com os meios e os fins legitimadores que irradiam do núcleo orgânico do sistema. Por essas e outras, a China se encontra hoje na berlinda, não por acaso à esquerda e à direita. Alguém já observou que muito provavelmente a adesão à civilização material norte-americana – a única liturgia prática que conta no capitalismo hoje – está muito mais arraigada em Pequim e Xangai do que em Paris ou Berlim. Quer dizer, se o eixo do mundo se deslocar mesmo para a Ásia, como presumem Giovanni Arrighi e seus colaboradores, no que concerne à geocultura de legitimação do capitalismo, como sistema mundial de acumulação e governo, continuaremos na mesma. Com a agravante de aprofundar-se ainda mais a divisão da personalidade política de quem ainda raciocina segundo tais parâmetros estratégicos: num cenário presumido de declínio da hegemonia norte-americana, surpreendido apostando suas fichas no fortalecimento das novas burguesias asiáticas no confronto com os concorrentes ocidentais, porém alinhando-se de coração com o jovem proletariado crescido à sombra desse capitalismo emergente, confiando-lhe no mesmo passo a tarefa histórica de enfrentar vitoriosamente o capital nas duas margens do Pacífico. Numa palavra, algo como a política de duas frentes do Comintern nos anos 20 do século passado. A observação é de Peter Gowan, que arremata suas dúvidas com o seguinte lembrete: e se o próspero e admirável mundo novo dos negócios asiáticos, seriamente desafiado pela insubordinação de sua força de trabalho, inspirando-se no modelo europeu de outros tempos, numa súbita e compreensível reviravolta, se atrelasse de vez ao poder norte-americano que, apesar de todos os pesares, nunca negou proteção aos direitos de propriedade do capital[1]? Se nem mesmo numa esquina da história como esta recobra o fôlego a miragem progressista do desenvolvimento, no caso um colossal projeto nacional de poder como garantia de ingresso no seleto clube dos grandes acumuladores mundiais, por que negar um pouco mais de atenção às razões dessa novíssima esquerda refratária a um de nossos mitos fundadores?

Há muito mais nesse capítulo das heresias. Passemos à maior delas, se é que pode haver coisa pior do que renegar o próprio ânimo construtivo na origem das formações nacionais coerentes. Da *questão nacional* à *questão social*, portanto, para designar de outro modo os dois vetores anti-sistêmicos que desde sempre se moveram ambiguamente na contramão do capitalismo histórico. Acabamos de sugerir a presença de uma semente autodestrutiva na idéia de desenvolvimento, não importa o ângulo de ataque, se de libertação nacional ou emancipação social, ao fim e ao cabo prevalece a lógica da autoconservação do sistema em seu todo, aliás lógica dupla, de poder e de acumulação econômica[2]. Pois bem, tentemos imaginar a passagem desse grupo de pessoas,

---

[1] Peter Gowan, "After America?, *New Left Review*, n. 13, 2002, p. 144-5.

[2] Aliás, não estou dizendo nada de mais ou, por outra, nada que Immanuel Wallerstein não tenha dito, e melhor, ao longo dos últimos anos, sobretudo agora que seus esquemas parecem ter antecipado mais de um tema dos movimentos altermundialistas.

literalmente atravessando – como se diz de quem massacra a batida de um samba – uma marcha contra a Alca e a OMC cujo lema, divulgado em manifesto convocatório por um sem-número de entidades e movimentos sociais, era nada mais nada menos que "O Brasil quer trabalhar!". Uma enormidade, pelo menos para a sensibilidade dissonante de nossos renegados. Trocando em miúdos, que sociedade esquizofrênica é essa, em sua imensa maioria composta de miseráveis e pobres, subempregados ou precarizados, na maior parte do tempo desempregados, que disciplinadamente enquadrada por aparelhos políticos e movimentos aparentados, clama pelo único produto que o capital hoje deliberadamente oferece a conta-gotas e em quantidades microscópicas – se comparadas com as doses cavalares dos tempos fordistas – e cujo consumo rarefeito se dá de preferência nas formas mais vexatórias de exploração e desmoralização social: um *emprego*, qualquer emprego, cuja escassez – pouco importando no momento o diagnóstico de suas razões – tornou-se de qualquer modo o mais eficaz e draconiano instrumento de controle social, sem falar no encarceramento em massa dos inempregáveis contumazes. Assim, pela enésima vez, de chapéu na mão, porém encarrapitada em um abominável carro de som, despejando autoritarismo e disparates, lá vem a esquerda exigir que o capitalismo seja mais dinâmico, renuncie a sua atual preferência pela liquidez, dispense a mesada que lhe paga o Estado por meio do endividamento público e retome a produção do "trabalho" em escala industrial, como nos bons tempos do pleno emprego que teimam (por que será?) em não voltar mais. Chamo a atenção para a originalidade do enfoque – vem assinado, mas presumo que, sendo encampado pelo coletivo, contam menos agora as atribuições individuais, que o leitor por certo criteriosamente fará. Pois então: uma das primeiras providências da nova subversão consiste em sublinhar o *nonsense* surrealista do *marketing* político e corporativo em torno da palavra de ordem fetiche "geração de emprego" – a circularidade absurda de se trabalhar mais (e ponha extensão da jornada nisso) para produzir mais... "trabalho". Quer dizer, vende-se na forma de "emprego" um objeto industrializado de consumo subordinado a um mando despótico, que, em princípio, responde às necessidades de sobrevivência dos despossuídos. Sendo, no entanto, imperativo recorrer a esse único e exclusivo produto sob pena de não sobreviver, torna-se ainda mais surreal verificar que estamos diante de uma situação de "monopólio radical". Nada mais justo e razoável – na hora histórica em que uma Terceira Revolução Industrial está generalizando a riqueza livre sem a correspondente produção de "valor", ao tornar redundante o trabalho vivo sob comando patronal – do que quebrar a espinha de tal monopólio, expor à execração dos presumidos inúteis para o mundo do trabalho o anacronismo da falácia que confunde *falta ou sonegação de provisão econômica adequada* com *falta de emprego* – sendo esse o espírito involuntário da letra de qualquer lei maquinada pelos poderes constituídos acerca de uma renda mínima ou básica para acolchoar o desastre em curso. Numa palavra, romper de vez o amálgama perverso entre o fazer autônomo dos proletarizados e o mundo capitalista do assalariamento, mandar pelos ares a diferenciação entre atividade laboral e não-laboral, revelar o segredo de Polichinelo: que o salário não distingue quem produz, mas quando se produz sob o comando do poder capitalista etc. A crise, que mascara a abundância aprisionada no mito do produto-emprego em falta crescente no mercado, pode estar apressando a hora da convergência entre a ação direta do poder-fazer autônomo – quando os desempregados se reconhecerão no esbulho dos não-remunerados – e a mobilização subversiva pela renda básica universal. Em suma, uma implosão positiva da sociedade salarial, emoldurando o túmulo da política de poder do desenvolvimento. E por aí vão nossos renegados de passagem por este período da história, por definição unidimensional e sem oposição. Façamos figa.

204 • Extinção

Não fica por aí, é claro, o rosário de impertinências. Assim como passam alegremente o trator pelos esteios basilares de todo um mundo de convicções redentoras – a superação do subdesenvolvimento por seu contrário, mas não tão contrário assim, pois prometia inclusão por assimilação; o dogma da salvação pelo crescimento com pleno emprego, já furado enquanto ainda congregava sua multidão de fiéis, grotesco, quando, numa só voz, sindicatos, empresas e governo profetizam de quatro em quatro anos a volta do Messias salarial –, não se cansam de descartar vogas "radicais" mais recentes e revestidas pelo conforto do alto prestígio intelectual, pois a nada obrigam, salvo ao exercício elegante da função de ornamento crítico de sociedades sinistradas, evocando a três por dois o obstáculo intransponível das relações sociais ossificadas pelo mais duro dos fetichismos: o sentimento íntimo de perda de tempo medindo forças com o capital. Como estão se lixando para o anátema um tanto esnobe que recai sobre o ativismo (uma regressão, não é mesmo?) ou sobre a simples andança militante através justamente desses espaços detonados, esse grupo de passagem foi descobrindo coisas do arco-da-velha (da velha subjetividade social inclusive), como a ação direta dos povos originários da América Latina, para não falar na insurgência zapatista antipoder, ou na zorra subversiva dos estudantes pobres de Salvador e Florianópolis – ou ainda, bem na contramão, e imagino que provocando ataques de fúria, expondo a olho nu o assimilacionismo do movimento gay, espécie de involuntária verdade profunda do capitalismo glamorizado. Etc. etc.: sinal de abundância e não de automatismo, apenas não posso fazer a viagem completa.

Por isso me detenho, por força do argumento anterior, no capítulo dedicado ao atual milagre sociológico argentino, um movimento de desempregados, porém em greve de consumo da supracitada mercadoria-emprego. Simplesmente não querem mais

Pensando por fora • 205

ouvir falar dessa merda, ou, nos termos mais polidos e incrivelmente precisos de um piqueteiro, rejeitando, num só tapa, a palavra-talismã que congrega em um só engodo de massas sociologia compassiva de esquerda, patrocinadores do Terceiro Setor e "atores" da sociedade civil e agências governamentais em permanente estado de parceria: "Nós não queremos inclusão!". Se a idéia se espalha – comenta seu interlocutor brasileiro – vai faltar mão-de-obra para ser explorada, mesmo nos indecentes subempregos de sempre, como se a essa altura da crise terminal da ordem salarial já não valesse mais a pena lutar para voltar a ser explorado, com ou sem carteira assinada, tal o nível e a violência da precarização subterrânea. Aliás, uma das linhas de força desse milagre – quem sabe a verdadeira Grande Recusa não começa afinal a dar o ar de sua graça, quando se desliga da tomada toda uma economia nacional – deriva da sabedoria social espontânea que foi juntando, no mesmo barco do extravio econômico, desempregados, precarizados e a nova categoria dos "okupas" (trabalhadores que assumiram o controle das fábricas depenadas pelos patrões em fuga). A liga ainda é tênue, a disparidade de condições evidente, sem falar no último elo faltante, os sobreviventes cuja "inclusão" é apenas uma questão de tempo e de estratégias defensivas controladas pelo medo.

Seja como for, dar uma banana para a inclusão dos otários é um luxo que só uma nova subjetividade a caminho pode se oferecer – desse espantoso saldo psíquico da nova pobreza, redimensionada pelo movimento piqueteiro, deriva sem dúvida a enorme força do argumento para lá de heterodoxo que estamos considerando. Talvez ainda mais espantosa, sobretudo para as belas almas da integração sistêmica total de que nos despedíamos linhas acima, venha a ser a descoberta de que essa reelaboração a um tempo pulsional e moral de sujeitos supostamente destroçados por vários ciclos de alienação, realize-se – quem diria – no coração do sentido reencontrado do trabalho, liberado da redundância despótica do valor cobrado pelo capital. É isso aí. Por pouco que ultrapasse o vergonhoso limiar da mera sobrevivência, em que se debate para não naufragar de vez o refugo do desastre salarial argentino, uma outra subjetivação (consciência de classe?), ancorada na atividade produtiva de coletivos funcionando na base de relações horizontais e igualitárias, vai assumindo formas embrionárias anticapitalistas. De tanto remar contra a corrente, no esforço coletivo de combate à corrosão do caráter dos precarizados e humilhados (pela assistência social, inclusive), aos poucos o real significado da Crise para além, muito além, da crise subjetiva provocada pela violência do desemprego, elaborada, por sua vez, nos termos de uma *formação* à revelia das novas submissões, transparece como o fim de linha do próprio mundo criado pelo capital, agora um mecanismo de autovalorização suicidário, já que procura por todos os meios descartar sua única fonte real de valorização, o trabalho vivo. E quando a incomensurável riqueza assim produzida – pela subsunção real das tecnologias da informação e do conhecimento – se encontra politicamente aprisionada pela camisa-de-força de um valor que escasseia e não mede mais nada, a Crise se instala de vez, para ficar, começando pela explosão do nexo social até então assegurado pelo trabalho abstrato, cuja realização, na forma da compra e venda do produto-emprego, tornou-se uma impossibilidade galopante.

Como se vê, o argumento é redondo e forte. E é isso mesmo que está sendo insinuado com todas as letras: a Revolução, ela própria, parece de novo estar batendo à porta, se é verdade que o eclipse da centralidade da mercadoria-trabalho no processo produtivo é o sinal precursor de que estão lançadas as bases materiais da superação de um modo de produção que progride barbaramente pela chantagem da necessidade e do antagonismo. Como se a ação direta de um piqueteiro, e seus replicantes mundo afora, fosse o equivalente prático da seguinte constatação: já que meu trabalho é um anacronismo, chegou a hora de escapar dessa danação. *À nous la liberté!* Novamente façamos figa. Sobretudo porque nossos ativistas heréticos ficaram devendo a segunda parte do argumento. A miséria dos novos condenados da terra, transfigurada além do mais por uma incipiente revolta antiinclusão em nome da riqueza socialmente produzida e livre da mortalha do valor – sobre o fundo da qual ressalta ainda mais o esbulho de sua apropriação privada pelos "cercamentos" corporativos que definem a atual Acumulação por Despossessão[3] – é a contraprova degradada de que uma existência liberada do monopólio radical do trabalho-emprego não só é possível, como já está rolando aqui e ali como vida para além da sobrevivência bruta. Mesmo assim, não é menos verdadeiro que o sujeito social em condições de medir forças com o capital carece de um poder de veto que só se tornará decisivo se for descomunal como seu adversário. Noutras palavras, é preciso que o poder disruptivo de tal agente coletivo se encontre não apenas a reboque da desgraça econômica, mas à frente, e bem à frente, da transformação material e cultural. Acontece que esse é exatamente o caso do trabalho-com-informação, cujos protagonistas, no entanto, em sua maior parte, ainda continuam prisioneiros da tentação rentista. Se a junção se realizar, o mundo vai saltar. Pela enésima vez: o capitalismo é um agenciamento cego de coisas, nem mesmo espírito tem, em seus primórdios foi buscar na ética protestante a justificação igualmente ensandecida para dar algum sentido ao processo interminável de acumulação de riqueza abstrata como um fim em si mesmo. Até hoje é assim, trata-se do automatismo de um ser bruto, na acepção mais rasa do termo. Por isso, falar de ciência e

---

[3] Definição do novo imperialismo segundo David Harvey, *O novo imperialismo* (São Paulo, Loyola, 2004).

208 • Extinção

tecnologia como força produtiva do capital, que por sua vez dispensou os serviços de valorização do trabalho, é asneira da grossa, além de ideologia de segunda. Sem o conhecimento tácito mobilizado pelo trabalho da inteligência das pessoas, qualquer banco de dados é um arquivo morto. Como outrora a terra, a moeda e o trabalho, a falsa mercadoria da vez é a informacional, daí precisar ser trancafiada em um suporte de acesso monopolizado. Derradeira metamorfose de um processo sem sentido, de acumulação pela acumulação, o capitalismo baseado na informação é praticamente inviável, simples assim[4]. O valor de uso de uma informação reside na interação social, apenas divulgada em um ambiente mercantil, desvaloriza-se até a gratuidade total. O real poder de veto que preludia a ruptura radical passa por aqui. Algo disso intuiu a luminosa inteligência do levante zapatista.

E por certo os autores da presente coletânea de escritos de intervenção. Por isso me apresso em corrigir a dúvida de há pouco acerca da metade faltante do argumento. Ela está presente em pelo menos dois outros capítulos, um sobre as potencialidades emancipatórias do trabalho imaterial – em nome de cuja crescente abrangência social, do não-trabalho dos não-empregados às atividades e fazeres do mundo-da-vida, se proclama o direito à renda básica universal – e outro sobre as mesmas virtualidades de libertação encerradas na caixa-preta do mundo digital. Enfim, outras tantas dimensões de uma cena anticapitalista radicalmente contraposta à mitologia produtivista do desenvolvimento e seus similares e derivados progressistas. Hoje, no âmago dessa constelação de mitos, é sempre bom lembrar, o devaneio de todo governante de turno, nele incluí-

---

[4] Quer dizer, depois que os estudos pioneiros de Marcos Dantas e César Bolaño, entre não muitos outros, ensinaram o caminho das pedras às esquerdas que, para variar, teimam em não aprender.

do seu custo demente, é ultrapassar a linha divisória digital pegando carona na aceleração tecnológica das economias turbinadas centrais. Posso estar chovendo no molhado, mas é bom ficar de olho, não por acaso os próprios integrantes do coletivo informacional não descartam a necessidade imperiosa de não deixar passar batido até mesmo as concepções libertárias geralmente associadas ao *software* livre, sem falar na lengalenga da "inclusão digital" e outras senhas fajutas de ingresso na famigerada Sociedade da Informação.

4

FIM DE JOGO

Entrevista à Folha de S.Paulo, *em julho de 2004*

Seu livro[1] começa com o "Apagão" da era tucana e se encerra com o governo petista "Beijando a cruz", isto é, capitulando. O tom dos dois ensaios é de catástrofe, e nela a tradição do pensamento progressista brasileiro vai pelo ralo junto com o país. Não estão muito carregadas essas tintas?

Vejo que o miolo do livro não lhe inspirou muito. Você preferiu a moldura e a possível continuidade entre o prólogo tucano e o epílogo lulista. De quebra, você identifica naquele ensaio de abertura, de 2001, um exercício de autoflagelação. Vamos lá.

Sem ter contribuído para a evolução da teoria crítica paulistana, salvo na crônica e no comentário, não me incluo fora, era só o que faltava. Uma comparação arriscada talvez ajude a sentir o drama – meu, é claro. Considere a liberdade de raciocínio de que dispõe um José Luís Fiori no que respeita ao ajuste sistêmico da elite pensante paulista. É bem verdade que, nos anos 70, formavam todos uma só tribo oposicionista: os dependentistas do Cebrap e adjacências, a turma do "capitalismo tardio" da Unicamp e os neocepalinos esclarecidos do Rio de Janeiro – de resto embarcados todos naquela ocasião no mesmo ônibus emedebista. Na década seguinte, a coisa começa a desandar e a grande família

---

[1] Paulo E. Arantes, *Zero à esquerda* (São Paulo, Conrad, 2004).

bifurca: o ramo campineiro-carioca aposta em uma retomada da tradição democrático-radical das grandes reformas de base, barradas em 1964, que o tronco paulista vai rifar, em nome sabe-se lá do que, em favor de um ajuste pró-mercado, no entanto tudo cercado, nesse último caso, de muita conversa sobre a nova dinâmica capitalista, como se a outra ala, perdedora desde o naufrágio do Cruzado, aliás uma derrota política muito festejada pelo ramo paulista vencedor, desconhecesse o que ia pelo mundo, até que sabiam demais se comparado aos lugares-comuns da tucanagem sobre globalização e outras bobagens. Mas, então, José Luís Fiori: nunca se deixou ofuscar pelas excelências cá da terra com seus altos papos sobre a dialética da dependência e que tais, não por ser estrangeiro, mas, sobretudo, por ter levado a sério os altos e baixos do nacional-desenvolvimentismo brasileiro. Em condições, portanto, de perceber o desatino cometido pelo esnobismo paulista quando caluniou o dito-cujo e, mais importante, as afinidades de classe na hora de enterrar o cadáver errado na companhia dos coveiros de turno no mundo dos negócios. Tampouco o comoveu a parolagem sobre a lógica implacável do capital, a autonomização dos mercados auto-regulados, a visão metereológica da ambiência financeira indomável etc. Como leva a sério a idéia não trivial de Desenvolvimento, sabe que não há acumulação sem Estado, nem se formam coalizões redistributivas sem luta social em territórios politicamente identificáveis. Por isso foram adversários intratáveis desde a primeira hora, já que não havia ilusões quanto ao que de fato estava em jogo, o comando ortodoxo ou heterodoxo de uma economia capitalista, nas atuais circunstâncias. Havendo disputa na mesma faixa, era natural que nenhum *chantilly* dialético turvasse sua visão da rota ascendente da Dependência na direção da plena afirmação dos direitos da valorização proprietária. Aliás, ao contrário do que pensam os deslumbrados petistas da hora, os novos parceiros da parceria, não é linear a lógica que vai do sucesso empresarial ao desenvolvimento, podendo ocorrer, inclusive, antagonismo entre a propriedade dos residentes e as estratégias nacionais de desenvolvimento. Com isso estou apenas lembrando que uma gestão do capitalismo nem sempre precisa ser bisonhamente a favor e que o desenvolvimento é, antes de tudo, uma questão de poder e da correspondente barganha de vida e morte com os donos do dinheiro. Coisa de que o PT nunca teve a mais remota idéia e, por isso mesmo, com medo da própria sombra, renunciou a disputar a hegemonia nessa arena, e hoje vai carimbando, meio às cegas, uma espécie de linha de montagem de "reformas" e parcerias.

Mas preciso voltar a meu termo de comparação, a posição crítica mais confortável de quem não tem parte com o infeliz marxismo ocidental paulistano, ou coisa que o valha, como a aberração tão nossa de um marxismo de classe dominante, hoje ornamento crítico de uma sociedade pós-catástrofe, como se diz. Insisto que a comparação é arriscada; mas arriscada contra mim. Pois quem à esquerda encara a política como um governo da acumulação num espaço mundial assimétrico e polarizado, de sorte que as chances de um reordenamento nacional aumentem igualmente as possibilidades de crescimento e incorporação social, e mais decisivo ainda, sem a empulhação de apelar no processo para o socialismo e sua tradição reformista, certamente não estará nem aí para a gênese marxizante das idéias vencedoras à direita, nas quais nunca vira, aliás, outra coisa além do velho pedantismo de sempre. Não foi uma leitura mais rigorosa ou heterodoxa de *O capital* que, em absoluto, levou os universitários de São Paulo ao poder, mas um encarreiramento cuja orquestração de classe lhes facultou o ingresso em um estamento com vida própria e fatia específica nos negócios agenciados pela mão do Estado, a classe política cujo poder a era das privatizações exponenciou. Resta que os vencedores, a cada rodada desse jogo de poder, se esmeravam em reforçar

216 • Extinção

essa malandragem, alegando que acumulavam pontos a cada ilusão da esquerda que desenganavam. Até hoje passa por demonstração rotineira de inteligência desacreditar de saída de tudo que cheire a baboseira esquerdista. (Nada contra, mas acho que você está me entendendo.) Acumulavam pontos à direita, como se viu. É bem verdade que essa evocação me complica ainda mais a vida, o dar de ombros dos cariocas ante a desconversa marxológica dos novos aliados do capital vinha confirmar que seu criado aqui estava cometendo um tremendo disparate ao reconhecer sem mais na apologética de hoje as reviravoltas dialéticas de ontem. Na origem, o impulso crítico continuaria intacto e um grande futuro (mais um) correria ao encontro daqueles esquemas originais. Não foi o que se viu na última década: ficamos devendo o famoso passo totalizante, generalidades à parte. Ou ele se deu e era aquilo mesmo?

Fim de Fla-Flu. Ou melhor, prorrogação, só alguns acréscimos. Uma tal liberdade de juízo não estava ao meu alcance. Poderia até me dar ao desfrute de fazer uma análise bourdieurista do "campo" paulistano e sua acumulação de capital simbólico e meu lugarzinho de intermediário cultural no pedaço. Não iria me aliviar a barra. Continuo marxista ocidental, e ainda por cima com genoma frankfurtiano, pior, frankfurtiano de esquerda. Mais uma vez, sinta o drama, o drama da dupla fidelidade: como brasileiro, a passagem da colônia à nação continua imperativa, mas, no fundo, no fundo, não dá, nunca deu, para confiar em desenvolvimento, com ou sem mito. Por isso o desfecho entre *dark* e apologético – ainda que indiretamente apologético, como diria o arquidefunto Lukács, em que se comprazem meus queridos colegas e hóspedes do Grande Hotel Abismo, de qualquer modo razoavelmente bem instalados na rotina de desenganar uma suposta fábrica esquerdista de ilusões – algo tem a ver, e não pouco, com aquela Minidialética da Ilustração Paulistana. Sem falar, muito banalmente, aliás, que não se passa impunemente oito anos, se não justificando, pelo menos procurando circunstâncias atenuantes para o injustificável, de preferência implacavelmente materialistas – haja coragem e independência. (Entre parênteses: agradeço a alusão, mas quem sou eu para receber um Recado do Morro, consulte os devidos gigantes.) De qualquer forma, em algum momento, em algum lugar, algo deu errado. Simplesmente não dá para dizer que não deu. O que parecia Teoria Crítica revelou-se teoria tradicional, simples assim. Em tempo: quando se enuncia qualquer teorema que integre a Dialética do Esclarecimento, não há como desimplicar o sujeito da enunciação. Curiosamente, tanto o Descontrucionismo como a Teoria da Ação Comunicativa montaram seus respectivos negócios e franquias explorando essa contradição, que é tão forte que chega a ser banal.

E o que saiu de cena e nos impediu de pensar?
Se seu comentário procede, estou vendo que vou ter que me reexplicar. Voltemos à extinção da inteligência dos inteligentes. Tanto faz se cardosistas ou lulistas, graúdos ou miúdos, a vala é comum, a alternância é a do sempre igual, a hegemonia ora incha, ora emagrece, mas é a de sempre, a viagem é redonda, como diria Raymundo Faoro. (Por favor, faça-me a caridade de verificar que no indigitado ensaio de abertura do livro, tendo como pano de fundo a contra-revolução preventiva em curso no mundo do capital, procurei emendar a inteligência estúpida dos bem informados no topo da barganha custo-benefício a que se resume toda a baboseira da utopia do possível, na pulverização privatista do discernimento social no mundo do trabalho.) Recomecemos pelo Febeapá que procurei dicionarizar, e o repertório poderia se estender ao mundo-provérbio do capitalismo lulista. A novidade é que os cocorocas da predileção de Stanislaw Ponte Preta provinham então da fina flor da inteligência estabelecida. O desastre social não se abateu pelas mãos

218 • Extinção

de desclassificados como Menem e Fujimori, mas por um primeiro time de intelectuais e assemelhados. A comissão de frente materialista do refrão "não há alternativa". O buraco negro do pensamento já começa nesse grau zero de imaginação. Não é pouca coisa a chuva de estereótipos, o realejo de clichês da parte das mais sutis e avançadas inteligências. Do tipo "se aumentar o mínimo, quebra a Previdência", acho que este nos acompanhará até a próxima glaciação. Outro lance característico, a curiosa excepcionalidade da periferia. Se até um astro *pop* filosofa sobre a marcha das utopias é porque devemos ser uma ilha de racionalidade em processo, enquanto o resto do mundo afunda com o colapso da modernização, descontados os poucos oásis de civilidade em que o capitalismo parece que deu certo – a sociedade funciona, os trens chegam no horário, as vendedoras de lojas de departamentos recordam os bons modos de uma Guermantes, convenhamos, o mundo não vai tão mal assim, há avanços muito positivos do esforço civilizatório, sem embargo da falta de alternativas, etc. etc.

O eclipse do pensamento se exprime no automatismo desses estereótipos do dia, no geral adiantadinhos, na onda de todas as superações e quebras de barreiras, somatório de clichês de uma "sociedade de risco" em pleno deslanche, por isso proteção social é encosto. É nesse mingau que foi ficando cada vez mais difícil distinguir os juízos peremptórios dos "marxistas distraídos" (veja o livro) e as idéias feitas encontráveis em qualquer almanaque da globalização acerca dos constrangimentos sistêmicos de toda sorte, algo como uma cosmogonia da asneira com legendas em português progressista. Estou chegando a sua questão. O ponto é que o juízo de atribuição da desgraça social corrente à inexorabilidade de uma causalidade sistêmica, compartilhada por marxistas invulgares e idiotas da globalização, não é de modo algum uma inferência cognitiva. Na opinião de um psicanalista francês, num caso como esse em que a crassa asneira assinala a suspensão da faculdade de julgar, seria mais apropriado falar de uma estratégia psicológica defensiva, graças à qual, escorada em clichês deterministas – pode ser esta uma das chaves da comodidade propiciada pelo fetichismo –, vai se cristalizando algo como uma convivência normalizadora com o horror econômico já naturalizado previamente. O ajuste intelectual tucano-petista é a incorporação da estupidez marxista-progressista ao atual consentimento coletivo na injustiça e no sofrimento das populações, na expansão da tolerância com o intolerável, conforme foi se avolumando a maré sinistra das vulnerabilidades. Quantos "sacos de maldades" foram abertos de lá para cá? É clássico, como diria o outro: desde os gregos se reconhece o compadrio entre maldade e estupidez, mas a estupidez da normalidade social sem pensamento, no suplemento fulminante de Hannah Arendt não acreditando no que via, que Eichmann fosse apenas uma inteligência em perfeito estado falando por lugares-comuns. A estupidez cresce no buraco deixado pela ausência de pensamento de nossos inteligentérrimos. Ela é cruel, socialmente cruel, restando pesquisar o que saiu de cena, o essencial que nos fazia pensar, entendendo por pensamento uma espécie de regulação silenciosa que se persegue para evitar a contradição, a exceção para si mesmo. Para pensar é preciso fazer sociedade, alargar socialmente sua faculdade de julgar de modo que outros pensem em sua própria cabeça – é Kant, mas também é Brecht.

Algo que na experiência brasileira nos fazia pensar foi definhando, estancou a imaginação e abriu as comportas da idiotia triunfante e bem pensante. É só reparar nas falas familiares com que os de cima vão se irresponsabilizando socialmente no vocabulário da moda, como se pode ver até cegar num filme espantoso, inclusive pela ambivalência, como *Cronicamente inviável*. Formou-se um bloco histórico da crueldade social. A capacidade de julgar e refletir por si mesmo, que no vértice superior se eclip-

220 • Extinção

sou sob a capa do mais crasso cinismo – é assim, e ponto – e na base é mero embotamento defensivo, uma falta de juízo que anula a vontade de agir coletivamente diante da experiência bruta do sofrimento, da desgraça que se inflige aos outros, enquanto é atribuída a uma calamidade sistêmica sem eira nem beira. O autor francês mencionado atrás dá mais uma volta no parafuso na procura da junção material entre a banalização da injustiça social e a desnecessidade do pensamento até esbarrar, em sua prática clínica, na evidência de que é pela mediação do sofrimento no destroçado mundo do trabalho que afinal se forma, mais do que o consentimento, a *colaboração* com o serviço sujo da exploração. Sublinhe *colaboração* – não estamos brincando. À normopatia da ausência de pensamento no cumprimento estereotipado de suas funções de "governança" da atual máquina capitalista de moer corresponde uma análoga ordem unida da colaboração na eliminação dos retardatários numa sociedade de duas velocidades. A mesma colaboração do civilizado povo alemão naquilo que se sabe, sem falar na dos países ocupados. Com todas as ressalvas mais do que óbvias, não estava abusando da careta assustadora, fazendo número fora de hora, quando comecei pela revelação da estupidez da inteligência no Terceiro Reich, segundo Adorno e Horkheimer. Um triunfalista da geoeconomia turbinada como Luttwack também não está apelando quando explica que o fascismo é a onda do futuro. Era isso que você tinha em mente quando sugeriu um exagero retórico? Se não, se o fim de linha é com certeza outro, não custa lembrar como as coisas começam. A performance do brilhante economista a respeito dos interesses objetivos dos cervejeiros bávaros e a conseqüente impossibilidade do fascismo no Ocidente levou nossos dois filósofos à certidão ancestral de nascimento da estupidez inteligente, a medida do razoável na troca mercantil de equivalentes, ultrapassada tão logo o poder deixa de obedecer à regra do jogo e passa à apropriação imediata.

Mas nosso apagão é bem distinto da tragédia nazista. Você parece anunciar uma catástrofe maior do que aquela oferecida por nosso suave fiasco histórico em que, afinal, nada acontece.

De fato, não é uma catástrofe frankfurtiana. "Nosso suave fiasco histórico em que, afinal, nada acontece." Gostei de sua fórmula. Vamos inverter os papéis. Acabei de ler seu *Chico Buarque*, mera coincidência. A propósito, fiasco é uma expressão traiçoeira, herda um pouco da síndrome carcomida do Brasil país-errado, como dizia o grande coió Martins de Almeida. Evoca o vexame, o papelão diante do mundo lá fora, ou, em versão bossa nova, a promessa de felicidade que o nosso paraíso musical ainda está devendo ao mundo. Estou sendo injusto, sei que você não pensa assim. Quem sabe o correto *low profile* de seu personagem não contaminou um pouco o livro, são de fato "suaves" os tons em que se apresentam os sem-número de variações do tema recorrente "colapso de um projeto nacional". Veja como é forte a tentação, mal e mal eu também o acompanho "vagando sobre escombros", num país insolvente, esquecido de si mesmo, à beira da anomia social, perdido o fio e o prumo... n vezes "inviabilizado", outra palavrinha traiçoeira com a qual aliás joga o tempo todo o filme de Sérgio Bianchi. É verdade que você distingue com nitidez o regozijo caetanista, de quem se deu bem no remelexo dessa desagregação toda, do discreto e persistente mal-estar de seu objeto de estudo. É tudo muito em surdina, confesso que preferia a estridência de suas crônicas sobre televisão, e não pelo gosto do grotesco pelo grotesco. Em confronto, o desmanche do Chico é muito estilizado, quase bom-moço. Mas não é este o ponto onde quero chegar te entrevistando. Também estou procurando identificar o vetor desagregador de todas essas mudanças, como você diz. Não é de hoje a sensação de que o país anda em círculos, quando não se estafa e sacrifica uma geração inteira justamente para não retroceder. A sensação, segundo você, de que algo anda sem

222 • Extinção

sair do lugar, figurada nas canções de Chico Buarque, entra em cena, para citar dois modelos extremos, no enorme girar em falso entre animação e fastio identificado por Roberto Schwarz na hélice que empurra a narrativa machadiana em direção a coisa nenhuma, nulidade, porém, de uma classe proprietária confortavelmente instalada entre dois mundos, e culmina no movimento delirante de *Cidade de Deus* (o romance de Paulo Lins, não o filme!), que também não leva a lugar algum, como me lembro de Vilma Areas ter comentado, referindo-se a um poder neutralizador dos esforços tanto lícitos quanto ilícitos dos pobres para mudar de situação, ali também as coisas não andam e nada acontece. Tudo isso é verdade, e otimamente bem achado, e mais bem ainda formulado. Mesmo assim, fico pensando. Quanto aos artistas e sua função sismográfica, tudo bem, mas e nós? O país está entrando em sua terceira década perdida, quase uma geração, e o melhor de nossa crítica, uma vez enunciado esse teorema crucial, por sua vez, parece que passou a andar em círculo, mimetizando as obras comentadas. Não me pergunte o que fazer, que não sou bobo assim a ponto de responder sem mais essa ou aquela.

Ou por outra, quem sabe com a mão de gato do outro Chico – o de Oliveira, o Homem do Ornitorrinco. Acho que com o esquema dele levamos alguma chance de sair desse redemoinho conceitual em que rodopia "nosso suave fiasco histórico". É certo que a evocação de tal bichinho anômalo é o derradeiro tributo que esse Chico de agora ainda presta aos antigos esquemas de emparelhamento na escala evolutiva das nações. Mas só. A sociedade derrotada do outro Chico – o Buarque – também comparece, mas a cena agora é escancaradamente materialista e as coisas pelo menos mudam de lugar. A começar pelo entorse cavalar na tradição crítica do Brasil-em-construção, sem jogar fora, digamos, suas conquistas, submetidas a uma triagem das mais drásticas. O tal colapso deixa de ser um naufrágio na praia,

Fim de jogo • 223

uma desconexão imerecida, para exprimir uma integração total, perversa a mais não poder, porém sem resto. O "nosso" trabalho informal em metástase anuncia o futuro do setor formal mundo afora, está aqui um dos grandes laboratórios em que a Terceira Revolução Industrial, regime financeiro da acumulação etc. precipitaram a universalização de trabalho abstrato. Num artigo recente, Mike Davis descreveu esse panorama avassalador como um mundo-favela atravessado pelo tumulto de um gigantesco proletariado informal. Tudo isso em linha com a versão crítica (pois há uma apologética) da tese da brasilianização do mundo, algo como a extensão planetária de nossa fratura. Peço licença para uma declaração: tirei a sorte grande, o ensaio do Chico de Oliveira apresenta o fundamento materialista que um estudo a respeito desse mesmo fenômeno da brasilianização do mundo (lá no miolo do livro) ficara devendo. Espero conseguir sugerir que a questão de saber se somos ou não "viáveis" não faz mais o menor sentido. Que mesmo a idéia substantiva de desenvolvimento supõe um quadro de normalidade capitalista que tampouco resiste ao menor teste de realidade, que o digam as horrendas sociedades que são as máquinas chinesa e indiana de crescimento. Vivemos em um estado de emergência econômica permanente, não é por nada que lá no centro do mundo volta e meia alguém proclama que o planeta está maduro para uma nova recolonização, dos territórios relevantes, é claro. No resumo de Leda Paulani, a melhor imagem desse "admirável mundo novo do trabalho" (Ulrich Beck) é a da brasileiríssima empregada doméstica vivendo da mão para a boca, sem registro e direitos quase nenhum, jornada de trabalho elástica e indefinível, porém proprietária de um celular. Novamente não me pergunte o que fazer. Só sei que a base de uma nova política é essa ou então é melhor falar de outra coisa.

Há um porém paradoxal nisso tudo, que não posso deixar passar, pois lança outra luz sobre nosso ponto de partida: a ausência de pensamento no bloco dominante da crueldade social, o núcleo duro, esse sim, da estupidez inteligente que resplandece na nova classe identificada pela zoologia fantástica de Chico de Oliveira. Até onde sei, foi Roberto Scwharz o primeiro a reparar nessa idiossincrasia do argumento do Ornitorrinco que estou evocando. Curiosamente, no raciocínio materialista do Chico de Oliveira, consciência e decisões racionais ocupam um lugar central, em detrimento dos mecanismos cegos dos interesses em conflito. Assim, no tempo em que éramos subdesenvolvidos, a prova de que a transformação social era possível acabou sendo oferecida pela escolha dos dominantes de uma posição subalterna, porém protegida pelo escudo do imperialismo. Se a porta se fechou foi porque estava aberta também para uma outra direção. O posterior ajuste intelectual simplesmente "escolheu" mais tarde essa mesmíssima escolha, passivamente, porém com uma tremenda "consciência". Em 1964 começamos a perder nossa capacidade de autogoverno. Quando nos transformamos em Ornitorrinco, esvaiu-se o último rastro de consciência, perdemos de vez nossa capacidade de "seleção". Tornada meramente instrumental, tudo se passa como se a consciência em extinção fosse apenas o lubrificante de uma integração sistêmica maior. E, no entanto, o mesmo Chico continua confiando na hora do auto-esclarecimento promovido pela consciência dos direitos do antivalor, quer dizer, que uma sociedade de classes não perca definitivamente a memória de que trabalho, terra, moeda e, agora, informação são falsas mercadorias. Por outro lado, não podemos deixar de perceber que uma sociedade-ornitorrinco é um organismo que irrefletidamente apenas funciona, é daí, em suma, que jorra a brutal inteligência asnática integrada de que estávamos falando.

O PT mobilizou durante duas décadas uma energia social pela mudança que agora, no poder, está tratando de frustrar. A ressaca que começa a pipocar na esquerda é de que tamanho?

A ressaca para a esquerda não foi tão destrutiva como se temia, estão quase todos vivos, embora a ficha de cada um deva cair em seu devido tempo. Mas houve uma outra ressaca, que seria bom agora desencavar, um momento que o PIB negativo e suas seqüelas apagaram da memória. Os mais bisonhos, quando se recordam, ainda falam em momento mágico, mas seria muito mais prudente denominar "desrecalque localista". E que ainda pode voltar, pois se trata de uma percepção pública perfeitamente administrável por um bom *marketing*. Lembro que há meio século Antonio Candido assim batizou a redenção, pela impregnação da sensibilidade cultivada local pelos valores da modernidade artística e cultural, a reabilitação dos componentes mais vexatórios e, por isso mesmo, mais recalcados de nossa nacionalidade tida como primitiva. Pois o movimento que culminou na eleição de Lula pode ser encarado como um desrecalque dessa mesma ordem, porém de um alcance "localista" praticamente do tamanho do Brasil profundo, e não tão profundo assim. Os profundérrimos de plantão encheram a boca com aquelas besteiras que brotam do fundo da alma. O Ornitorrinco começou a devanear, o animalzinho simpático. Foi um tal de matar as saudades do Brasil, de voltar a gostar do Brasil, de redescobrir a poética das formações incompletas, o charme inconfundível das sociedades felizmente mal-acabadas. Bem-aventuradas ambivalências das quais nem Freud desconfiava. *Remakes* de alvoradas no morro, compositores vestidos de branco como anjos do tempo e da paciência. Como os milagres acontecem, éramos de novo uma sociedade nacional. Mas quem anunciava essa nova procissão de milagres era a mesmíssima elite em estado de secessão, rentista e dolarizada, embalada pelas novas promessas de um capitalismo de fundos de pensão. Desrecalque de alívio. O não-acontecimento de uma ruptura que nunca estivera nos planos de ninguém, outro suave fiasco, esse realmente histórico. Milagre que ressuscitou até a "por-

226 • Extinção

tentosa oficina" de Euclides da Cunha. O próprio Deus, em pessoa, voltando naturalmente a ser brasileiro, redescobriu a complexidade do mundo, como um supertucano. Abortara afinal a cultura da reclamação. Entrava em cena triunfalmente um outro Febeapá, paródia involuntária, decalque requentado do lado mais pegajoso do Modernismo, o que for. Obviamente, contraponto ao frenesi guerreiro dos calvinistas do Norte. Dá para medir o tamanho do respiro pelas comparações cretinas recorrentes. Na Venezuela, a gesticulação de um bufão deflagrara uma contra-revolução, assim sem mais. Na vizinha Argentina, o vírus populista do ressentimento consumira as derradeiras energias da nação. O Brasil se transformara enfim em uma ONG torrencial. Vamos ver a quem será apresentada a conta.

Aliás, sabe-se até bem demais. Como a economia nacional resume-se hoje ao serviço da dívida para assegurar a renda mínima do capital (João Sayad), o qual obviamente – o capital, não o João – não tem o menor interesse que ela algum dia seja realmente paga, seria o caso até de processar o Estado por lucros cessantes, deu-se a progressiva terceirização de funções do Estado por uma fauna de ONGs, ressalvadas as boas almas de praxe. Verdadeiras máquinas de sucção e repasse de recursos, e tome informalização do trabalho etc. Tudo isso é sabido, não é de hoje que o sopão do Terceiro Setor vem sendo engrossado por patronesses ao lado de cooperativas de fachada, banqueiros-cidadãos, corretores de inclusão social e por aí afora, nessa nova fronteira de negócios. Mas o principal benefício é, sobretudo, ideológico. A barafunda mental disseminada pela parolagem da responsabilidade social e outros malabarismos de *marketing*. Eficácia ideológica assegurada por uma linguagem híbrida, por um novo jargão da autenticidade. A expressão foi empregada por Adorno quando notou, na Alemanha restaurada, que funcionários públicos, pastores de igrejas, animadores de associações recreativas, executivos e políticos, sem falar nos

Fim de jogo • 227

oráculos da indústria cultural, estavam falando uma língua geral cujo tronco comum descendia de um difuso existencialismo de massa. Hoje as "errâncias" são raras, mas a fome de transcendência parece ter voltado com força total com o renascimento da "sociedade civil". Medida profilática de higiene política: todo dia ao se levantar, prometer não empregar a dita-cuja e seus derivados e similares. Como isso ainda é remoto no Brasil, mas não sua aura, deixo de lado outra dimensão-chave do Terceiro Setor, o negócio "humanitário" e os "campos" que vai semeando mundo afora nas fronteiras sinistradas do novo imperialismo. Foi nesse terreno que, no fim dos anos 70, a nova esquerda, hoje nova direita, começou a embarcar na era da emergência – e emergência como sucedâneo da ultrapassada política do confronto, movida a ressentimento e outras paixões tristes. O novo espírito do capitalismo mora nesse jargão da autenticidade empresarial-cidadã, gerada pelo acasalamento entre o novo *management* flexível (e seu cortejo de barbaridades que levam à loucura o que restou do mundo do trabalho) e as sobras ritualizadas do ideário de 1968, a derradeira isca a pôr de joelhos a esquerda agradecida.

Escaldado pela derrota de 1989, o PT já pegou o bonde andando. Aos poucos o encaixe foi se tornando perfeito. Quando alguns distraídos abriram os olhos, CUT e BankBoston já estavam namorando firme. O Banco Central foi apenas mais uma parceria. A novidade, visível, por exemplo, na atual cinematografia onguista, consiste na maneira pela qual o acervo do desrecalque localista do momento injetou matéria brasileira estilizada no jargão da autenticidade que circula entre as classes confortáveis do país e do mundo, e logo estará chegando à doméstica de celular por meio da novela e do *marketing* interativo. Quando o populismo lulista precisar arregaçar as mangas em defesa do espólio recente, pelo menos a linguagem já estará prontinha da silva. É o que lhe resta. Mais as bolsas isso e aquilo padrão Banco Mundial. Como de desenvolvimento o PT nunca ouviu falar, tanto que deixou sitiarem o velho Banco do Largo da Carioca, e a macroeconomia, outra enjeitada, ficou com seus donos de sempre, sobrou para oferecer ao distinto público, como prata da casa, a figura do "operador" de Palácio e Congresso, mas este qualquer bicheiro derruba, em geral, a pedidos.

UM INTELECTUAL DESTRUTIVO

Entrevista à Cult, *em agosto de 2004*

Durante toda sua trajetória, sua atuação sempre se manteve discreta, ocupando o espaço esperado de um acadêmico brasileiro. Em seu caso, de um intelectual marxista. Hoje, seu papel está próximo do que poderíamos chamar de ativismo, fazendo da filosofia um esporte de combate, para parafrasear Pierre Bourdieu, que, nos últimos anos, dá um salto do trabalho exclusivamente acadêmico para o engajamento "em tempo integral". Isto é, fora da esfera partidária, institucional. De que maneira, em seu caso, é possível explicar essa passagem, do intelectual "ajustado" ao desajuste, uma passagem que resulta na exposição pública e no rompimento com colegas e membros de sua geração?

Não sei se é bem assim como você descreve. De qualquer modo, não foi de caso pensado, essas coisas não se programam. Independentemente de me encaixar ou não no perfil que você está sugerindo, não deixa de ser curioso esse inesperado contraponto entre o intelectual discreto e o ativismo filosófico como esporte radical. Um adorniano de carteirinha tenderia a concordar com você, porém à minha custa. Diria que eu teria feito bem melhor se tivesse ficado quieto em meu canto, como se diz em bom português, que, traduzido na língua de Adorno, soaria mais ou menos assim: quer dar provas de solidariedade? Pois então, por uma simples questão de pudor diante do desastre, recomenda-se a mais inviolável discrição; não se envolva, que, numa sociedade totalmente administrada, não há mais nada inofensivo, até mesmo o uso público da razão periga converter-se em colaboração, participação na injustiça, reafirmação da sociedade em seu confortável horror terminal. Agora, cá entre nós, você há de convir que uma figura intelectual assim no Brasil, por ser uma total impossibilidade, seria um escândalo explosivo. Embora seja encarado com a maior naturalidade o disparate inverso: com a mesma implacável consciência da negatividade recomendada por Adorno, vai-se apoiando governo ("reforma" disso ou daquilo etc.) tudo que não faça muita marola, pois o pior sempre anda à espreita. Pois voltando ao salto participante que você concretamente me atribui, salto para além do discreto recinto fechado, porém exigentíssimo, do marxismo cultural: num mundo assim sem alternativas, nada mais pateticamente ridículo do que uma tal conversão ao engajamento integral, além do mais temporão. Em suma, teria feito melhor continuando discretamente a distância. Como ativista, corro o risco de me tornar mais um atarefado empreendedor de iniciativas em geral. Tendo a concordar, não sem antes lembrar que Adorno não esquecia de acrescentar que os campeões do distanciamento máximo no geral costumam tomar-se por biscoitos de melhor farinha e utilizar sua intratável crítica da sociedade como ingrediente a mais de uma trajetória elegante e discreta.

Não são firulas, mas uma tradução plausível do prisma pelo qual você me vê, para mim em todo o caso surpreendente, pois me considero um intelectual brasileiro até que bastante normal. Isso mesmo, para variar pau para toda obra e quase sempre empenhado. Para ser historicamente mais exato, intelectual no Brasil está sempre empenhado nalguma construção nacional, imaginária ou real, porém sob constante ameaça de interrupção e reversão colonial. A novidade tremenda é que pela primeira vez os da minha tribo, progressistas e marxisantes, inverteram o sinal desse empenho construtivo atávico, passando a cavalgar com o deslumbramento de todo arrivista a onda mundial das desintegrações que se sabe. Todavia, a alegação não muda; aliás, não muda nunca, estamos sempre às voltas com alguma atualização faltante, um derradeiro nicho de hiberismo a ocidentalizar. Nessa hora, quem desce do bonde é tachado de... frankfurtiano, apocalíptico, ou coisa que o valha, o que não deixa de ter sua graça, à vista da evocação de há pouco.

Dito isso, posso até admitir que tenha mudado de registro. Seria mais correto falar em alternância, o que me devolveria à vala comum de meus confrades, ora céticos a mais não poder, para logo adiante serem tomados por alguma mania construtiva – hoje, o sarampo do dia é declarar-se republicano a três por dois. Antes que você me peça para não continuar despistando, volto ao trilho. Pensando bem, num figurino para seu perfil, talvez fosse o caso de evocar o "radical de ocasião", retratado faz tempo por Antonio Candido. Um tipo bem classe média, a mil léguas do revolucionário militante, como se dizia antigamente. Um personagem no geral conformado e espremido entre os donos do mundo e os despossuídos, por isso mesmo oscilante, e que, no entanto, acossado por alguma circunstância escandalosa, pelo descalabro ou injustiça atroz, interrompe seus passeios na Ilha – não a do Caribe, mas a outra, com a qual também sonham os engajados, até os mais agudos participantes, a ilha imaginada por Drummond, escaldado pelas barbaridades da linha justa de seu tempo – e se volta contra a inteira ordem social, que então lhe aparece, sem apelação ou defesa possível, como uma construção desesperadamente errada. Assim, um desfrutável dândi como João do Rio, reagindo à notícia do massacre do Domingo Sangrento, estopim da Revolução Russa de 1905. Como é da natureza desses surtos radicais não se emendarem uns nos outros, encerrado o episódio deflagrador, nosso personagem aquieta-se novamente às margens da ordem. Como Nabuco, depois da Abolição. Outro traço característico desse tipo de intelectual é, por vezes, funcionar como precursor de uma reviravolta social da qual não faz a menor idéia e que talvez seja incapaz de reconhecer se porventura topar um dia com tal maremoto. Ele nunca sabe se tem ou não a História a seu favor, aliás nem cuida disso, daí a multiplicidade de suas fidelidades circunstanciais. Por fim, o radical de ocasião se explica pelo colossal conservadorismo da sociedade brasileira, uma muralha de dominação praticamente sem brecha, salvo, justamente, essas traições de classe ocasionais.

Os tempos mudaram, mas nem tanto; para variar a brutalidade dessa ordem desigualitária sem remissão se apresenta na roupagem familiar da modernidade galopante. Aqui entramos nós, quer dizer, se esse modelo atende a seu golpe de vista. A ocasião que faz o radical de agora é o escândalo de o novo espírito do capitalismo local corresponder à letra da fina marxologia aqui do pedaço. Abreviando, é claro, nem a onda mental legitimadora da acumulação é exclusividade local, nem a glamorização da economia de mercado é de exclusiva responsabilidade das idiossincrasias de uma certa tradição marxista que chegou ao poder alegando uma intimidade privilegiada e esclarecida com a dinâmica da globalização. Não me parece ser o caso de voltar mais uma vez a essa aberração, um original marxismo ocidental de classe dominante, algo como o ornamento crítico de uma sociedade pós-catástrofe. Quando mencionei o fato, numa entrevista nesta mesma publicação, em setembro de 2002, ainda faltava se completar o quadro, a reunificação do Partido Intelectual, quando à mistura tucana de inteligência paulista e altas privatizações veio juntar-se finalmente a outra metade da laranja, os orgânicos do lulismo, uma parceria e tanto. Novamente sem brecha. Precisamos de uma outra teoria crítica para lidar com esse bicho assustador de sete cabeças. Na falta de, os Joões do Rio vão explodindo como podem, viram militantes imaginários.

Arremato lembrando que um radical, mesmo de ocasião, não se faz da noite para o dia, muito embora essa libertação ocasional seja um estouro que pode, aliás, muito bem ser discreto, demanda toda uma educação sentimental às avessas. Explico-me, pensando em minha antiga profissão de filósofo uspiano, já um pouco desviante – pelo simples fato de me interessar pelo sistema de alienações produtivas que resultaram da aclimatação brasileira da cultura filosófica européia. Havia naquilo muita impertinência em mais de um sentido. Quando me dei conta, o pacto das formações nacionais fora rompido, um certo decoro na descrição daquelas alienações que beiravam a paródia fora desacatado, algo como a etiqueta da construção nacional não fora observado, o mandamento de juntar seu tijolinho e, sobretudo, não escarnecer das "capacidades" da pátria. Tomado o impulso, o choque era questão de tempo. A ocasião veio com o Febeapá da nova esquerda ajustada.

O que é um intelectual destrutivo?

Vou me fazer de desentendido. Goethe, Hegel e Thomas Mann diriam que é o diabo em pessoa, afinal o intelectual propriamente dito, dispensando assim o qualitativo, por redundante. Mas isso são tempos idos, em que a negação demoníaca removia o entulho no caminho, em que o processo real carregava consigo a norma de sua própria superação. Quando veio o colapso da civilização liberal-capitalista, iluminado pelo apocalipse nazista, alguém observou que ainda falar àquela altura em negação superadora já era uma indecência. Tampouco esses mesmos observadores se deixaram ofuscar pelo consenso keynesiano do pós-guerra. Pelas razões opostas, os neoliberais no ostracismo também, só que venceram, trinta anos depois. Era preciso muita cegueira para não ver na afluência das economias centrais um pacto diabólico, dessa vez entre o Capital e a Bomba. O pleno emprego se foi para sempre, porém os pactários continuam por aí, contrato na mão. Alguma surpresa com a chegada do terrorismo? É um amigo da casa, por isso veio para ficar. O elo mais fraco da cadeia imperialista hoje é o homem-bomba, no qual se encarnou o programa suicida do capitalismo. Por enquanto é matéria de especulação: e se ele for o último intelectual? Pano rápido. Bar de chope bem brasileiro: se alguém lhe disser, crítica só construtiva: cena de sangue num bar da avenida São João.

A CULTURA DO EXCESSO

Entrevista ao Brasil de Fato, *em maio de 2004*

Com o fim da chamada Guerra Fria e com a primeira Guerra do Golfo (1991), os Estados Unidos deixaram claro para o mundo todo que haviam conquistado poder desproporcional: um verdadeiro império global. De lá para cá, as guerras se multiplicam em todos os continentes (Kosovo, Colômbia, Afeganistão, Iraque etc.) e foram intensificadas depois do 11 de Setembro. Houve também a intensificação das guerras civis nos países pobres. Enquanto o império não for ao menos questionado internacionalmente, estamos todos fadados a viver em guerra generalizada e crescente?

Você disse bem, "poder desproporcional". Se quisermos entender alguma coisa do atual estado do mundo, devemos começar por essa desmedida que caracteriza a potência militar norte-americana. Não por acaso, José Luís Fiori, numa entrevista recente[1], também sublinhou esse aspecto, a ausência de limites no exercício desse poder global inédito na história, como se o uso excessivo da força tivesse se tornado uma característica das políticas de Estado hoje em dia, a começar pelo mais colossal deles, acrescido do fato, nesse último caso, que esse poder excessivo não gera equilíbrio: pode-se destruir um país como o

---

[1] "Fiori mostra crise no governo dos EUA", *Brasil de Fato*, n. 63, 13 a 19 de maio de 2004.

Iraque sem saber muito bem o que fazer depois. Em tempo: se fosse simplesmente por petróleo, bastava suspender o embargo e tocar os negócios, como sempre. Também não digo que não seja, e tudo indica que as guerras no futuro serão, sobretudo, por recursos – de água a terras agricultáveis. Mas o que salta aos olhos é a brutal desproporção entre meios e fins. Não foi nem uma nem duas vezes no Afeganistão e no Iraque, por exemplo, que uns tiros para o alto numa festa de casamento provocaram uma retaliação de fogo aéreo que lembra os bombardeios estratégicos da Segunda Guerra. Na base dessas retaliações desmedidas, as guerras atuais vão apodrecendo, evoluindo invariavelmente para pior. Faz tempo que vitória militar deixou de significar paz, mesmo em sua acepção negativa de cessação da violência. No horizonte de tudo isso, a desproporção de que estou falando, seguindo sua sugestão. E ela não é apenas a expressão de uma disparidade incomensurável e irreversível no domínio militar. É toda a sociedade capitalista global que está mergulhada em uma verdadeira cultura do excesso, cujo foco é sem dúvida o poder sem limites do capital vencedor, a assimetria que ele institui como norma. Há desproporcionalidade em tudo, a começar por uma guerra total contra uma tática, o terrorismo. Aliás, a atual doutrina norte-americana da guerra é a encarnação dessa desmedida de fundo de um poder cujo excesso na prepotência se traduz na procura do risco zero, a guerra sem baixa nas próprias fileiras tendo como contrapartida a morte banal e em massa de seus inimigos de turno, o que por sua vez trivializa e generaliza – outra desproporção maior – o recurso à violência militar. Poderia haver algo mais excessivo do que a declaração de uma guerra sem fim, sem nenhuma limitação no espaço e no tempo, travada em qualquer parte do globo e sem prazo para acabar? Maior desproporção entre meios e fins, repito, do que uma guerra sem objetivo definido porque tudo se tornou alvo potencial, fonte de ameaça? Proporcionalidade quer dizer também senso de medida, razoabilidade. Daí a violência irracional que o incomensurável e inalcançável poder militar norte-americano vai semeando pelo mundo, o paradoxo de uma hegemonia produtora de caos. Tanto mais paradoxal por se tratar de guerras travadas em nome da ordem.

Com isso chego, não sem tempo, à segunda parte de sua pergunta, a vida – se é que se pode falar assim – num ambiente de guerra permanente, num mundo orwelliano em que guerra é paz. Continuamos a empregar a mesma palavra, mas "guerra" mudou de sentido, por mais que o planejamento estratégico norte-americano alegue estar se preparando para vencer qualquer guerra clássica num futuro não tão remoto assim, inclusive colonizando o espaço cósmico, não se trata mais da mesma coisa que conhecemos na Idade Moderna. O estado de guerra permanente que se confunde hoje com o mundo do capitalismo vencedor não vai mais desaguar em uma guerra interimperialista entre formas rivais de acumulação, como nos conflitos passados em torno da hegemonia mundial. Não ignoro que o que estou dizendo é contra-intuitivo: estão aí o cisma do Ocidente ante a guerra do Iraque; o cerco geopolítico da Rússia e da China pelos Estados Unidos; a retomada do Grande Jogo na Ásia central; o dinheiro mundial, o dólar norte-americano, desafiado etc. Se for para raciocinar em termos clássicos, fico com o ultra-imperialismo de Karl Kautsky, com a diferença de que o governo do mundo pelos monopólios coordenados estaria encarnado no necessário poder desproporcional de um só país, que, portanto, atuaria privadamente na gestão do capitalismo global, inclusive como Estado rentista e ultraviolento, para continuarmos no reino dos superlativos, do excessivo.

Sei que estou lhe devendo uma explicação "materialista" para esse estado de coisas. Diria apenas o seguinte, e não sou o único a dizê-lo: a assim chamada guinada neoliberal se parece muito

238 • Extinção

com um novo regime de acumulação primitiva – veja a economia de pilhagem no Iraque ou as "privatizações" na periferia –, com seu natural cortejo de violência e guerra, afinal se trata de um novo processo de expropriação de coletividades e fundos públicos, só que dessa vez não estamos mais no limiar de coisa nenhuma, de um novo *take off* planetário, qualquer desempregado estrutural desconfia disso. É parte essencial desse cenário a reprivatização da guerra – lembre-se das antigas companhias mercantilistas coloniais e seus exércitos particulares. Vamos ao exemplo máximo: as Forças Armadas norte-americanas, hoje, são um corpo profissional de empreendedores com interesses próprios no *establishment* central, comandando uma tropa assalariada e, no geral, terceirizada, sem falar nos demais serviços de intendência. Só no Iraque ocupado, atuam em torno de 20 mil seguranças privados. Não exagero se concluir que o poder de fogo norte-americano é um poder mercenário a serviço dos interesses privados dos compadres de plantão na Casa Branca e nos serviços secretos adjacentes. Não se lutam mais as guerras da nação, como se dizia no antigo vocabulário cívico daquele país. Por isso, lembrei que a palavra guerra hoje quer dizer outra coisa. Sendo o Estado norte-americano, ao mesmo tempo, um Estado cujo negócio são os negócios e a maior empresa de segurança privada do mundo, podemos tirar nossas conclusões.

O governo e o exército dos Estados Unidos têm demonstrado claro desprezo por todas as instituições e tratados internacionais, inclusive com apoio de importantes países europeus, a ponto de noticiarmos recentemente a prática disseminada de tortura no Iraque e em Guantánamo. O fortalecimento da União Européia e o crescimento econômico da China, além de acordos entre esses blocos e países periféricos como o Brasil, representam um contraponto à lógica de guerra do império norte-americano ou a perspectiva possível de novas guerras entre os blocos continentais?

A cultura do excesso • 239

Vejo que me antecipei a sua segunda pergunta. Um "poder desproporcional" como o que acabamos de retratar não pode, por definição óbvia, se deixar amarrar por qualquer tratado ou convenção internacional que comprometa um milímetro que seja de sua liberdade de movimento. Um poder excedente assim é extralegal. Ou melhor, esse poder de fato é a própria norma. Uma constatação em linha com o poder de emitir a moeda financeira mundial tendo como lastro sua máquina de guerra. É verdade que esta é financiada pelos asiáticos, bem como o consumo do edifício rentista que se ergueu sobre ela. Só mesmo por um impulso suicida Japão e China tentariam quebrar os Estados Unidos. No entanto, não é menos verdade que o capitalismo hoje se parece cada vez mais com uma pulsão de morte planetária. Nada mais *insider* do que os vários ramos da família Bin Laden. Guerra entre blocos? Racha no Ocidente? Um complexo industrial-militar como o norte-americano, constituído ao longo dos trinta anos de crescimento do capitalismo desde 1945 (sem falar no keynesianismo militar dos anos Reagan), não está mais ao alcance de nenhum orçamento num futuro previsível do capitalismo. Proliferação nuclear é outra coisa, não é um sistema social coerentemente ordenado para a guerra, como o complexo sistema de armas norte-americano. A menos que consideremos a hipótese da guerra privada entre "blocos", entre as megamilícias das várias oligarquias regionais e seus clientes no mundo lúmpen internacional. Brasil contraponto geopolítico? Francamente.

Imediatamente depois do atentado de 11 de março, em Madri, e da retirada das tropas espanholas do Iraque, Israel passou a lançar mísseis contra líderes do Hamas, incentivando ainda mais o ódio contra os Estados israelense e norte-americano. Em que medida os novos atentados terroristas estatais e a política oficial do ódio subseqüente podem ser utilizados para aumentar o apoio, a popularidade e os votos em Israel, Estados Unidos etc.?

240 • Extinção

Novamente é como você diz, "política oficial do ódio", mas, levando-se em conta os novos atores não estatais que entraram em cena no mundo, seria melhor dizer "o ódio como política". Ao que parece, só o ódio mobiliza hoje. Bem no fundo do tacho, o que se vê é perdedores atirando contra perdedores, tanto nas zonas desconectadas do mundo como nos guetos da normalidade capitalista. No topo, todas as variantes dessa política oficial do ódio, que se expressa sobretudo no confronto com as populações sedentarizadas e confinadas em espaços literalmente sitiados – e não só no Oriente Médio. Alguém observou que o eclipse de uma alternativa pós-capitalista intensificou exponencialmente o ódio como vínculo social preponderante – se é que se pode falar assim. Como se, na ausência da regulação moral associada às idéias socialistas, as pessoas se sentissem livres para odiar, como num desrecalque coletivo, enfim descarregar em novas vítimas a expiação da crise. Às vezes penso que seria mais apropriado falar em desprezo e crueldade quando nos referimos ao sentimento de classe dos vencedores globais, exercido em um continuum que vai do trabalho atroz nas cadeias produtivas terceirizadas pelo mundo às prisões iraquianas. No olho do furacão, os territórios ocupados na Palestina. Continuamos a falar do mesmo princípio de desproporção, o ódio mora no coração do excesso que o define e na resposta a que estão condenados os que afrontam essa situação-limite de nosso tempo. Por isso já se disse muito bem que a fúria tranqüila dos homens-bomba se deve à percepção do equilíbrio a ser restaurado nessa assimetria do sofrimento. Mas isso não é política, quando muito a sanção de seu esgotamento. Em termos materialistas, ainda vivemos na préhistória e, por isso mesmo, não podemos excluir a hipótese de que ela se encerre sem superação com a aniquilação recíproca dos dois campos em luta.

A grande mídia sempre teve papel fundamental na legitimação da guerra imperial. A publicação, em grandes meios de comunica-

ção, de fotos nas quais soldados britânicos e norte-americanos torturam prisioneiros iraquianos significa um passo importante na desmistificação do discurso oficial da "guerra cirúrgica, democrática e até civilizada" do império ou é apenas uma jogada eleitoral efêmera dos opositores de Bush?

A imagem da tortura no Iraque certamente confiscará a aura de inocência que os Estados Unidos haviam recuperado no 11 de Setembro – desde o Vietnã, puderam pela primeira vez posar de vítimas com alguma verossimilhança. Mas não confiemos demais em um suposto desencanto social mais profundo. As revelações se deram à revelia da mídia, que se beneficiou de vazamentos deliberados por motivo de disputa de poder palaciana. Nada a ver com um esforço-cidadão como na Guerra do Vietnã. De lá pra cá só se aprofundou a invulnerabilidade do consumidor norte-americano – disposto a defender à bala seu direito de sugar todos os recursos do mundo –, à imagem da humilhação e do sofrimento dos homens supérfluos do planeta. Não nos esqueçamos de que foi o trauma provocado pela visão do atoleiro vietnamita que precipitou a mudança de rumo na origem do atual militarismo norte-americano, a começar pela transformação da guerra em um assunto de peritos contratados para tal fim. Bush não é uma anomalia na qual se tornou fácil demais bater. Só o cretinismo atávico das viúvas de Clinton – com especial destaque para a tucanagem brasileira – explica a cegueira para o buraco negro da globalização, com ou sem sociedade civil mundial e outras baboseiras. A saber, que a abertura do mundo para o livre movimento do capital exige um equivalente controle total de segurança dos fluxos de extração de mais-valia mundo afora, cuja gama disciplinar culmina no estado de guerra permanente de que estávamos falando. Pois foi nos anos Clinton que a política da "guerra humanitária" se alastrou. A mudança em série de regime, planejada para o Oriente Médio pela administração Bush, vai na

242 • Extinção

mesmíssima direção. Multilateralistas e unilateralistas divergem apenas quanto aos meios para o mesmo fim ultra-imperialista. Em nenhum momento do patético debate que antecedeu a invasão do Iraque alguém se referiu ao que todos sem exceção vinham fazendo com a população iraquiana nos últimos dez anos de embargo e bombardeio rotineiro – como sempre, tudo em nome da famigerada comunidade internacional.

Em 22 de maio, Bill Clinton em pessoa, passando por São Paulo para a inauguração de mais uma butique do circuito Elizabeth Arden de governança global, cometeu como sempre um ato falho desses que dizem tudo. Declarou sem maiores considerações que a guerra do Iraque não era sobre imperialismo e petróleo, mas sobre unilateralismo e cooperação. Ou seja, quanto ao primeiro ponto estamos de acordo, o que está em discussão – entre os cachorros grandes e não, obviamente, entre os *poodles* do auditório local – é se formamos um cartel ou não. Essa a substância do humanismo militar consagrado pelos juristas e filósofos da era Clinton – que por certo virão requentar sua marmita nos desfiles da referida butique.

O governo brasileiro sempre se manifestou contra a guerra do Iraque e contra qualquer intervenção armada que ferisse a soberania de outros povos. O interesse de colaboração da polícia brasileira, com as ações militares do governo colombiano e o envio de tropas brasileiras para o Haiti, ambas intervenções coordenadas claramente pelos Estados Unidos, representa um retrocesso em relação à postura inicialmente tomada por Lula?

A essa altura já estou começando a achar que insistir em entrevistas sobre o governo Lula é gastar vela com mau defunto. Vamos deixá-lo morrer em paz e cuidar da vida. Por isso, deixemos de falar de algo que não existe – e que a mídia costuma chamar de governo Lula – para estudar com lupa e muita luta social o interregno assegurado por uma administração interina que em 2006 devolverá (civilizadamente, é claro) o poder a seus donos, detentores do *copyright* do roteiro original acerca da plataforma de valorização financeira e exportação de *commodities* em que nos transformaram. Se é para reinventar, ou reencontrar, a esquerda, está na hora de mudar o disco.

Quais iniciativas devem tomar os movimentos sociais brasileiros, visando a multiplicar a resistência tanto do governo nacional como da população em relação ao estado de sítio global financeiro e militar promovido pelo império em todas as regiões do mundo, principalmente nas mais pobres?

O que fazer? Só diria se fosse paranóico. Salvo, é claro, o que é da obrigação elementar de um socialista, e cada um sabe da sua. Mas, com certeza, não basta recomeçar pelas boas verdades de sempre, e sim pelas coisas novas e ruins. Uma coisa ruim, mas não tão nova assim, e que tem a ver com o elenco de patologias próprias do novo imperialismo, é o fato de compelir os explorados a cerrar fileiras com os exploradores. A reconstrução do Iraque, previamente destruído para tanto, está sendo vendida para os trabalhadores norte-americanos como uma nova fronteira – o que de fato é, no pior sentido do termo – de expansão do emprego. Como é um emprego como outro qualquer a tortura terceirizada de Abu Ghraib. Não por acaso – como já falamos de passagem a respeito –, o mundo precarizado do trabalho, hoje, tornou-se um dos principais laboratórios de crueldade social, a real e originária escola do abuso e da humilhação. É ali que se soltam os cachorros e a coleira é de rigor.

De volta ao miolo de sua pergunta, novamente estou de acordo com o diagnóstico de época sugerido pelo enunciado do "estado de sítio global" em que estamos ingressando. Que bicho é esse? Não se trata de mero sinônimo atualizado para ditadura militar e tanque nas ruas a três por dois. Tem tudo a ver, é claro, com os poderes que o Executivo norte-americano se concedeu a pretexto de combater o terrorismo e toda a legislação excepcional que se seguiu, ameaçando os raros direitos que ainda não cancelou. Mas não é só isso, não se restringe a esse efeito colateral, embora represente de fato um colapso jurídico de proporções inéditas e a caminho desde muito antes. Para dar um exemplo tirado dos jornais do dia: com o escândalo das torturas norte-americanas no Iraque e no Afeganistão, vazou um memorando da consultoria jurídica da Casa Branca sobre o "amaciamento" de prisioneiros, o qual determina que tal prática seja exercida em "zonas jurídicas de penumbra", algo como o "equivalente jurídico ao espaço sideral". Como era a América para os liberais ingleses nos tempos da colonização, um vazio jurídico permanente. Como a guerra sem fim pela qual principiamos esta entrevista. Nada mais excepcional do que uma guerra; agora que virou a regra, nada descreve melhor a exceção em que passamos a viver. A marcha batida do capitalismo vencedor então é isso, região após região do globo e seus assentamentos humanos vão sendo desconectados por falta de interesse econômico. À inevitável situação de emergência social que se segue, o novo poder soberano, que decide ser esse o caso, também declara tais zonas sinistradas áreas de anomia povoadas por não-sujeitos descartáveis. À pergunta "o que fazer?", nessas circunstâncias – ou seu análogo nos anos 30 do século passado –, um filósofo marxista alemão, interpretando a tradição dos oprimidos, para os quais o estado de exceção que então se vivia sempre foi a regra, respondia que "nossa tarefa é criar um verdadeiro estado de emergência". Mas isso num tempo em que sabíamos o que era a Revolução.

5

FIM DE UM CICLO MENTAL

No momento em que este breve registro me foi solicitado – julho de 2005 –, o impacto conjugado de dois acontecimentos maiores dominava a cena. No âmbito doméstico, o espantoso colapso do governo Lula, precipitado pelo acaso de uma bala perdida trocada entre predadores e empreendedores políticos na disputa de um naco de uma estatal. Menos surpreendente, porém não menos espetacular, a correspondente ruína moral e política do PT. No plano mundial, dividindo o noticiário de choque, os ataques terroristas em Londres – até agora, dois golpes. No segundo, um espasmo de violência policial abateu-se sobre um trabalhador imigrado brasileiro, pelo simples fato de apresentar o biótipo de um provável homem-bomba. Mas não é essa, por certo, a conexão fundamental entre os dois episódios, se é que há alguma nessa justaposição de derrocadas. Seja como for, não só compõem um indubitável instantâneo de época, como batem à porta de qualquer cidadão brasileiro de esquerda, ainda que ao modo de uma cronologia de manual. Há 25 anos, as greves no ABC paulista, ao apressarem o fim da ditadura, mascararam também o fim próximo e catastrófico do ciclo desenvolvimentista, enquanto no outro lado do mundo, no Irã, uma revolução islâmica de proporções gigantescas também apressava o fim da Guerra Fria, ao mesmo tempo em que desafiava seu vencedor, legitimada pelos desastres da modernização abortada da periferia muçulmana pós-colonial. Um quarto de século depois, parece inegável que o terrorismo tornou-se o horizonte insuperável de nossa época. Como se há de recordar, numa tirada famosa na entrada dos anos 60, Sartre anunciou ser essa a condição do marxismo. Nesse lapso de tempo, a longa marcha do marxismo legal brasileiro dentro das instituições culminou, num primeiro momento, na fusão da intelectualidade tucana com a alta finança, para, logo a seguir, arrematar, com o inédito neopatrimonialismo petista, essa trajetória suicida de encarreiramento mediante conversão à lógica do inimigo. Os intelectuais-banqueiros do período anterior privatizaram e quebraram o país; a nova classe petista rateava os despojos quando se deixou apanhar armando um programa de renda mínima para o estamento político análogo ao do capital, assegurado este por um endividamento público de sangria permanente. Pois então: o edifício desabou com o estardalhaço que se viu, e, de minha parte, no estrondo desse desmoronamento, tenho a impressão de continuar ouvindo o eco das explosões londrinas, como que ritmadas pela mesma lógica da *débâcle*. Extrapolo o acaso de uma simples contigüidade? De qualquer modo, não custa prosseguir esse experimento intelectual como retrato de época. Do outro lado do Atlântico, explosão. Do lado de cá, implosão: com efeito, são estritamente endógenas as causas do naufrágio lulista; salvo a fome canina do crime capitalista organizado, nenhuma força social relevante o acossava. Quanto à hipótese remota da conspiração, apenas reforça a percepção de que nos desastres do capitalismo contemporâneo está cada vez mais difícil distinguir acidente de atentado. Por sua vez, o terrorismo se alastra ao investir no caráter estrutural dessa indistinção, como, de resto, a estratégia da guerra preventiva, finalmente à solta nas ruas de Londres. Embora ninguém esteja rasgando dinheiro ou tomando água quente, não se pode evitar a forte impressão de impulso suici-

Fim de um ciclo mental • 249

dário presente na escala do *racket* político que acompanhou o consenso em torno da ortodoxia econômica intocável. Mesmo colapso imunológico na europeização dos jihadistas britânicos, sem falar em sua contrapartida – o terrorismo de Estado – ou ainda, fechando o círculo, nos ataques especulativos de investidores igualmente auto-imunes à crise que propagam. Em suma, todos irremediavelmente apavorados e prestes a explodir.

Por essas e outras, morrem de medo os intelectuais hoje. No Brasil e no mundo, todos e cada um encasulados em uma espécie de *bunker* particular. Como gerentes de risco de si mesmos, não mexem um dedo sem garantias contra qualquer excesso. É bem verdade que muitos experimentos anticapitalistas do passado são mesmo de meter medo, sendo aliás imprudente caluniar abstratamente a polícia. Essa a conjuntura mental que um retrato intelectual do Brasil contemporâneo deveria rastrear, uma arqueologia dos temores que paralisam faz algum tempo a inteligência do país. Quando se instalou exatamente essa estratégia de sobrevivência, que se poderia caracterizar como um estado de sítio moral? Qual a matriz desse mecanismo defensivo que se exprime por estereótipos economicistas acerca da falta de alternativas? A história social do medo intelectual no Brasil nos levaria longe. Por exemplo, no vasto capítulo medo-de-ficar-para-trás, a patriótica aflição de Joaquim Nabuco com a sobrevida da escravidão num país a ponto de perder também o bonde da Segunda Revolução Industrial. Esse e outros capítulos se referem ao período clássico de formação nacional, o medo de não estar à altura das tarefas de seu tempo, como o Drummond da "Elegia 1938", ou o Antonio Candido da *Plataforma da nova geração*, de 1943. O medo esterilizante de agora obedece a uma outra lógica, a da desintegração em curso. Periodizando por contraste, relembro, inclusive para voltar à impressão inicial, que, na elegia mencionada, a impotência que o poeta ruminava, a derrota que tinha pressa em confessar, pois em nome dela podia aceitar "a chuva, a guerra, o desemprego e a injusta distribuição", devia-se à frustração de uma aspiração tão exigente que se podia equiparar a uma fantasia de onipotência da mesma ordem que "dinamitar, sozinho, a ilha de Manhattan". Como sabemos, esse desejo se realizou. Como ficamos? Horrorizados, por certo. Um pavor que talvez tenha a idade da progressiva domesticação da cultura de esquerda no Brasil, desde os primeiros sucessos profissionais da tradição crítica que emergira quando madrugava o fim do regime militar. Assim que começou a se dissipar a névoa da guerra suja, não faltou quem botasse a mão na consciência: e se a nossa exigentíssima teoria crítica tivesse contribuído para fabricar uma comunidade imaginária de militantes que, ato contínuo, saltaram para o martírio? Mas, felizmente, com a Abertura, a esquerda finalmente se abriu para a complexidade de uma sociedade de conflitos negociados e constrangimentos econômicos normalizados. Seguiu-se uma década de combates contra moinhos de vento totalitários e temores crescentes das novas classes perigosas. Mais a conclusão de que chegara ao fim todo um ciclo mental marcado pela idéia de ruptura. Recomendava-se a discrição dos distanciados, a moderação nos sentimentos anticapitalistas, não envenenar os ressentimentos de uma nação dilacerada. Enfim, críticas só propositivas e com indicação da respectiva fonte de financiamento. Ao fim e ao cabo, o socialismo cerrara as portas por falta de dinheiro. Quanto ao marxismo ocidental brasileiro, chegara a seu capítulo conclusivo afirmando que em Marx se encontrava a derradeira garantia contra a tentação de mudar a sociedade, uma crítica da economia política centrada na intuição genial de que a superação do capitalismo nos conduziria à barbárie... Contraprova? Só a demência do islamismo radical explica seu menosprezo pelas leis da gravitação econômica universal. Quando se dança assim o baile cósmico do medo, não é difícil se ajustar à lógica do mal menor. No auge da apoteose tucana, um de seus luminares costumava proclamar: "o mercado ou Deus". Não surpreende que o terrorismo tenha vindo para ficar. E com ele essa espantosa interdição da inteligência brasileira, proibindo-se de pensar enquanto vai remoendo sua impotência diante da crise. Julho de 2005, portanto: se voltaríamos a pensar ou nos converteríamos de vez no ornamento crítico de uma sociedade derrotada era então uma questão em aberto.

O GOVERNO LULA ACABOU?

Dizer que o governo Lula acabou não deixa de ser um exagero piedoso, pois supõe que em algum momento ele tenha começado. Não digo isso para lamentar pela enésima vez a ruptura que não houve, mas simplesmente para lembrar que não temos mais condições sequer de identificar o governo de turno, tal a irrelevância da política hoje. Se a esquerda anticapitalista ainda tem intenções sérias de ressuscitar, precisa tirar conclusões não triviais desse afundamento. Primeiro, foi a economia que escapou de qualquer controle. Mesmo os que governam a favor do capital, e alardeiam tal pretensão com vista a manter o controle do Estado, na verdade fingem comandar um processo sobre o qual não têm nenhum poder, salvo o de predação, hoje banalmente contabilizado como custo. O assim chamado governo Lula limitou-se a carimbar pacotes que lhe eram sucessivamente apresentados com o automatismo de uma linha de montagem. Mas para isso não era necessário alugar parlamentares. Aqui o negócio é outro. Trata-se da gestão do poder que veio ocupar o vazio deixado pelo fim da política. Este o outro sistema de dominação que se descolou inteiramente de sua base social: nele ninguém representa nada, quando muito os financiadores de mandatos que periodicamente apresentam ao consumidor eleitoral uma seleção de clientes e produtos. A crise atual ocorre nesse circuito fechado de empreendedores políticos autônomos, gravitando em torno de fluxos de caixa garantidos pelo financiador de última instância em que se converteu o Estado outrora nacional. Por isso, o terremoto político da hora não se propaga, pelo menos não afeta o consenso básico acerca da sociedade vista como um conjunto descoordenado de indivíduos impotentes diante da riqueza descomunal dos atuais donos do mundo. Se não atinarmos com a força material em condições de desmanchar esse consenso, será bom nos prepararmos para o pior. Apenas um pressentimento: e se o novo Pai dos Pobres voltasse a ter a bênção eleitoral de sua vastíssima clientela de bolsistas e consumidores de esperança em lata, com a diferença dramática desta vez de que no generoso coração do bom povo brasileiro sobraria compreensão para um presidente, afinal, condenado a *se virar* como qualquer um de nós? Arrematando essa autofagia de massa, desconfio que as esquerdas parecem não estar resistindo à tentação de mergulhar de cabeça nesse pântano, como os sobreviventes da ditadura argentina embarcando na aventura das Malvinas.

A CRISE: PERGUNTAS E RESPOSTAS NO CALOR DA HORA

Entrevista concedida a Mundo, *em agosto de 2005*

O governo Lula acabou?

Irá vegetar como o segundo mandato de FHC. Só que este pôde se dar ao luxo de inexistir depois de entregar o que lhe fora encomendado: as grandes privatizações, a união simbiótica com o *big business* etc. Embora o pacote viesse de fora e, a rigor, o governo FHC fosse um ramo periférico da administração Clinton, não se pode dizer que aquele conjunto de ajustes passivos não expressasse um projeto coerente de poder capitalista, e o tucanato, manifestação orgânica do ambiente de negócios nacional, tanto os normais quanto os irregulares, hoje praticamente indiscerníveis. Não foi o caso do governo Lula. Por maior que fosse a desfiguração galopante que havia tempo acometia seu partido, não se pode dizer em absoluto que o neoliberalismo lhe fosse congênito, daí a sensação de deslavado oportunismo que cercou sua abrupta conversão à ortodoxia econômica. O *establishment* saudou a sabedoria realista da atitude, mas nunca se enganou quanto à fragilidade revelada por tamanha capitulação e sobre que uso fazer dela, tanto na alta da popularidade presidencial quanto agora, na baixa. Sem projeto próprio, salvo o de ingressar no condomínio patrimonialista brasileiro, não será expulso, apesar de todo o foguetório, apenas reciclado como sócio menor. Sobrevida outorgada não é governo, que se arrastará mesmo assim cumprindo tabela, alternando

256 • Extinção

espasmos populistas com surtos ultraliberais de inútil fidelidade a um figurino que nunca foi o seu.

O PT acabou?

Como legenda e máquina de poder local, não. Como partido com expectativa de voltar a ocupar um lugar na esquerda, sim. Curto-circuito tanto mais dramático porquanto se sabe que no fundo o programa do PT sempre foi a sua própria existência.

A degeneração começou com a aliança que dá sustentação a Lula ou as raízes são anteriores?

Só "degenerados" compram alianças com partidos de segunda linha. Faltou-lhes latim para vender o negócio como ética da responsabilidade e utopia do possível.

O PT se rendeu às piores tradições da história política brasileira ou, ao organizar um grande esquema de financiamento da base de apoio a Lula, escreveu um novo capítulo dessa história?

Inovou mais do que herdou. Incorporou algo novo à tradição, e não me surpreenderia se o tucanato lhe fizesse justiça, aperfeiçoando a engenharia financeira na próxima rodada. Assim como durante os anos FHC, o mecanismo do endividamento público foi perpetuado com uma renda mínima do capital com problemas crônicos de realização, o petismo-lulista estava aperfeiçoando um método de fluxo de caixa permanente irrigando a classe política em seu conjunto, consagrando a autonomia definitiva dos empreendedores políticos. Dois subsistemas rentistas sancionando de vez, por um lado, uma engrenagem de dominação econômica que nem seus controladores comandam e, por outro, pura e simplesmente o correlato fim da política, entregue à mesma deriva autista da economia descolada de sua base social.

O PT representou um canal de expressão importante para movimentos sociais organizados. Com a globalização esvaziando os sindicatos e outras entidades, esses movimentos continuam existindo de forma independente? Se existem, o que acontecerá com eles diante da crise do PT?

Com ou sem globalização, a independência dos movimentos sociais sempre foi muito relativa, por maior que seja o cuidado com sua autonomia política e ideológica. Com ou sem PT, continuarão batendo à porta do Estado, com maior ou menor força, dependendo do poder de dano dos sem-poder. Quando o real poder de veto da antiga classe operária se derrete ao sol do novo capitalismo, alastra-se pelo conjunto da população despossuída um sentimento de impotência que ainda não encontrou tradução política.

Alguns analistas sugerem que o PT desempenhou papel crucial para evitar a luta armada no Brasil, carreando para as instituições democráticas as lutas sociais. Concorda? E agora, com a desmoralização do PT, o que poderia acontecer?

Concordando-se ou não com a escolha estratégica que estava nos ares do mundo nos anos 60, quem acabou com a luta armada no Brasil, pela violência, foi a ditadura militar, e, socialmente, os efeitos da modernização econômica conservadora. O novo movimento operário que emergiu nos anos de chumbo era tanto mais forte por não ser revolucionário. Os fundadores do PT compreenderam muito bem a nova dinâmica e se decidiram pelo campo institucional. Mas nem por isso a desmoralização final e irreversível da escolha do PT fará com que o pêndulo volte a apontar para a via insurrecional. O impasse de nosso tempo parece ter rifado os termos da alternativa clássica: nem reforma, nem revolução. E isso num momento em que nunca se precisou tanto de uma como de outra.

258 • Extinção

Quais serão, em sua opinião, os efeitos da descrença de milhões de brasileiros em relação ao governo Lula?

Algo como o agravamento do cinismo de massa no país. Que obviamente não é de hoje nem é exclusividade dos protagonistas da avalanche de agora. Para não remontar à noite dos tempos, pode-se dizer que o novo ciclo de corrosão do caráter nacional tenha sido inaugurado pela crapulização dos ricos e famosos durante o efêmero reinado Collor; à qual se acrescentou o *glamour* da era tucana, conferindo brilho intelectual e verniz sociológico à adaptação predadora à nova ordem econômica. O estrago conclusivo, cujo desfecho estamos testemunhando, começou um pouco antes, mais precisamente na campanha presidencial: o voto que elegeu Lula foi majoritariamente despolitizado, baseado no logro de uma identificação extorquida pelo *marketing* com um caso único de ascensão social. A frustração de uma expectativa conservadora aliada a uma sensação generalizada de impotência e humilhação de classe – pois desta vez foi um dos nossos a nos cobrir de vergonha – são ingredientes explosivos quando se pensa no sentimento cínico do mundo, inerente à lógica da desintegração em curso no país desde a implosão do ciclo desenvolvimentista.

Mesmo antes de ser desvendado o escândalo de corrupção atual, estava claro que o PT tinha se transformado em um "partido da ordem". Alguns comparam essa trajetória à dos partidos socialistas europeus, que, ao longo do século XX, tornaram-se pilares de sustentação dos Estados e da economia de mercado. A comparação é válida?

Toda vez que um partido não-revolucionário se torna uma real alternativa de poder é porque já se converteu em um partido da ordem. Ocorre que ordem no Brasil não é sinônimo de progresso, mas algo muito próximo de uma peculiar desordem, que com a desindustrialização em curso – hoje, somos uma economia exportadora de *commodities* e plataforma de valorização financeira – aproxima-se por vezes da anomia. A lei de Michels, segundo a qual grandes partidos ou sindicatos socialistas tendem inexoravelmente à ossificação oligárquica, enunciada há um século com base na experiência européia, não serve para nós, salvo em sua acepção trivial. O drama do PT é que, depois de seu triunfo, não se tornou pilar de coisa nenhuma, nem do Estado nem da economia de mercado. Não por falta de ambição a respeito. Simplesmente ruiu por entropia, como a extinta União Soviética, o que já começa a valer como uma regra de exercício findo das esquerdas históricas.

O sociólogo Francisco de Oliveira sugere que a chegada de Lula ao poder originou uma nova elite política, constituída pelos dirigentes e quadros do PT que, capturando o aparelho de Estado, passaram a figurar como componente da tradicional "classe política" brasileira. Concorda?

Francisco de Oliveira só não previu o amadorismo dos operadores da nova classe. No mais, creio que continua acertando. E tanto que teve a honra de ser plagiado por um grão-tucano, celebrando o naufrágio petista nos termos pioneiros de nosso sociólogo: o novo patrimonialismo de corte sindical exprimiria as condições de reprodução de uma classe arrendatária do Estado, que, por intermédio dos grandes fundos públicos, funcionaria como uma espécie de burguesia do capital alheio. Faltou acrescentar que isso vinha de antes – quem não se lembra da manipulação dos fundos de pensão na privatização das teles em 1998? – e vai continuar depois com a *rentrée* tucana, os de capital, digamos, semipróprio, pois o serviço da acumulação pela dívida não pode mais dispensar o viés rentista assegurado por tais fundos. O dramático de toda a presente crise é que a essa convergência monolítica não se apresentou até agora nenhum novo personagem social antagônico em condições de medir forças com sua incontrastada onipotência.

Lula tem um futuro, como liderança política, após a desmoralização histórica do PT? Qual futuro seria esse?

Salvo um populismo raso, ancorado no *marketing* de uma biografia que já é passado, nenhum. Como o consumidor eleitoral, embora volúvel por definição, costuma se apegar a marcas, pode ser que essa alternativa seja considerada um futuro. Aliás, populismo hoje, para vingar, precisa de petróleo, forças armadas e antiimperialismo que não seja de brincadeirinha. Como vivemos em um mundo sem soluções à vista, é bom lembrar que o petróleo é uma renda maligna, as forças armadas costumam mudar de lado e o imperialismo de verdade está de volta.

O PT controla, direta ou indiretamente, a maior parte das organizações sindicais, dos diversos movimentos sociais e das ONGs. Quais serão os impactos da crise do PT sobre a organização da sociedade civil?

Seria útil distinguir *sociedade civil* de *movimentos sociais*. Estes estão em refluxo faz tempo, graças inclusive ao fato de migrarem para a clientela dos mandatos e administrações petistas. Quanto à famigerada sociedade civil, vem crescendo com as anomalias do capitalismo brasileiro. Trata-se de uma constelação de entidades de variada sorte, das espúrias às estimáveis, dos lobistas terceirizados às ramificações da filantropia empresarial, movido o conjunto pelos assim chamados formadores de opinião, sem falar, é claro, na dinheirama injetada nesse sistema de alta capilaridade. Quando essa jovem senhora achar que Lula não tem mais condições de assegurar a mansidão das classes perigosas, voltará a marchar com Deus e cia.

Algumas análises enfatizam certas semelhanças sociológicas entre o PT e o PSDB. O núcleo dirigente dos dois partidos está em São Paulo e ambos mantêm, atualmente, relações estreitas com as elites financeiras e industriais paulistas. Essa análise tem sentido? Haveria a possibilidade de convergência orgânica entre PT e PSDB?

Se a crise amainar e a lógica brasileira da conciliação prevalecer, não é improvável que o novo bipartidarismo à norte-americana, esboçado nos tempos róseos da transição dita civilizada, tenha alguma chance, inclusive com repartição análoga do universo de negócios, aliás até pouco tempo atrás o governo Lula se entendia muito bem com a administração Bush, enquanto os contramovimentos do tucanato seguiam a agenda traçada pelo grupo Clinton de empreendimentos solidários. Os dois principais partidos pós-desenvolvimentistas ainda têm tudo para se entender, são tão semelhantes que estão se matando no momento. Nasceram em São Paulo, compartilhando uma certa cultura de esquerda então hegemônica que o tempo foi desdentando à medida que seus serviços políticos profissionais foram requisitados por uma classe dominante, cujos quadros, os desmandos da ditadura, o fisiologismo da era Sarney e a delinqüência collorida dizimaram. Afinal, professores-financistas e sindicalistas de Estado não deixam de ser outros tantos melhoramentos da vida moderna. A sorte dos primeiros é que ainda não foram apanhados.

O QUE VEM POR AÍ?

Houve um tempo em que a esquerda podia se dar ao luxo de contabilizar ilusões perdidas como ganhos reais. Ainda pensávamos assim quando o sistema soviético desabou. O espantoso é que continuamos a raciocinar segundo a lógica dos grandes desenganos produtivos quando, a rigor, ninguém mais tinha qualquer ilusão a perder acerca daquela formação social execrável. Nossos cálculos de progresso foram então refeitos como nos tempos em que a história parecia funcionar a favor da humanidade. Justiça seja feita, também a direita se equivocou redondamente quanto à natureza de seu triunfo acachapante. Tampouco a paz perpétua prometida pelo Ocidente deu o ar de sua graça, muito menos o renascimento moral do mundo profetizado pelos dissidentes do Leste europeu. Pelo contrário, como registrou um observador próximo, "desde a queda do socialismo, é possível verificar um aumento empírico da crueldade; por toda parte impera uma maldade incompreensível". Não se trata, portanto, de constatar trivialmente que a derrota do campo comunista empurrou o mundo ainda mais para a direita, mas de esfregar bem os olhos e admitir que a extirpação de um organismo gangrenado pode simplesmente inaugurar um novo ciclo degenerativo. Essa a dissonância sombria que nos interessa identificar. A miragem do fim da história então era isso: decididamente ela não se encontra mais do lado de ninguém, vencedores ou perde-

264 • Extinção

dores. Tudo se passa como se o mundo tivesse ingressado em uma era de falsas superações espetaculares.

Passando da desgraça planetária à recente patologia nacional, pode-se dizer que algo dessa incongruência de fundo transparece na sensação difusa de que só agora caiu nosso Muro de Berlim. De novo não eram muitas as ilusões a perder. Mesmo assim, a analogia mais do que plausível entre os dois desmoronamentos recomenda se preparar para o pior. Como no resto do mundo depois da queda, juntos, os vencedores de sempre e os arrivistas da velha esquerda estão livres de novo para odiar, assim mesmo, intransitivamente, ainda que o alvo do paradoxal ressentimento dos dominadores seja a costumeira massa dos espoliados.

O sinal de alarme soou com o ato falho de um cacique da velha direita boçal, referindo-se à esquerda como uma "raça" da qual o país se veria enfim livre por uma geração. Um estudioso do passado tenebroso dos homens de mando neste país, o historiador Luiz Felipe de Alencastro, foi dos primeiros a antever a onda reacionária que esse desrecalque do preconceito de classe, temporariamente amortecido pela eleição de um ex-retirante e metalúrgico para a Presidência da República, prenuncia. Vem por aí uma explosão de raiva antipovo, raiva de pobre, raiva de negro, raiva de trabalhador[1]. Só que agora o povo pobre, além de feio, sujo e malvado, é também corrupto. É que se comprovou, na figura de seus representantes políticos no poder, uma antiga calúnia sociológica tucana. Como se há de recordar – ou melhor, ninguém se lembra, graças ao mito da transição civilizada –, por ocasião da primeira reforma da Previdência, a tucanagem intelectual descobriu que o simpático e imprevidente povo brasileiro era,

---

[1] Luiz Felipe de Alencastro, "Falência do governo Lula pode trazer uma 'onda reacionária'" (entrevista concedida a Flávia Marreiro), *Folha de S.Paulo*, 19 de setembro de 2005.

O que vem por aí? • 265

além do mais, um fraudador contumaz da Previdência, enfim, um agente catalisador da corrupção nacional, o principal avalista da naturalização da trambicagem coletiva. Outra maneira de consagrar o crime de colarinho-branco como prática duplamente popular. Não por acaso os civilizados tucanos paulistas estão arregaçando as mangas. Para não chover no molhado, deixo de lado o governador – cruzado da Opus Dei, inspirador de milícias à norte-americana, multiplicador da população carcerária etc. Muito mais alarmante me parece o *new look* do prefeito da capital: foi-se a máscara desenvolvimentista, o jogo de cena com os rivais da ortodoxia econômica, para dar lugar à linha dura orçamentária, ao higienismo antipobres e antivelhos, às terceirizações galopantes, sem falar no tropeço memorável dos uniformes escolares com logomarca de patrocinador.

Quanto ao governo federal, embora seja trivial contornar a crise puxando ainda mais para a direita todas as suas políticas, não é menos revelador que sua estratégia defensiva esteja sendo traçada por um advogado criminalista. O referendo sobre o comércio de armas, por exemplo, é marola que vem de antes, mas foi encorpando conforme se adensava no horizonte o novo clima punitivo. O que se viu foi a "população honesta" marchando em defesa da sociedade dos homens bons ou coisa pior, porém dividida quanto a saber se seria preferível se armar contra os pobres-bandidos ou desarmar os bandidos-pobres. Com receio do cidadão a seu lado, de cor escura e malvestido, o classe-média, alvo do medo administrado, logo se juntará ao primeiro bando musculoso que passar ao ato. Uma hipótese para avaliar o estrago: como não é nada implausível que essa onda de choque reacionária provoque um contragolpe populista clássico, na pessoa de algum caudilho redentor dos estropiados e ofendidos, tem muita gente de esquerda torcendo para que a direita mais esclarecida não permita que o núcleo racional do

266 • Extinção

petismo se desintegre. Não se poderia fechar melhor a equação dos novos tempos: no mercado conservador do medo, não haverá empreendedor que não encontre seu nicho.

Sempre se poderá dizer que o que vem por aí não é assim tão novo. Que as classes torturáveis – pobres, negros e presos comuns – nunca deixaram de comer o pão que o diabo amassou. Que os movimentos sociais, de um modo ou de outro, acabam sempre criminalizados. Que talvez a novidade de uma nota infame em que, para variar, a mídia pedia punição exemplar para o MST esteja apenas no título, associando involuntariamente preconceito e guerra preventiva: "Prevenção"[2]. Que as classes proprietárias nacionais nunca deixaram de mandar arrebentar e matar, se as circunstâncias assim o exigissem. Que tais circunstâncias se converteram em política de Estado em 1964. Não direi que não, estou apenas reparando que, tal como em 1964, justamente os donos de sempre do poder estão novamente livres para odiar – voltando ao golpe de vista do jornalista Paul Hockenos em viagem pela Europa oriental nos primeiros tempos do pós-comunismo. Mas principalmente acrescentando que, com a patética colaboração dos antigos comissários do povo, os generais golpistas finalmente conseguiram demonstrar o que era totalmente falso há quarenta anos: que o colapso do populismo culminaria com a revelação da simbiose entre subversão e corrupção. Para ficar na crônica dos partidos do ciclo que está se encerrando: de fato, o desenvolvimentismo só abortaria nos anos 80, levando consigo o PMDB; uma década depois, era a vez da tucanagem ser engolida pela vala comum; por fim, ruiu o muro do petismo lulista. Não custa insistir: o que vem por aí?

---

[2] *O Globo*, 28 de setembro de 2005.

QUASE DOIS IRMÃOS

Nota sobre a crise

No momento em que escrevo, consta que o ministro das Relações Institucionais teria telefonado a seus pares tucanos, alvejados igualmente por um cheque valeriano fatal, para assegurar que PT e governo não têm nada contra ninguém, nem pretendem perseguir ninguém, longe disso, afinal "nossos partidos são primos"[1]. Errou por pouco no parentesco: são quase irmãos. Daí a guerra, aliás muito particular também.

Costuma-se comparar a derrocada petista à Queda do Muro de Berlim. Seria o caso de prolongar a analogia, acrescentando que nem por isso a Guerra Fria terminou. A intensidade da crise atual demonstraria, ao contrário, que estamos testemunhando um daqueles momentos típicos de escalada do conflito. Combate-se inclusive por procuração nos mais variados teatros. Pizza é a expressão pejorativa para a mais elegante palavra *détente*. Até mesmo a imagem do grande condomínio parece ressuscitar. Sem falar, é claro, na estratégia de contenção, a destruição mútua assegurada em caso de contágio da economia. Hoje, a Bomba é o Capital. Em decorrência, o estado de emergência permanente que caracterizou a era nuclear – e até hoje não foi desativado, diga-se de passagem e, num registro

---

[1] *O Estado de S. Paulo*, 26 de outubro de 2005.

268 • Extinção

não metafórico, são centenas de mísseis balísticos engatilhados – estendeu-se ao alerta econômico prestes a disparar e retaliar ao menor sinal de desvio heterodoxo. Mais esclarecedora ainda é a lembrança de que, no decorrer da Guerra Fria de verdade, foi ficando cada vez mais claro que não se tratava de uma luta de morte entre sistemas incompatíveis – postos em perspectiva histórica, o mais primitivo deles provou ser uma estratégia bárbara de recuperação do "atraso" que o separava da variante de mercado do mesmo modelo global de dominação. Quanto ao desfecho delinqüente, convém não esquecer, guardadas é claro todas as proporções, o assim chamado paradigma russo do qual se aproximaram em muitos aspectos as privatizações tucanas; tampouco, no campo rival, a presteza da conversão negocista da nomenclatura partidária. Não custa relembrar ainda que uma guerra total de horizonte cataclísmico como aquela tendia a se confundir, no limite, com uma tecnologia mais abrangente de poder, sendo o principal instrumento de controle a gestão do medo, pânico de populações em situação de insegurança crônica. A guerra disciplinar de hoje é igualmente permanente e difusa, porém imobiliza pelo terror econômico. Voltando à dimensão liliputiana da atual escalada tucano-lulista, não é difícil perceber que em seu rastro vai se constituindo um sistema de governo condominial de medos administrados. Ironia e analogias à parte, não se pode dizer que nossa corrida de ratos não seja um prolongamento do que vai pelo mundo depois da Queda. Para ser mais preciso: nossa Guerra Fria de araque, na verdade, está sendo travada para valer em um ambiente bem real, além do mais moldado à imagem e semelhança do universo soviético em decomposição, no caso: a implosão prévia do ciclo desenvolvimentista periférico. Aqui o cenário de ruínas e despojos em que transcorre a guerra dos partidos primos-irmãos, os dois sustentáculos de uma sociedade de desindustrialização endividada.

Um episódio característico desse consórcio fraterno foi a aberrante CPI da Evasão de Divisas, também conhecida como CPI do Banestado, responsável pela proeza inédita de parir dois relatórios paralelos, não conduzindo de resto a lugar nenhum, malgrado a montanha de crimes financeiros rastreados, a imensa maioria da lavra corporativa de sempre: um relatório produzido pela presidência tucana, outro, pela relatoria petista, sendo que o governo Lula fez de tudo, primeiro para evitar a instalação da comissão, depois para contê-la. Mesmo assim, a direita mal-agradecida encerrou o caso atirando nos "primos". Essa promíscua e belicosa divisão do trabalho entre as duas famílias sugere – entre tantas outras associações em curso, até culminar na herança da tecnologia valeriana de empreendedorismo político – que se leia com outros olhos uma interessante fábula do jornalista Paulo Markun. As carreiras paralelas do sociólogo-presidente e do sindicalista-idem assinalam um curioso sistema de transformações de sapo em príncipe e vice-versa, desde os apoios mútuos iniciais no confronto com a ditadura até o recrutamento em seqüência daqueles quadros da nova esquerda pós-1964 por um *establishment* exaurido e carecido de operadores, legitimados pela biografia recente, em condições de gerir uma sociedade prestes a mergulhar no desmanche do pós-desenvolvimento. No teórico da dependência positiva – e sua legião de assessores e conexões – reconheceu logo a personificação superlativa de uma fantasia recorrente de nossa burguesia complexada e meio lúmpen: a fina estampa do negociador dos novos termos do encaixe nacional no mundo que o capital estava reestruturando a seu favor. No metalúrgico carismático, e diante do adiantado da desagregação provocada pelas privatizações selvagens patrocinadas pelo antecessor, anteviu a chance da hegemonia restaurada, juntando aos rentistas da financeirização e demais beneficiários de um novo ciclo primário-exportador a pobreza funcional da massa descomunal de agregados aos programas sociais compensatórios.

270 • Extinção

Deu no que deu. O mediador providencial nomeado conciliador universal de todos os antagonismos de uma nação dilacerada quando muito armou um jogo de cena entre tese e antítese: enumerando a esmo, agronegócio e reforma agrária, Monsanto e movimento ambientalista, Microsoft e *software* livre, gesticulação diplomática Sul-Sul e tropas no Haiti a mando do Império etc. A síntese não veio e não virá. Uma sociedade derrotada como a brasileira foi lançada para além da hegemonia – como Chico de Oliveira percebeu faz algum tempo: rompeu-se a linha de representação entre interesses, classes e partidos, como aliás a crise está demonstrando. Quando até mesmo a idéia de igualdade se tornou implausível, às alegações de integração que lastreariam o consentimento dos dominados restaram apenas as promessas podres do consumo. Noutra escala, dá-se o mesmo com a famigerada retomada da hegemonia norte-americana, hoje mais próxima do consentimento extorquido por uma dominação fraudulenta e militarizada do que da direção moral de um bloco histórico capaz de filtrar demandas mundiais de incorporação. Voltando à convergência antagônica dos dois irmãos, relembro ainda que o mesmo Chico de Oliveira identificou a anomalia aparente da nova classe em cena: ao contrário do que se pensa, ela não é apanágio do sindicalismo lulista de Estado e seu arquipélago de cargos e fundos, mas se compõe exatamente das duas metades em guerra permanente, estando "representada" a segunda no partido quase irmão dos professores-banqueiros, hoje de prontidão para reconquistar a rapadura.

Em vez de olhar melancolicamente pelo retrovisor da ruptura que não aconteceu, parece-me mais proveitoso encarar de uma vez a longa conjuntura adversa que está se inaugurando desde que o petismo lulista aderiu para valer ao programa do campo inimigo. O estrago não é trivial nem se repara com correções de rumo. Estamos diante de uma real ruptura de época no momento em que a guerra de extermínio entre os dois irmãos está revelando as entranhas de uma sociedade pós-desenvolvimento, da qual, não custa repetir, os dois partidos em luta de morte são os pilares políticos. Uma coisa é certa, ninguém sairá ileso e de alma lavada da implosão espetacular do PT e do fiasco calamitoso do governo Lula. Sem falar no vazio em que nos precipitamos todos. Gostaria de estar enganado, mas não dá para fugir da evidência de que tão cedo não se apresentará uma força política em condições de ocupar o lugar vago deixado pelo PT no campo popular e polarizar com a direita mais uma vez vitoriosa, desta vez porém com seu braço esquerdo lulista. Tampouco dá para dissimular que não nos concerne o drama eleitoral que se avizinha. Uma derrota de Lula no ano que vem, depois de plantada na opinião pública, pelo poder de convencimento das imagens espetaculares dos desmandos petistas, a idéia de que o povo pobre não foi capaz de criar um partido diferente da rotina fisiológica e mandonista dos demais partidos será vista como confirmação de uma inferioridade de classe inquestionável, legitimando de vez a nova onda reacionária que estará varrendo dentro em pouco o país. Por outro lado, uma vitória do candidato e do partido que o povo ainda reconhece como seus, embora imponha uma nada desprezível derrota eleitoral à direita, consagrará na verdade o pior do novo populismo, uma aliança dos grotões com as camadas rentistas, articulada por uma nova classe de predadores políticos. Como ficamos, entre uma derrota que aprofunda a desmoralização de todo o campo popular e uma vitória que confiscará de vez a consciência política dos espoliados de sempre? Mantidas as atuais condições de temperatura e pressão, parece-me que, por uma geração, sem discurso nem moral para voltar a falar em nome do socialismo a uma população de cuja imaginação a atual escalada tucano-lulista está se encarregando de erradicar até a memória de que a superação da desgraça econômica capitalista algum dia foi não só desejável, como possível.

272 • Extinção

P. S. Como se esse dilema não bastasse, é quase certo que também se apresente no teatro de simulações uma terceira miragem, a aposta recorrente da parte de um núcleo histórico do espectro ideológico brasileiro, a meio caminho da esquerda e do *establishment* alternativo, na recomposição de uma coalizão política distributiva em condições de sustentar um projeto nacional de desenvolvimento, em princípio na contramão do centro imperial ou, pelo menos, negociando sua conformidade em seus próprios termos, como se fantasia a respeito dos asiáticos. Coleciona derrotas desde o fracasso do Plano Cruzado, em 1987, a última delas em novembro de 2004, quando perdeu o último reduto acantonado no mítico BNDES. Embora tão perdedora nas últimas duas décadas quanto a esquerda que foi aos poucos se desgarrando do petismo ao longo desse mesmo período, nada a demove do propósito de em algum momento ser contemplada por uma inesperada alteração na correlação de forças. Na condição de fiadora de impossíveis guinadas endógenas, é membro nato de todas as frentes antineoliberais. Na mais notória delas, o Fórum Social Mundial, pode ser vista ao lado de movimentos sociais alternativos, sustentando a tese não menos utópica de que um outro capitalismo é possível – aliás o pessoal da Taxa Tobin não diz coisa muito diferente. À sua maneira está em crise também, como o restante das esquerdas. Como, no entanto, ao contrário destas, é membro histórico do debate macroeconômico brasileiro, que sempre correu por uma faixa institucional limítrofe do poder, podemos contar com sua colaboração para baralhar ainda mais o jogo de cena ideológico da guerra eleitoral fratricida que vem por aí.

BEM-VINDOS AO DESERTO
BRASILEIRO DO REAL

Para quando o movimento teatral
acordar que sonhava...

Tirante o qualificativo verde-amarelo, é com estas palavras que no filme *Matrix* o líder da resistência saúda o despertar do herói para a realidade realmente existente: um cenário de *devastação e exploração*[1], o mundo fora de uma gigantesca máquina de simulação que nos mantém atados à materialidade meramente virtual de uma existência alucinante da mais entranhada alienação. Noves fora o entulho metafísico que o acompanha, um enredo de conversão política na base de escolhas dramáticas sem garantias prévias de sucesso. Quase se poderia acrescentar, sem megateorias progressistas do tipo a História está de nosso lado. Não fosse isso, pensaria duas vezes antes de dar as boas-vindas nesses termos ambiguamente distópicos a uma iniciativa tão urgente como a de retomar a ação teatral no âmbito mais enérgico da luta política organizada. Deixando portanto o pessimismo para dias melhores – como sugerido recentemente por outro companheiro de travessia –, sejam bem-vindos mais uma vez a uma animadora paisagem de ruínas e projetos carbonizados. A seguir, breve contribuição um tanto remota e nada prática para o projetado *Manual da Retomada*.

---

[1] Na boa observação de Christian Dunkler, comentando o livro de Slavoj Žižek, *Bem-vindo ao deserto do Real!* (São Paulo, Boitempo, 2003), em "A paixão pelo Real e seus desatinos", *Margem Esquerda*, n. 3, 2004, p. 173.

274 • Extinção

Depois do longo inverno de nossa despolitização – foram vinte anos de simulação de uma realidade irreal de grandes gestos políticos coreografados pelos eternos artistas do possível, das Diretas-já à pirotecnia da campanha presidencial de 2002 –, o real desertificado para o qual afinal despertamos se reapresentou com a cara pré-histórica do reino da necessidade mais cega. Necessidade econômica por certo, que por definição exige total submissão ao "querer obscuro da riqueza que se valoriza". Quer dizer, a fatalidade das mil formas de uma nova exploração econômica à qual vieram se juntar outras tantas formas de poder e opressão, disseminadas pela soberania obscena das redes empresariais, semeando por sua vez todo tipo de hierarquias e violências entre os sobreviventes.

Por mais assombroso que pareça, já vivemos tudo isso antes: na Colônia. Daí a forte impressão que se tem hoje em dia, no coração do sistema mundial, de que o deserto em expansão por estas terras de miséria e impotência, na verdade, parece anunciar uma dramática periferização do planeta. Por isso, numa hora limiar como a presente, vem mais do que ao caso insistir na atualidade da assim chamada Acumulação Primitiva, que de primitiva, obviamente, não tinha nada, como de resto o demonstra o caráter "avançado" do experimento colonial que engendrou a horrenda sociedade brasileira de ontem e de hoje. Explico-me: enquanto a Europa ainda se arrastava no emaranhado do Antigo Regime, em sua franja colonial se encontrava em plena ebulição um verdadeiro laboratório de vanguarda do capitalismo total. Várias guerras bárbaras de limpeza étnica depois, a banalização de todo um território, por força de uma razão econômica de novo tipo, repovoado por assentamentos humanos exclusivamente empresariais e, por isso, voltados integralmente ao mister selvagem de extração de mais-valia com uma intensidade e crueldade jamais vistas na história do trabalho humano, pelo menos desde os tempos do trabalho escravo nas minas do Império Romano. O que antes se apresentava como uma zona residual de comportamentos extremos, a exceção que prosperava nos subterrâneos da normalidade burguesa em formação, desde então ameaça tornar-se a regra nos momentos de colapso do sistema. Foi assim com o apocalipse nazi: nunca é demais lembrar que a principal mágoa dos bons europeus com os hierarcas do Terceiro Reich era o tratamento "colonial" que lhes estava sendo dispensado. Completava-se assim o sentido da colonização. Quando se diz que o imperialismo está de volta, impulsionado por novas rodadas de acumulação por espoliação – privatizações, ajustes fiscais, expropriações via patentes, guerras de pilhagem etc. –, é novamente disso que se trata, da recaída em nossa condição originária de exploração aberta, desavergonhada, direta e seca. De volta portanto ao deserto colonial de vanguarda da mais rasa necessidade econômica. Pois que de necessidade se trata, não há mais nada a fazer a não ser aquilo que deve ser feito, governa-se cada vez mais por medidas administrativas – exatamente como nas colônias.

Deu-se então o grande disparate. Reconciliando gregos e troianos, a esse governo da coerção econômica pura deu-se o nome de "consenso democrático", em torno exatamente do interesse nu e cru do pagamento em dinheiro. Aqui, no entanto, o paradoxo maior de nossa despolitização: não é bem o que parece. É que, ato contínuo, acionou-se o realejo do vazio político, de nossas escolhas confiscadas etc. E, no entanto, é muita lágrima derramada sobre esse famigerado vazio político. Dá para desconfiar do contrário, de que se trata de entupi-lo com mais política ainda. E se essa caixinha de música fosse de fato o megacomputador do tal filme, justamente um filme de ficção política? Tudo se passa como se a tal máquina de simulação da realidade fosse a própria Política. Estou, é claro, me fazendo de desentendido, nosso *Manual para depois da Queda* são outros quinhentos. Mesmo assim, não custa o aviso aos navegantes:

estamos carecidos mesmo é da providência contrária, de uma crítica em regra da Política e, em função dela, reorganizar nossa imaginação, extraviada faz tempo no mercado das responsabilidades públicas.

Enquanto o deserto crescia nos últimos quinze anos, nunca se viu tanta gente, do mais variado calibre e por todos os cantos do espectro ideológico, empenhada na promoção e venda de um sem-número de artigos políticos, da "cidadania" às "refundações republicanas" a torto e a direito, sem falar nas "inclusões" assim ou assado, nas "injustiças" a reparar, nos "preconceitos" a denunciar, nos "direitos" a registrar em cartório, a começar pelo sacrossanto direito ao "dissenso", democrático, é claro. Tantos estremecimentos políticos mal abafavam o ruído festivo com que o capitalismo turbinado vinha mandando tudo que é moldura reguladora pelos ares, salvo, é claro, o básico. Quer dizer, ficou a exploração, fragmentada por um sem-número de redes de extração de mais-valia – sendo a rentista a mais invasiva dessas bombas de sucção da riqueza social. Exploração, além do mais, interiorizada até o fundo da alma. Ou da pele: "Todos se tornam seu capital humano, ainda que seja simplesmente o corpo nu". Se é assim, por que não tomar ao pé da letra o júbilo com que dez em cada dez colunistas da grande imprensa, para não falar nos sábios de sempre, dia sim dia não, e nos últimos quatro meses de derrocada petista, então, nem se fala, provam por a+b que a democracia simplesmente faliu por inequívoco esgotamento histórico, já que absolutamente mais nada de relevante se decide em seu âmbito de representatividade nula? Mas, quando o diabo entra em cena e sugere tirar conseqüências não triviais do mesmíssimo raciocínio tão esclarecido, por que o deus-nos-acuda? Mesma réplica literal no que concerne ao *marketing* corporativo. De tanto vender ao distinto público a idéia de que o lucro é um detalhe técnico, contando mesmo e exclusivamente o compromisso social da empresa

Bem-vindos ao deserto brasileiro do real • 277

com o consumidor, o meio ambiente e seus funcionários, as pesquisas acabaram demonstrando que as vítimas finalmente se convenceram de que é assim que deve ser – entendendo-se que os acionistas também estão de acordo, já que não se desenhou tal estratégia sem sua anuência. Nessas condições, teríamos apenas que fazer constar em ata esse imenso arquipélago de economia solidária, não é mesmo? Pelo menos de violência ideológica não se poderá falar, afinal estamos todos de acordo quanto aos termos de enunciado de fundo. Teríamos, no mínimo, duas fábulas a trançar em cena, algo como uma Comédia da Política, em cujo prólogo no céu poderíamos medir o tamanho de nossa despolitização pelo inchaço da falecida cultura da reclamação... política, que nos confiscaram etc. etc.

Trocando em miúdos mais tangíveis, digamos que padecem todos os egressos da ressaca dos últimos vinte anos de uma espécie de nostalgia politicamente correta da luta de classes, como quem diz: no seu tempo, tais lutas foram formas integradoras – daí o mantra da "inclusão". Os órfãos do dissenso não suspiram pelos combates sociais de ontem, contra cujos excessos, de resto, não havia garantia nenhuma, longe disso: a ausência pela qual vestem luto é outra, embora também da ordem da pacificação dos conflitos, a virtude inibidora das pulsões destrutivas que se foi com a sábia calibragem política da luta de classes. Vistas as coisas do ângulo oposto, o roteiro é mais familiar. Houve de fato um tempo em que as idas e vindas da luta de classes arrancavam, na forma de tréguas mais ou menos duradouras, "instituições" que não brotariam por geração espontânea no terreno adverso de uma sociedade antagônica: sindicatos, sufrágio universal, legislação do trabalho, seguridade social etc. Como era de se prever, tais conquistas provaram não ser cumulativas nem irreversíveis, as que sobrevivem continuam a se esvaziar. No refluxo da maré, o que se vê na praia é o cenário de ruínas evocado linhas atrás. A luta simplesmente mudou de patamar. Onde antes parecia haver composição de interesses e a luta política assumia a forma de uma barganha, a atual ditadura da escassez parece estar imprimindo à política a matriz estratégica da guerra – imposta, aliás, pelo próprio campo inimigo quando iniciou o desmanche do arranjo anterior, alegando que, num mundo globalizado de empresas soberanas (como nos tempos coloniais em que as grandes companhias comerciais dispunham de forças armadas privativas e controlavam territórios), o novo parâmetro passara a ser a guerra econômica total. Mal perguntando: nas presentes circunstâncias, qual o significado menos surreal de uma expressão como "disputa pelo fundo público"? Ou ainda, "nosso governo"? Bem-vindos etc.

FIM DE LINHA OU MARCO ZERO?

Um retrato do Brasil em 2005 revelaria uma sociedade derrotada – e, pior, desmoralizada. A esquerda era o personagem que faltava para a composição final desse quadro. Não considero excessivo o juízo – feito no calor da hora, é verdade – segundo o qual vivemos neste ano a maior derrota da esquerda em toda a história do país. Em 1964, uma linha política equivocada foi sepultada por um golpe militar no contexto dramático da Guerra Fria, dando início ao declínio do ciclo comunista da esquerda brasileira. Um erro estratégico lastreado por um país em movimento, confrontado com a tarefa histórica de democratizar – e, no limite, socializar – um pacto desenvolvimentista de raiz conservadora, embora modernizante. Coisas da vida numa sociedade antagônica, quer dizer, uma reviravolta na luta de classes – logo retomada pelas várias dissidências comunistas. Com seus muitos erros e raros acertos, o Partido Comunista finalmente saiu da vida para entrar na história do Brasil. Ainda não sabemos se poderemos dizer o mesmo do PT – em todo caso é muito cedo, pois essa formidável máquina política parece ter pela frente uma longa sobrevida de prosperidade eleitoral. A derrota maior de agora se deu pela pior das capitulações: sem combate e por adesão prévia ao programa do inimigo. Daí a desmoralização, dessas das quais ninguém se recupera. Como se diz na gíria de hoje: nessa não entramos nem sairemos "na moral". Trata-se de uma questão política da maior importância, nada a ver com moralismo. Não há transformação social em profundidade sem construção de uma hegemonia, e esta é antes de tudo capacidade da direção intelectual e moral. E não me consta que Gramsci – a quem devemos esse conceito – fosse um criptoudenista.

Dito isso, a implosão espetacular do lulismo, que encerrou o ciclo PT na esquerda brasileira, e marcará para sempre o fatídico ano de 2005, não se deveu a um simples caso de corrupção, aliás bem marginal, nos dois sentidos. O PT foi se tornando um partido de si mesmo, e assim girando em falso como todas as burocracias, à medida que suas bases sociais foram derretendo ao sol da reestruturação produtiva do capitalismo. Lula caiu em tentação não por defeito de fabricação, mas porque a classe operária perdeu seu poder de veto. A CUT ganhou um ministério. Antes de falar em peleguismo ou sindicalismo de Estado – o que não é falso –, é bom lembrar que uma pesquisa recente no ABC mostrou que os trabalhadores que ainda se encontram lá não só apóiam a política econômica atual e o ciclo anterior de privatizações, como não querem o Estado por perto na hora de negociar com os patrões – justo a instância que, bem ou mal, em algum momento entrou em campo para assegurar uns poucos direitos ao estabelecer que compra e venda de força de trabalho não é um contrato mercantil. Portanto, todo cuidado é pouco ao se falar em luta de classes a propósito da derrocada do governo Lula: quais os campos em confronto e como se distribuem neles os protagonistas clássicos? Enquanto a burguesia política quer a cabeça do presidente, a burguesia econômica conspira para preservá-la – e, no entanto, estão ambas de acordo em demonstrar no mínimo a incompetência do povo pobre do país em criar um partido de massa por conta própria, em organizar-se com classe por meio de sua luta emancipatória, em suma. No campo popular, o capitalismo dominante empurrou os gestores sindicais dos grandes fundos de pensão na direção do bloco açambarcador da riqueza social, na condição de megainvestidores interessados em políticas de juros e de securitização da dívida pública, Lei de Responsabilidade Fiscal incluída. Assim, a posição do núcleo dirigente do PT é sem dúvida uma posição de classe, só que do outro lado da fratura que rachou o país em dois pacotes. A crise pode ser entendida como um enorme contratempo, enfrentado por um candidato prestando vestibular de ingresso na atual aristocracia capitalista do país, na condição de baixo clero ou pequena nobreza, é claro.

Também é bom não esquecer que os movimentos sociais deixaram os trabalhadores do setor público falando sozinhos quando foram atropelados pela assim chamada Reforma da Previdência, outro episódio da mesma conformação do capitalismo rentista brasileiro, no caso franqueando às instituições financeiras privadas o acesso à poupança compulsória dos assalariados. Dependendo do ângulo pelo qual se observa o teatro de operações no qual vem se travando a luta política desde a inauguração do governo Lula, ora nos deparamos com perdedores atirando em perdedores, ora com uma disputa encarniçada pelo acesso ao fundo público entre os vários integrantes do bloco superior e suas respectivas clientelas políticas. A crise catártica de 2005 revelou que esse teatro nada mais é do que o próprio Estado, gozando da centralidade estratégica de único protagonista em campo, em torno do qual orbita o que restou das classes fundamentais hoje em acelerado processo de erosão. Um Estado pós-desenvolvimentista – quase ia dizendo, pós-nacional –, agência suprema de regulação dos novos mercados, aos quais fornece sobretudo segurança jurídica. Nada a ver com direitos e garantias constitucionais que continuam em vigor, porém em estado de suspensão. O principal operador da plataforma de valorização financeira em que se converteu a jurisdição

282 • Extinção

político-administrativa chamada Brasil, da qual extrai os recursos exigidos pelas camadas rentistas associadas. Um Estado pós-moderno, porém idêntico ao velho Estado patrimonial estudado por Raymundo Faoro. Fortalecido inclusive pelas megaprivatizações, por ele mesmo subsidiadas e politicamente controladas por uma competente rede de vasos comunicantes com os grandes negócios corporativos. Tudo se passa como se todos os setores a sua volta vivessem da renda oriunda da posse de algum monopólio – da mineração aos bancos, passando por nossa conhecida previdência complementar, sem falar na indústria do ensino superior privado e por aí afora. A atmosfera mafiosa é familiar, inclusive com a demarcação de territórios e negócios de fachada.

Quis o destino que o lulismo-petismo fosse surpreendido no momento em que, competentemente, como um verdadeiro partido pós-desenvolvimentista, se empenhava na engenharia de um patrimonialismo socialdemocrata, alternativa, aliás, contemplada pelo próprio Faoro, que também antecipara a mágica besta das políticas sociais compensatórias. Acontece que no processo cometeu um erro pelo qual ainda não terminou de pagar. Na ótima síntese de Chico de Oliveira e Laymert Garcia: como se governa para o mercado, a política consiste em não ter nenhuma política, só gestão, quer dizer servir ao mercado sem a pretensão de monopolizar, no plano político estatal, a intermediação de seus interesses. Foi aqui que o neopatrimonialismo petista extrapolou. Terá que reabrir o balcão para todos os corretores, compartilhando os canais estatais onde se entroncam o submundo dos negócios privados e os operadores do rentismo político. Logo voltaremos à normalidade, nela incluído o detalhe da disputa eleitoral, outra formalidade que o fabuloso ano de 2005 mostrou sair barato como porcentagem da evasão do capital corporativo, que volta na forma de compra de políticas públicas – uma leizinha de biossegurança aqui, outra lei de falência acolá, um leilãozinho de província petrolífera etc. Esse, em resumo bem resumido, o fim de linha da corrosão conjunta das classes fundamentais, gravitando, por intermédio de seus respectivos aparelhos partidários, em torno de um Estado concentrado na tarefa exclusiva de extorquir a riqueza produzida paradoxalmente por uma sociedade assustadoramente empobrecida e, por isso mesmo, controlada por políticas focalizadas de administração de suas zonas de vulnerabilidade e risco. Já o marco zero ficará na dependência de a esquerda social sobrevivente se reencontrar em um outro cenário de luta de outras classes, os desclassificados do capital que se debatem em uma outra arena, e disputá-la, sim, com os irmãos antagonistas do novo bloco histórico que não por acaso as submetem e manipulam, como outrora o senhoriato colonial disciplinava a massa inorgânica abandonada ao deus-dará da mais negra espoliação.

P. S. Quem acompanhou com a devida atenção outra grande implosão ocorrida neste mesmo ano, recheado de catástrofes sociais – entre outras, o abandono dos pobres de Nova Orleans –, os subúrbios incendiários franceses ardendo durante duas inteiras semanas, talvez encontre matéria para reflexão e comparação na seguinte observação de um especialista em questões urbanas e nas novas segregações espaciais, ocupacionais e raciais que retalharam as conurbações ingovernáveis de hoje: desde a insurreição dos operários parisienses, em 1848, as revoltas de classe giravam em torno do espaço de trabalho; a rebelião das periferias francesas, onde se acumulam desemprego, racismo e desespero, veio confirmar a percepção de que a cidade definitivamente conflagrada passou a desempenhar o papel detonador antes reservado às fábricas. Uma liderança clássica do marxismo revolucionário francês, depois de lembrar que a revolta dos subúrbios se apresentava na ordem dispersa da violência recomeçada do mesmo ponto noite após noite, admitiu que noutros tempos o movimento operário seria uma alterna-

284 • Extinção

tiva a essas explosões de fúria social, e que hoje, não por acaso, entrara calado e saíra mudo de toda a crise, com estado de emergência decretado e tudo.

QUAL POLÍTICA?

Entrevista concedida ao Cepat Informa,
em agosto de 2006

Como analisa o atual debate político que se dá em torno das eleições?

Seria interessante começar por uma recapitulação. Em 1974, salvo a chacina em curso no Araguaia, a luta armada contra a ditadura estava não só militarmente derrotada, mas estrategicamente inviabilizada como alternativa política. Naquele mesmo ano, uma surpreendente vitória eleitoral das oposições, a despeito de todas as restrições do aparato repressivo em pleno funcionamento, não só impunha ao regime sua primeira derrota efetiva, como assinalava uma mudança de percepção social da esquerda militante mortalmente golpeada dez anos antes. Ninguém encarava a urna burguesa como tábua de salvação, e, no entanto, a desautorização do regime estava de fato começando naquele momento. Dali para a frente, um pequeno desgaste lhe seria imposto de quatro em quatro anos, até que a conjunção da crise econômica com as grandes mobilizações de massa precipitou seu colapso. Em 1989, uma outra eleição poderia ter mudado o rumo do país. Ou não? Seja como for, como a vitória lhe fora confiscada no último minuto de uma consagração histórica, é mais do que compreensível que a nova cultura eleitoral da esquerda tenha saído altamente fortalecida do episódio, até a miragem apoteótica de 2002. Quatro anos depois nos defrontamos com um fenômeno inédito e, por isso mesmo, característico do fim de todo um ciclo. Pela primeira vez, desde a reviravolta inaugural de 32 anos atrás, o desfecho de uma eleição nacional tornou-se irrelevante para o campo popular, mas nem por isso menos desastroso em todos os sentidos. Pode-se dizer que o debate atual gira em torno das anomalias decorrentes desse anticlímax – que evidentemente não se reduz apenas à escandalosa transformação do PT em um partido da ordem. Vou me limitar a uma delas, a uma inusitada troca de posições. Enquanto os detentores do poder real se tornaram cinicamente materialistas, no que diz respeito ao significado de uma eleição, a esquerda ainda vive o luto da brecha eleitoral que está se fechando. Na atual campanha, não é a esquerda, mas a direita que se queixa da falta de projetos em disputa, que anuncia a exaustão da democracia representativa etc. Não me parece mero jogo de cena de quem está com a vitória na mão e controla os dois Partidos da Ordem que, por sua vez, dissimulam uma concertação de cúmplices na acirrada concorrência por nichos do mercado político. Sei que a esquerda da esquerda corre por fora desse baile de máscaras, mas ainda pensa por dentro quando não entra em campanha apenas para marcar posição – quando se fala em políticas públicas universalizantes, pensa-se exatamente em quê? Gestão ou luta de classes? Como não é mais possível separar uma da outra, fugimos do gueto para nos debatermos de novo na barriga da baleia. Uma vez dentro do bicho, a esquerda tapa o nariz e vai à luta, enquanto, nos *talk-shows* da vida, toneladas de cientistas políticos furta-cor dissertam, sob aplauso geral, acerca do milagre de instituições democráticas que se fortalecem à medida que nada mais é decidido em seu âmbito.

A tese da "irrelevância da política", de Francisco de Oliveira, tem repercutido intensamente no debate político. A política perdeu a capacidade de dirigir a sociedade?

Dito isso, pediria para não se descarregar sem mais nas costas exclusivas do Chico de Oliveira a assim chamada tese da irrelevância da política – que, aliás, acabei de atribuir à inconsciência cínica de uma camada dominante que nem sequer se dá mais ao trabalho de se levar a sério, de resto, em linha com um capitalismo que dispensa, hoje, qualquer institucionalidade extra-econômica, salvo a penal, é claro, não por acaso em expansão acelerada. Quando Chico diz que essa é uma conclusão muito dura para ele mesmo, é preciso recuar no tempo e creditar-lhe muitos anos de militância intelectual na tese oposta: na capacidade da política de classes de tirar do limbo social novos atores; de reconfigurar Estado e sociedade pela conquista de novos direitos; de expandir a esfera pública e aprofundar a democratização da riqueza socialmente produzida; de reinventar formas sociais de representação por meio do dissenso etc. Até que, terminada a trégua redistributiva dos trinta anos dourados, o capital retomou a guerra social e reapresentou a conta. Algumas revisões ingratas precisaram ser feitas, entre elas, a verificação de que o discurso político dos direitos da cidadania – cuja validade intrínseca não o impediu de ser recuperado pela verbiagem gerencial-solidária das mil parcerias fajutas entre tudo e qualquer coisa – estava correndo por uma pista inexistente; de que o neoliberalismo não era apenas uma política econômica perversa a ser descartada assim que a correlação de forças fosse menos desfavorável e substituída por uma macroeconomia de esquerda que resgatasse o Banco Central do seu cativeiro no mercado etc. *Havia uma certa ilusão jacobina nisso tudo.* Explico-me. Na sociedade moldada pelo modo capitalista de produção, vigora a lei da troca de equivalente por equivalente, salvo no que concerne à força de trabalho, cujo consumo produz um excedente que faz o bolo do capital crescer. Deixando na sombra o mundo subterrâneo da produção, vale para todo o resto o princípio da igualdade, ancorado na

288 • Extinção

troca generalizada, da esfera da circulação de mercadorias ao Parlamento, norma subjacente que o movimento histórico da classe trabalhadora tratou de universalizar por meio da luta política contra todos os obstáculos e resíduos anacrônicos que a burguesia ia semeando pelo caminho. *Aqui o vínculo, que chamei de jacobino para dar a data de uma ruptura histórica, entre o mundo do trabalho e a centralidade moderna da política.* Daí a ilusão, aliás, incontornável enquanto de fato avançou a luta pela igualdade. Como todas as desigualdades deviam aparecer necessariamente, pelo prisma do critério burguês máximo, como uma injustiça inaceitável, também era inegável a matriz política do dano a ser reparado, bem como plausível enxergar, nos mesmos termos políticos, a exploração econômica como uma desigualdade a mais e igualmente intolerável, demandando em conseqüência a compensação de um "salário justo", ficando em segundo plano a abolição da relação mesma de sujeição pelo assalariamento. Não deveria então surpreender – mas custamos a compreender – *que a decomposição da sociedade salarial tenha decretado o fim da política*, bem entendida agora como forma histórica de igualação de interesses e direitos correlatos. É bem verdade que o fim da política numa sociedade antagônica é sinônimo de violência explosiva. Daí a escalada da militarização generalizada e a conversão do Estado Social em Estado Penal. Tudo isso é mais do que assustador, mas resta ver se não estamos fazendo o luto errado. A igualdade dos modernos que o capitalismo inventou só é falsa na medida em que a alegação de sua realização plena não corresponde à realidade. O socialismo, no entanto, tem a ver com a liberdade e considera pré-histórica essa igualdade, baseada na troca de equivalentes e na expropriação do tempo livre pela servidão do trabalho. Por isso, sua política, sendo anticapitalista, só pode ser emancipatória. Dá para sentir o drama: no fundo, a política que o camarada Chico está dizendo que se tornou irrelevante é a política burguesa que, durante o longo ciclo do capitalismo histórico, só pôde ser implementada com o braço esquerdo das lutas das classes oprimidas, que forçavam assim sua entrada no jogo da troca de equivalentes em igualdade de condições. Foi o que salvou o capitalismo da autodestruição, pois, entregue a si mesma, a política burguesa se converte, ato contínuo, em autocracia. Como essa simbiose contraditória entrou em colapso, a guerra está novamente pedindo passagem. Aliás, a política de poder das grandes potências – como se diz no execrável jargão das chancelarias – está de volta, vivinha da silva. Vamos nos alinhar e marchar para o matadouro, como em agosto de 1914? A política que está se tornando, já se tornou, irrelevante, nunca será demais repetir, tal o estado de prostração diante do cadáver errado, é a política burguesa, enfim emancipada, por isso o Estado não cessa de transferir poder para o mercado – o neoliberalismo é isso, uma tecnologia de poder e governo para que haja mercado, e não a despeito do mercado, para corrigir suas disfunções –, quer dizer, cada vez mais transfere soberania para as empresas, até o limite do poder punitivo penal. Nosso drama é outro, e a política de que carecemos também. A saber: ainda não se apresentou em cena – e como poderia? O antigo regime desmoronou há um quarto de século, se tanto – o sujeito coletivo em condições de medir forças com essa nova soberania empresarial que hoje dispõe inclusive de milícias próprias e um sistema judiciário particular. O novo nome do jogo é exploração, nua e crua, tanto mais intensa quanto mais o trabalho vivo vai se tornando redundante e o emprego, escasso, uma forma brutalizada de controle social, além do decorrente encarceramento em massa. O jogo da falecida política – mau defunto para o qual não gastaremos vela – também se inverteu: são as empresas soberanas que tutelam e administram as políticas de sua conveniência, políticas que outrora chamávamos de públicas, da TV digital à gestão do aterro sanitário social em que o país se transformou. Na tentativa de identificação do novo sujeito, devemos saber pelo menos onde procurá-lo, para isso é preciso olhar para o mapa da exploração. Ao redistribuir pelo planeta suas cadeias produtivas, ao subcontratar, terceirizar, informalizar, precarizar etc., as grandes corporações estão reordenando as relações entre espaço e poder mundo afora. Estão favelizando, suburbanizando, bunckerizando, conurbando etc. Estão por assim dizer replicando sua forma de soberania sobre territórios retalhados e sobrepostos às velhas jurisdições nacionais. E, quando falamos em soberania empresarial, estamos falando em uma nova forma territorialista do poder do capital, sem a qual, por exemplo, pouco compreenderíamos das surpreendentes rebeliões indígenas na América Latina dos últimos anos. Estamos enfim testemunhando uma inédita espacialização das lutas anticapitalistas. Quem sabe devamos garimpar por essa vertente, muito mais os territórios do trabalho atroz e um pouco menos, por enquanto, o chão de fábrica, de qualquer modo entregue aos robôs, cuja alienação ainda não nos concerne. Mas, numa economia tocada por uma falsa mercadoria como a informação, cuja riqueza livre é subtraída pela apropriação empresarial, cedo ou tarde chegaremos também ao coração da cadeia de comando, pois afinal informação sem uma inteligência viva que a decifre é arquivo morto.

Parcela significativa do movimento social, expressa no Movimento Consulta Popular e frustrada com os rumos do governo Lula, afirma que encerramos um ciclo na luta política brasileira e que agora se trata de procurar novos caminhos, uma vez que a luta institucional deu com os burros n'água. Qual sua opinião sobre esse tipo de reflexão?

É bom não esquecer todavia que uma outra parcela não menos significativa do movimento social está reelegendo o atual presidente. Sempre se poderá dizer que é preferível errar ao lado do povo do que acertar com aqueles que o caluniam: se for pobre, está condenado a ser cliente e consumidor eleitoral passivo. Seja como for, o voto meio encabulado no mal menor não deixa de ser um passo atrás difícil de recuperar, pragmatismo vicia, além de desmoralizar a luta pela hegemonia quando baseada em "conquistas", reversíveis ao menor solavanco. Quanto ao voto nulo, relembro que entre 1964 e a véspera de 1974, a esquerda que o recomendava estava pondo a cabeça a prêmio na aposta da política armada. Hoje, precisaríamos inventar também uma "outra campanha", conjugando desobediência civil e mobilização de massa. O lulismo está aí para que isso não aconteça, é sua função estratégica no ciclo recém-iniciado da infrapolítica burguesa – poder soberano das megacorporações, Estado Social-Penal delinqüente, desinstitucionalização generalizada etc. Concordo, portanto, com a periodização dos ciclos da luta social no Brasil na linha proposta pela Consulta Popular. Apenas acrescentaria – mas não é uma restrição, antes um esclarecimento – que, ao contrário da comunista, a hegemonia petista transcorreu primeiro no vazio econômico pós-desenvolvimentista e, em seguida, em pleno ajuste neoliberal, a ele se acomodando, por sua vez, no papel de principal corretor no mercado da cidadania, como já foi denominado o conjunto de políticas sociais atreladas, na forma de condicionalidades, aos financiamentos do Banco Mundial. Acoplando essa perícia gerencial à ortodoxia econômica, na figura de um político carismático, surgiu um bloco de poder por enquanto imbatível e cujas transgressões, além do mais naturalizadas numa sociedade acossada por toda sorte de ilegalismos, são anistiadas ato contínuo. De uns tempos para cá, a esquerda sobrevivente, não só no Brasil, mas no mundo, tem quebrado a cabeça para atinar com novos conceitos que permitam repensar a megapolarização entre ricos e pobres que está convulsionando o planeta. De olho no laboratório brasileiro desse fenômeno, penso que seria o caso de inverter a equação. Sem deixar de ser real e terrível, essa megapolarização é administrada como uma convergência virtuosa de interesses, lucros extraordinários e cesta básica, rentismo e crédito consignado etc. O projeto lulista de poder, para um ambiente de retrocesso social e estagnação econômica, acrescentou uma terceira pata de sustentação desse bloco perverso, além é claro da empatia popular ampliada: o que não foi desmantelado nos setores organizados intermediários foi, por assim dizer, estatizado, como as grandes centrais sindicais, sem falar que as estatais remanescentes e seus respectivos fundos estão se projetando como *global players* cujos lucros irrigam todo o sistema de parcerias. Esse o tripé pós-desenvolvimento. Devemos prestar mais atenção na burguesia econômica do que na gesticulação de seus políticos. Escândalos? – reagiu Antonio Ermírio de Moraes numa entrevista: são "intriguinhas", o resto está saindo muito melhor que a encomenda. Nessas circunstâncias, pergunto: qual seria hoje a "opção brasileira" de uma esquerda social escaldada pela longa e desastrosa marcha através das instituições.

6

DUAS VEZES PÂNICO NA CIDADE

"São Paulo é uma cidade morta: sua população está alarmada, os rostos denotam apreensão e pânico, porque tudo está fechado, sem o menor movimento. Pelas ruas, afora alguns transeuntes apressados, só circulavam veículos militares [...] com tropas armadas de fuzis e metralhadoras. Há ordem de atirar sobre quem fique parado na rua." Essa cidade esvaziada pelo medo não é a megalópole do século XXI que na noite de 15 de maio de 2006 se auto-impôs um humilhante toque de recolher por motivo de uma surpreendente onda de ataques cuja cadeia de comando – sem nenhum favor ao trocadilho fácil, porém exato – remontava a uma ordem emanada do interior de um gigantesco sistema prisional rebelado havia três dias, em pelo menos 73 das 105 prisões semeadas ultimamente no território de todo o Estado de São Paulo por uma política de encarceramento de proporções inéditas, mesmo para um país de forte tradição punitiva no trato brutal com os de baixo. Mas uma cidade ainda provinciana, mesmo na condição de principal aglomeração industrial do país, para a qual o sistema de fábricas da primeira revolução industrial era uma engrenagem recente a se juntar aos tradicionais mecanismos de esbulho numa economia de matriz colonial. E, no entanto, uma cidade alarmada e acuada por uma outra sublevação, por assim dizer, de corte europeu clássico, nada mais nada menos do que uma greve

296 • Extinção

geral operária, que, em julho de 1917, paralisou São Paulo durante alguns dias.

No auge do confronto que pela primeira vez colocou frente a frente a nova massa trabalhadora e o aparato repressivo dos patrões, igualmente uma novidade, estes últimos, na composição do poder oligárquico local, os grevistas amotinados chegaram a espantosos, para a época, 50 mil, a ponto de o governo estadual pedir socorro ao poder central, que chegou a deslocar tropas e despachar dois navios de guerra para o porto de Santos. A greve se tornara total, e a cidade, pela primeira vez, um desordenado campo de batalha, paralisada pela surpresa da estratégia de ação direta empregada pelas massas revoltosas[1]. Os choques entre a multidão amotinada e a Força Pública – algo como a Polícia Militar do tempo – se multiplicaram, o transporte público deixou de funcionar, em parte por locaute patronal, em parte devido a ataques aos veículos; os serviços ferroviários também aderiram à greve; o levante se expandiu nos subúrbios, interrompendo o abastecimento da área central; as ligas operárias, que se organizaram nos bairros, espalharam barricadas e esconderijos pelos becos e cortiços daquelas áreas de relegação e confinamento social; não faltaram tiroteios, por exemplo, entre a polícia e grevistas entrincheirados nas obras da nova catedral ou barricados em um café popular; outros episódios desconcertantes foram os ataques às autoridades: não só tentativas de assalto a postos policiais, mas o próprio carro do chefe de polícia chegou a ser alvejado, sem falar na incursão de uma coluna

---

[1] Para a reconstituição e interpretação da greve de 1917, ver Boris Fausto, *Trabalho urbano e conflito social: 1890-1920* (São Paulo, Difel, 1976), cap. 6. Para outro apanhado daquela greve memorável, com foco na hegemonia anarquista do período, ver Francisco Foot Hardman, "Anarquistas e anarco-sindicalistas no Brasil", em Antonio Mendes Jr. e Ricardo Maranhão (orgs.), *República Velha* (São Paulo, Brasiliense, 1979, Brasil História, v. 3).

de revoltosos até a residência do secretário de Justiça, repelida por sua guarda pessoal; enfim, o alvo predileto dos insurretos, os postes de iluminação pública – contribuindo para a impressão fantasmagórica de cidade morta, porém conflagrada, referida, foi verdade, nas palavras cúmplices de um militante operário e depois historiador das lutas sociais no Brasil, Everardo Dias[2].

Se é inegável que naquela visão afloram profeticamente pavores urbanos vindouros, sem falar nos já cristalizados pela temida imigração anarquista, seria preciso acrescentar àquele quadro mal-assombrado alguns elementos que hoje sim parecem coisa de outro mundo – como o fato de o apagar da luz se dever a moleques de rua interessados em se divertir, facilitando, de quebra, a movimentação noturna dos trabalhadores insurretos, bem como o seqüestro de bondes, ato contínuo franqueados a livre acesso e itinerário, segundo a fantasia dos passageiros. Cidade morta? Questão de classe: naqueles tempos de luta contra a mais-valia absoluta, um estado de sítio pairando no ar – mas quem estava sitiando quem? – mal se distinguia de um mundo de pernas para o ar, por conta de um efêmero desrecalque libertário.

Dizer que a coisa esteve por pouco seria um exagero, mas, ainda que fosse por um triz, aquele auge que nunca mais se repetiria anunciava o declínio da anarquia como orientação predominante no movimento operário brasileiro. Mas também o início do fim de nosso longo século XIX. É preciso voltar a lembrar que o núcleo dinâmico da primeira revolução industrial, o setor têxtil, alcançou-nos com mais de cem anos de atraso. Em compensação, nosso curtíssimo século XX social – exatos cinqüenta anos de nacional-desenvolvimentismo, entre 1930 e 1980 –, que principiara sob o signo

---

[2] Citado por Francisco Foot Hardman, em "Anarquistas e anarco-sindicalistas no Brasil", cit., p. 319.

298 • Extinção

ascendente da revolução comunista, encerrar-se-ia sem que o recém-fundado Partido dos Trabalhadores, sem exagero, depositário de todas as esperanças do mundo, sequer desconfiasse que sua estréia como organização hegemônica na esquerda social e política brasileira inauguraria nossa entrada precoce no capitalismo desorganizado do século XXI – como se há de recordar, o desmanche principiou pela periferia, antes de alcançar as sociedades salariais bem estruturadas do centro. Depois do breve e glorioso verão da anarquia, seguido dos não menos produtivos equívocos comunistas, ao ciclo petista coube os altos e baixos – até o baixo profundo do momento, que uma reeleição presidencial apenas torna mais tenebroso – da mera *gestão* do vácuo político, preenchido até agora por 25 anos de decadência socioeconômica. Não é retórica estatística. A renda per capita atual no Brasil é inferior a um quinto da norte-americana, em 1980 estava próxima de um terço, e a renda do trabalho representava a metade de toda a renda nacional; enquanto isso, os ricos dobraram quantitativamente, com a particularidade reveladora de que nessa camorra dos endinheirados cerca de 40% chegaram a tal condição por meio de herança patrimonial, sendo que tal riqueza deriva cada vez menos de atividades produtivas lícitas[3]. Ocorre que, nesses 25 anos de estagnação e desindustrialização, o país se urbanizou em incríveis 80% de sua população. Só que, agora, faz tempo que urbanização deixou de ser sinônimo de desenvolvimento, mas de favelização e economia informal, quando não francamente ilegal. Sinal de que a fronteira urbana também chegou ao fim, com a conseqüente saturação da terra ocupável, provocando uma onda de marginalização dentro

---

[3] Márcio Pochmann, "Decadência e enriquecimento", *Folha de S.Paulo*, 12 de novembro de 2005, p. A3.

Duas vezes pânico na cidade • 299

da marginalidade[4]. Só na região metropolitana de São Paulo, são 3,5 milhões de jovens cujo grau de desamparo social se poderia medir só pelo quase 1 milhão que não consegue nem estudar, o que dirá trabalhar: simplesmente não fazem nada, como dizem os jornalistas cujo ânimo filantrópico chega a ser pateticamente vitoriano[5].

Sem perspectiva nenhuma, são os primeiros a sucumbir diante da sedução do crime e seus "difíceis ganhos fáceis"[6]. Extra-

---

[4] Mike Davis, *Planet of Slums* (Londres, Verso, 2006), disponível em português: *Planeta Favela* (São Paulo, Boitempo, 2006, traduzido por Beatriz Medina). Ver também entrevista na *Folha de S.Paulo*, de 26 de março de 2006, a Fabiano Maisonnave, e o artigo de Antonio Luis M. C. Costa, "Planeta favela", *Carta Capital*, 10 de maio de 2006. Na previsão do relatório *Situação Mundial das Cidades 2006-2007*, do Programa da Organização das Nações Unidas para Assentamentos Humanos (UN-Habitat), apresentado na abertura do Fórum Mundial Urbano, em Vancouver, em 19 de junho de 2006, no ritmo atual, em vinte anos, a favela será a principal forma de moradia. Hoje, um em cada três moradores de cidades reside em favelas, 90% dos quais em países ditos em desenvolvimento.

[5] Gilberto Dimenstein, "O problema não é o PCC", *Folha de S.Paulo*, 17 de maio de 2006, p. C12.

[6] Para citar o título de um estudo na contramão de toda essa sabedoria convencional, Vera Malaguti Batista, *Difíceis ganhos fáceis: droga e juventude pobre no Rio de Janeiro* (2. ed., Rio de Janeiro, Revan, 2003). "Sedução do crime" é a tradução do título de um livro famoso de Jack Katz, *Seductions of Crime* (Nova York, Basic Books, 1988), segundo o qual a vocação para a carreira no crime não seria despertada por um cálculo utilitário, mas encarada como um fim em si mesmo, e sua carga incontrolável de atrações extra-econômicas, nelas incluídos os lucros extraordinários da anomia. Já que tocamos no assunto, seria justo redistribuir as fichas dos estereótipos correntes. Segundo um dos tantos lugares-comuns da sociologia dita pós-moderna da violência, os jovens pobres das periferias entrariam para o tráfico movidos por um sonho de consumo, cuja realização envolveria a violência extrema, caracterizada hoje como um fato social total. Pois uma pesquisa

300 • Extinção

polando os limites do razoável, seria o caso de dizer que a nebulosa humana em que gravitam em conjunto a população favelada e o novo proletariado informal – que estão longe de ser exatamente a mesma coisa, salvo a circunstância dramática de não serem mais reserva de coisa nenhuma – e que povoa a fronteira urbana mapeada por Mike Davis constitui, nos termos totalmente mudados de hoje, com o perdão da má palavra, o elo mais fraco da cadeia imperialista[7]. Para ser mais exato

---

notável vai na direção contrária e sustenta que, ao ingressar no tráfico de drogas – e bem por baixo na escala do mando –, o jovem pobre, entregue às moscas no atual aterro sanitário social, não fez uma opção pelo crime, mas, por incrível que pareça, simplesmente arrumou um emprego, achou que afinal estava entrando para uma sucursal do mundo do trabalho. Marisa Feffermann, *Vidas arriscadas: um estudo sobre os jovens inscritos no tráfico de drogas em São Paulo* (Petrópolis, Vozes, 2006). Ver a respeito a excelente matéria de Phydia Ataíde, em *Carta Capital*, de 17 de agosto de 2005.

[7] Para a caracterização do novo imperialismo como um entrelaçamento de Acumulação por Despossessão nas periferias do Sul e do Norte, com uma nova produção do espaço como expressão do poder territorialista da "governança" capitalista global, ver David Harvey, *O novo imperialismo* (São Paulo, Loyola, 2004). Para uma discussão sucinta da tese de Harvey, ver meu artigo "Último *round*", *Margem Esquerda* (n. 5, São Paulo, Boitempo, 2005), incluído também neste volume. Segundo Mike Davis (em *Planet of Slums*, cit., p. 204), mais ou menos desde a *débâcle* de Mogadiscio em 1993, os estrategistas do Pentágono e sua rede de *think tanks* afiliados discutem as implicações de um mundo de cidades sem empregos, admitindo, para começo de conversa acerca das novas guerras irregulares complexas, que, estando o "arco de instabilidade" estratégica, não por acaso, distendido sobre o coração dos recursos energéticos remanescentes do planeta, recoberto por uma mancha urbana de cidades falidas, tais "megafavelas se tornaram o elo mais fraco da nova ordem mundial". Num artigo anterior, publicado em 2004 no *TomDispatch.com*, durante a batalha de Fallujah, Mike Davis se referia ao Pentágono como um *Global Slumlord*. É esperar para ver: tomando, no entanto, o cuidado de reparar que moramos em um dos grandes laboratórios mundiais deste planeta-favela.

nesse sobrevôo de fim de linha, seria preciso acrescentar que, no coração desse elo estratégico, encontra-se a massa de uma população carcerária em crescimento vertiginoso, como lembrado de início. Esse o dique que se rompeu na megarrebelião de maio, no entanto paradoxalmente confinada, senão deliberadamente contida, em seu extravasamento urbano. Daí a decalagem de fuso histórico no alarme social que soou nos dois períodos extremos da guerra social em São Paulo e que estão nos servindo de termo de comparação.

A greve geral que parou e amedrontou São Paulo em 1917 eclodiu em plena vigência do tratamento policial da assim chamada questão social, quando as classes laboriosas pareciam tão estranhas – e no caso a população trabalhadora imigrante exponenciava a demonização dos pobres – e perigosas quanto os bárbaros de uma nova era acampados à margem da sociedade civilizada. E, não obstante, o patronato paulista encarregou uma comissão de jornalistas de negociar com os revoltosos, representados por um Comitê de Defesa Proletária. Choque frontal à parte, ou por isso mesmo, a luta entre as duas classes fundamentais, plenamente identificadas como tais, por assim dizer punha ordem no medo ao dar-lhe um significado tangível. No outro extremo do ciclo histórico dos medos inerentes à urbanização capitalista, as classes laboriosas – quer dizer, a subclasse encarcerada da humanidade excedente – finalmente provaram ser o que o medo burguês sempre disse que no fundo elas eram, dessa vez porém literalmente, *perigosas*. Agora não mais pela voz de um militante operário, mas pelo megafone da grande mídia, São Paulo se declarava pela segunda vez morta de medo. De fato, ainda nas palavras da grande imprensa local, a cidade fora varrida pela "maior onda de violência de sua história". Ilustrando a simetria perversa, tampouco se poderá dizer que não houve negociação nesse capítulo conclusivo. A certa altura – as datas variam – foi dada a or-

302 • Extinção

dem pelo comando da rebelião para cessar os motins nos presídios e os ataques de rua, muito embora ainda prosseguisse a escalada da retaliação policial. Dessa vez, porém, não se defrontaram na mesma mesa as grandes classes antagônicas de sempre. Não que tivessem desaparecido, simplesmente os mecanismos de representação social se tornaram, hoje, irreconhecíveis. E, ao contrário do ocorrido no século passado, é bem provável que a população tenha se instalado um pouco mais no pânico moral – em cujo caldo de cultura é criteriosamente conservada pelos governantes e sua extensão midiática –, ao saber que o braço penal do Estado (na suposição de que exista um outro) chegara a um acordo com o poder paralelo no sistema prisional. Em torno do que, pelo menos para o autor de um clássico da literatura *hip-hop*, é um segredo de Polichinelo: "vocês acham que os membros do partido [o Partido do Crime, como se autodenomina a facção majoritária no sistema prisional, PCC – Primeiro Comando da Capital] foram removidos de suas celas pura e simplesmente para conter rebeliões? O barato todo está girando em torno do dinheiro, único e total responsável por toda a situação, coação que não deu certo e acabou em centenas de mortes"[8].

Importa pouco a essa altura saber quem está extorquindo quem. O certo é que se trata de uma guerra particular entre poderes ora paralelos, ora convergentes, muito embora de abrangência máxima, tal guerra, não só pelo que diz respeito aos danos colaterais provocados pelas ondas de choque entre

---

[8] Ferréz, "Meu dia na guerra – ou vamos atirar nos entregadores de pizzas", *Caros Amigos*, junho de 2006, p. 15. A obra em questão é *Capão pecado* (São Paulo, Labortexto Editorial, 2000). Mesma certeza do *rapper* D.J. King sobre o acordo entre o governo e a facção sublevada: "é muito simples, mano, neste país o dinheiro é que manda" (*Carta Capital*, 24 de maio de 2006, p. 12).

Duas vezes pânico na cidade • 303

eles, mas por sua função estrutural de contenção do planeta-favela brasileiro[9]. Um afunilamento tanto mais sintomático da desintegração em curso por se destacar contra o pano de fundo da outra paralisação histórica da cidade, quando a guerra das classes era tudo menos particular, tudo menos um negócio privado entre patrões e empregados, como parece ser, mas não é, a presente guerra privada entre os corretores dos mercados ilícitos do crime e os da proteção política[10].

---

[9] A tese da "guerra particular" entre o aparato repressivo do Estado e o varejo armado do tráfico, entrincheirado no espaço segregado dos pobres urbanos, não sei se exposta pela primeira vez, pode ser vista no documentário de João Moreira Salles e Kátia Lund, *Notícias de uma guerra particular*, 1998-1999. Em caso de dúvida quanto ao caráter particular dessa guerra – noves fora sua função regulatória, por assim dizer, clássica de administração de riscos –, basta mencionar a natureza institucional dos alvos dos ataques durante a rebelião de maio em São Paulo: postos policiais, viaturas idem, fóruns do Poder Judiciário etc. Algumas rajadas contra agências bancárias, fora do horário comercial, e de preferência à noite, talvez se devam a razões sentimentais, pois o núcleo fundador da irmandade criminosa em questão, bem como de seu precursor Comando Vermelho dos anos 70, era formado principalmente por assaltantes de banco.

[10] Se não estiver simplificando demais um esquema altamente esclarecedor de Michel Misse, *Crime e violência no Brasil contemporâneo* (Rio de Janeiro, Lumen Júris, 2006), em particular o cap. 9. A propósito da recente batalha de São Paulo – como se refere com heróica elevação espiritual o jornal *O Estado de S. Paulo*, ou ao "levante do Dia das Mães", na fórmula que escapou a um historiador, pensando talvez nos tumultos sangrentos do período regencial no século XIX –, o autor voltou a lembrar que se trata, sim, de uma guerra privada deflagrada pelas ligações perigosas entre "mercados ilícitos que transacionam mercadorias orgiásticas (corpos, luxúria, drogas e armas) e mercadorias políticas (extorsão e corrupção praticadas com base no excesso de poder de agentes do Estado)": Michel Misse, "Profunda e antiga acumulação de violência", *Folha de S.Paulo,* 20 de maio de 2006, p. A3.

304 • Extinção

Assim, tiroteios e demais escaramuças à parte, a história da primeira "Batalha de São Paulo" registrou uma única baixa gloriosa, o assassinato de um jovem sapateiro anarquista, cujo cortejo fúnebre ateou fogo à greve, tornando-a de vez uma greve geral. Ao passo que nos oito dias da guerra privada do PCC contra o Estado Prisional, e vice-versa, 1.978 tiros mataram 492 pessoas em São Paulo. Só no dia 15 de maio, quando São Paulo parou – 5 milhões de passageiros sem transporte, sem falar nos congestionamentos gigantes, além do mais agravados por bloqueios policiais, lojas e shoppings se fechando, escolas suspendendo aulas etc. –, foram 117 mortos à bala, quatro disparos em média por caso: no pior, só uma vítima recebeu um total de 22 tiros. Para efeito de comparação, no massacre da Casa de Detenção do Carandiru, em 1992, quando a tropa de choque da Polícia Militar invadiu o presídio rebelado e executou 111 detentos, a média de tiros fatais foi de cinco por vítima. Diante de tamanho paroxismo – o de agora –, o presidente do Conselho Regional de Medicina declarou que atravessávamos um "período de catástrofe" sem paralelo, até onde sua memória alcançava. Quando a ordem de cessar a rebelião foi dada, ao que parece no próprio Dia das Mães (14 de maio), contabilizava-se de 25 a 30 agentes de segurança abatidos por conta da facção criminosa insurreta. Quanto aos oficialmente mortos pela polícia, ao redor de 130 (para variar pobres, pretos, pardos etc.), organismos independentes de investigação asseguram que, destes, 60% apresentavam sinais evidentes de execução[11].

---

[11] Sirvam de contraponto as estatísticas sincopadas de *rap* dos Racionais: "60% dos jovens de periferia sem antecedentes criminais já sofreram violência policial. A cada quatro pessoas mortas pela polícia, três são negros. A cada 4 horas um jovem negro morre violentamente em São Paulo. Aqui quem fala é Primo Preto, mais um sobrevivente" (*Capítulo 4, versículo 3*).

Duas vezes pânico na cidade • 305

E mais, ao que parece, mortos sem ligação com o PCC alcançariam 350. Testemunhas falam em homens encapuzados chegando e atirando; suspeita-se da ação de grupos de extermínio com a participação de policiais. Resta que especialistas em segurança e ativistas de direitos humanos ainda procuram entender tamanho espasmo de violência, nele incluídos homicídios avulsos, se é que se pode falar assim, e até suicídios. Em face de uma média diária de sessenta casos, quando a "normal" é de vinte, esse surto catastrófico poderia muito bem sinalizar um levante das famigeradas classes perigosas, resolvidas a cometer no atacado o que sempre praticaram a prestações no varejo[12]. A teoria corrente invoca a ação oportunista de criminosos de várias categorias, operando à sombra do prestígio das grandes organizações, confiantes de que a autoria passaria despercebida numa hora em que as próprias autoridades são as principais interessadas no amálgama do "crime organizado", o demônio popular do momento[13]. Com isso se explica os números de fato espantosos, mas nem tanto a real novidade, a ruptura na quebra dos padrões costumeiros. Na visão de um especialista – e por certo não é de longe o único a pensar assim –, "chegamos a um outro patamar: a capacidade de se organizar para fora das grades e de coordenar um processo de queima de ônibus, ataques a prédios e bancos e desorganizar a vida na cidade, para mim foi uma grande surpresa [...]. Dá para verificar que aquele perfil

---

[12] Cf. José de Souza Martins, "A ordem do avesso", *O Estado de S. Paulo*, 21 de maio de 2006, p. J3.

[13] Teoria endossada pelo artigo citado na nota anterior. No fundo, trata-se, prossegue o argumento, menos de oportunismo da arraia-miúda do que da convergência de interesses entre pequenos e grandes atores do crime: "Boa parte da força aparente destes últimos vem menos de uma articulada organização poderosa e numerosa do que do efeito cascata de ações criminosas maiores, repercutindo na disposição para o delito e a violência em grupos independentes".

306 • Extinção

de criminalidade espontânea em torno de quadrilhas ou de gangues, por exemplo, é coisa do passado"[14].

Outro patamar igualmente na escala dos velhos e novos pavores urbanos. E isso desde que a segurança se tornou a principal mercadoria da indústria política do medo. O mesmo para a antimercadoria da insegurança sistêmica: tanto o Estado quanto sua ampliação midiática precisam dela, o primeiro para vender proteção, a segunda para alimentar campanhas de alarme social e clamor punitivo. Uma das primeiras providências nesse sentido coube ao chefe de polícia, anunciando na televisão, numa dezena de entrevistas, com clara marcação teatral, que a população carcerária do Estado de São Paulo, com um efetivo de 140 mil presidiários, encontra-se a rigor sob o comando da mesma organização criminosa que, fora da cadeia, mobiliza mais de 500 mil pessoas (entre familiares, simpatizantes e profissionais). Enfim, população atônita[15] e em pânico: ou me-

---

[14] Sérgio Adorno, "Claro enigma", entrevista para a *Folha de S.Paulo*, 21 de maio de 2006, caderno Mais!, p. 4. Também argumenta nessa direção outro pesquisador do Núcleo de Estudos da Violência da USP, Fernando Salla ("Uma dura lição", *O Estado de S. Paulo*, 16 de maio de 2006, p. C13).

[15] Intelectuais, idem. Dá para imaginar o Amazonas de disparates parido pelo medo dos intelectuais brasileiros, cujo encolhimento mental e político por certo não é de agora. Um capítulo à parte para outra ocasião. Besteiras adormecidas no fundo da alma há mais de uma geração despertaram num considerável número de inteligências veteranas, do tipo "orgulho de ser cidadão do Estado dos Bandeirantes". Embora paulista, há pelo menos meio século não ouvia um colega enaltecer a "pujança" de nosso Estado, nem mesmo em discurso de paraninfo. Mas que nossa capital seja "um ímã que atrai de modelos a retirantes", pelo menos para mim, é novidade. É preciso muito estudo, ou muito medo, para se chegar a uma conclusão desse calibre. Como se diz com razão que o medo paralisa a inteligência, fica o dito pelo não dito – pelo menos de minha parte, pois não quero nem me identificar com o agressor, muito menos caluniar abstratamente a polícia.

Duas vezes pânico na cidade • 307

lhor, dizendo que está em pânico, quando perguntada, porque é isso que ouve, vê e lê a respeito de seu suposto estado de espírito[16]. A comparação com o 11 de Setembro, por exemplo, hoje uma marca de prestígio no bazar dos espantalhos, foi praticamente posta na boca de secretárias amedrontadas e zeladores idem, até renomados pensadores sociais embarcaram na onda de "nosso" 11 de Setembro.

Ante a previsível enxurrada de despropósitos, não seria demais repassar o básico. Uma especialista da geografia do medo precisou lembrar que, numa sociedade de classes, como a brasileira, que se distingue pela alta taxa de tolerância com a violência, as classes médias abastadas são as grandes consumidoras do principal produto da indústria do medo, a fantasmagórica "bolha de segurança": assim, "carros saem de manhã dos condomínios fechados (bolha 1) em direção a escolas privadas com guardas nos portões (bolha 2) e, mais tarde, seguem para áreas de diversão ou áreas privadas de lazer (bolha 3)". Não espanta que o conceito básico de cidade tenha portanto desaparecido e que o cordão sanitário formado por tais bolhas externalize a insegurança latente: foi o que se viu nos acontecimentos de

---

[16] "Dia de terror em São Paulo" esteve obviamente entre as manchetes e chamadas mais votadas. Só um exemplo desse contágio retórico, as linhas de abertura do caderno especial da *Folha de S.Paulo* no *day after*: "Uma onda de pânico fez parar ontem a maior e mais rica cidade do país e espalhou choque e medo pelo Estado de São Paulo". Para o leitor médio, basta a redundância na eloqüência; para os *happy few* da geopolítica formato *talk-show*, no entanto, a citação da estratégia de decapitação anunciada nas primeiras horas do ataque a Bagdá na segunda guerra do Iraque, Choque e Pavor, *Shock and Awe* – aliás um fiasco, naquele primeiro golpe espetacular, os grande peixes visados escaparam todos ilesos. O mais interessante em tudo isso é que ninguém se deu ao trabalho de pelo menos ressaltar – e sobretudo extrair as conseqüências devidas – a real continuidade de fundo nas várias e novas guerras de fato privadas que hoje dão a volta ao mundo.

308 • Extinção

maio, a contraviolência retaliatória espalhou-se desordenada-mente, afetando sem surpresa quem vive fora de tais bolhas[17]. Uma semana antes, aliás no dia seguinte ao Grande Medo do PCC, outro observador da cena paulistana havia antecipado o argumento acerca dos efeitos psicológicos da indústria do medo sobre seu principal consumidor e, por isso mesmo, primeira vítima da guerra de informação deflagrada pelo Partido do Crime, disparando, este, aleatoriamente, chamadas telefônicas ameaçadoras, prontamente repercutidas pela mídia, como se desempenhassem involuntariamente o papel que o planejamen-to do PCC lhe reservara. "A classe média que não deixa seus filhos circularem de ônibus e metrô, que se cerca de câmeras e alarmes etc., correu na direção de seus bunkers domésticos [...]. No começo da noite, um manto de silêncio desceu sobre a cidade."[18] No dia seguinte, podia-se ler, numa reportagem: "São Paulo amanheceu triste, calada e confusa". De vergonha? O autor que acabo de citar acha que justamente foi esse o caso.

Tem lá sua graça, a essa altura da desconexão social de todas as chamadas elites – das financeiras às sindicais, passando pelo senhoriato branco interpelado por seu próprio governante local, ele mesmo pasmo diante de tamanho alheamento moral –, cobrar energia cívica da classe média brasileira, salvo por pura nostalgia, se lembrarmos que ela mesma forneceu os principais quadros na luta armada contra a ditadura militar, para não mencionar a sobrecarga de ironia objetiva, o fato (relembrado, aliás, dia sim e outro também nas colunas do aparato cultural de sempre) de que o Partido da Revolução e o Partido do Cri-me se cruzaram há mais de trinta anos no fundo do apavorante

---

[17] Vânia Ceccato, "A indústria do medo", entrevista à *Folha de S.Paulo*, 21 de maio de 2006, caderno Mais!, p. 6.

[18] Demétrio Magnoli, "Pânico no galinheiro", *Folha de S.Paulo*, 16 de maio de 2006, p. C20.

presídio da Ilha Grande, na condição inaudita – utópica? distópica? – de "quase dois irmãos", no enunciado inconcluso do filme de Lúcia Murat (2004) a respeito daquele encontro que obviamente ninguém marcara. Voltando: "É uma cidade em pânico, perplexa e para baixo", disse a escriturária "que ontem saiu, como milhões de paulistanos, mais cedo do trabalho e não acreditava no que via nas ruas", nas palavras do repórter à caça da notícia que lhe fora encomendada. A mocinha em questão está mais para suburbana (no bom sentido carioca e "trabalhista" da palavra), mesmo assim esse "para baixo", com o seu quê idiomático em inglês no subtexto, viria a calhar para relançar as comparações hiperbólicas do autor de há pouco, indignado com a falta de fibra dos paulistanos: "Londres não parou durante os bombardeios aéreos alemães, na Segunda Guerra Mundial. Mas São Paulo curvou-se à delinqüência comum. Vergonha!". Com efeito. Mal comparando, todavia, não foi o que se viu depois dos ataques de 7 de julho de 2005 em Londres: a despeito de toda a parolagem ufanista do governo Blair e de sua mídia em torno do *standing unite* como nos tempos heróicos em que a cidade agüentou firme as bombas de Hitler, Londres simplesmente sumiu, escondeu-se em casa, com medo não do Islã radical, mas de seus próprios compatriotas. Essas e outras enormidades se encontram num artigo de Charles Glass[19], com a seguinte explicação: "Em 1940 os ingleses de Londres acreditavam que construiriam um mundo mais justo e melhor depois da guerra, ao passo que, em 2005, ninguém acredita que o mundo será melhor depois de a guerra contra o terror ter começado".

---

[19] "The Last of England", *Harper's Magazine*, novembro de 2005, cit. por Tom Nairn, "The New Furies", *New Left Review*, n. 37, janeiro/ fevereiro de 2006.

310 • Extinção

É isso aí. Como a periférica São Paulo, a metropolitana Londres também se curvou aterrorizada, ou melhor, aterrorizável, pelas mesmas razões: todos se debatendo na ratoeira do vazio político que se instalou com o eclipse mental e material que significa nem sequer poder imaginar um futuro alternativo à desgraça recorrente do presente. Na boa definição de Jacques Rancière, agrupadas sob a duvidosa e ambígua proteção de um Estado redefinido pela gestão exclusiva de um estratégico sentimento coletivo de insegurança, as sociedades hoje são cada vez mais apenas "comunidades do medo"[20]. São, por isso – podemos acrescentar por nossa conta, à vista do laboratório brasileiro da desintegração mundial –, cada vez menos sociedades nacionais, na acepção plausível, que lhes deu Benedict Anderson, de comunidades políticas imaginadas. Daí a integração perversa pelo medo, e seu avesso de ilegalismos e conflitos sempre à beira da explosão violenta. A famigerada voz de comando "Não há alternativa" exprime muito menos uma restrição objetiva inapelável – ou não apenas isso – do que uma real atrofia da própria faculdade de "imaginar" uma alternativa. Atrofia paralisante por certo provocada pelo medo: sobretudo pelo medo de que qualquer mudança só poderá ocorrer para pior[21].

A esse ponto chegamos – e, na comissão de frente, intelectuais mortos de medo de abrir a caixa de Pandora das transformações não triviais. Tentando por sua vez entender a natureza do pânico que tomou conta de São Paulo na fatídica segunda-feira de 15 de maio, outro jornalista, nem um pouco encabulado com o fiasco da classe média, termina por reencontrar o mesmo fim de linha retratado por Glass, não por acaso recor-

---

[20] Cf. Jacques Rancière, "O princípio da insegurança", *Folha de S.Paulo*, 21 de setembro de 2003, caderno Mais!, p. 3.

[21] Por aí vai o argumento de Frank Furedi acerca da exaustão política contemporânea. Cf. *Politics of Fear* (Londres, Continuum, 2005).

rendo igualmente a uma analogia na qual entram sensação de total insegurança, futuro cada vez mais incerto e obscena indiferença com o destino dos pobres fora das bolhas de segurança. Pois é disso que afinal se trata, o pânico da população pobre, no meio da guerra entre dois bandos organizados e, sobretudo, promíscuos em suas zonas limítrofes: a seu ver, o medo que se propagou entre a imensa maioria dos "sobrantes" deriva da percepção do evidente "pouco-caso do Estado com aqueles que não podem pagar por serviços privados, no que se assemelha ao descaso mostrado pelo governo Bush com as vítimas do furacão Katrina, no final do ano passado, quando os pobres foram abandonados à própria sorte"[22]. Sempre se poderá discutir se os negros pobres de Nova Orleans se encontravam tão abandonados e desprotegidos quanto a massa brasileira dos "inúteis para o mundo", o ponto é que "o pânico já estava instalado, apenas à espera da ocasião para explodir". No horizonte, a descrença de que o mundo será melhor do que antes de essa nova guerra contra as irmandades do crime ter começado. Esse o vazio político ocupado pelo Partido do Crime.

---

[22] José Arbex Jr., "O Katrina nosso de cada dia", *Caros Amigos,* junho de 2006, p. 13.

FONTES DOS TEXTOS

DIANTE DA GUERRA: parcialmente publicado, com o título "A guerra que não *estourou*", na revista *Reportagem,* n. 43, Oficina de Informações, abril de 2003.

NOTÍCIAS DE UMA GUERRA COSMOPOLITA: versão integral do ensaio de mesmo nome, redigido em julho-agosto de 2002 e publicado parcialmente na revista *Sexta-Feira* (São Paulo, Editora 34, 2003).

CAVALARIA GLOBAL: redigido em maio de 2003, completado em agosto de 2004 e publicado parcialmente na revista *Margem Esquerda* (n. 4, São Paulo, Boitempo, 2004).

GUERRA SEM NÉVOA: parcialmente editado em duas seções na revista *Reportagem*, n. 57, junho de 2004. Trechos intitulados respectivamente "A mentira como sistema" e "As duas almas de Robert McNamara".

ESTADO DE SÍTIO: tema de uma intervenção no Fórum Social Mundial de Porto Alegre, em janeiro de 2002, publicado originalmente na revista *Caros Amigos* (novembro de 2002) e, posteriormente, em Isabel Loureiro, José C. Leite e Maria Elisa Cevasco (orgs.), *O espírito de Porto Alegre* (São Paulo, Paz e Terra, 2002).

A VIAGEM REDONDA DO CAPITALISMO DE ACESSO: parcialmente publicado, com o título "Um retorno à acumulação primitiva", na revista *Reportagem*, n. 58, julho de 2004.

314 • Extinção

ÚLTIMO ROUND: publicado na revista *Margem Esquerda* (n. 5, São Paulo, Boitempo, 2005).

ARTURO UI: nota para o Programa da montagem de *A resistível ascensão de Arturo Ui*, de Bertolt Brecht, pelo Teatro de Narradores, setembro de 2003, publicado originalmente com o título "Crime e Estado", no n. zero do *Caderno de Ensaio*, do mesmo grupo teatral, em dezembro de 2003.

PENSANDO POR FORA: prefácio redigido em março de 2005 ao livro coletivo, coordenado por Pablo Ortellado e Marco Fernandes, *Pensamento insurgente* (São Paulo, Conrad, 2006).

FIM DE JOGO: entrevista concedida à *Folha de S.Paulo*, publicada parcialmente em 18 de julho de 2004, a propósito do lançamento do livro *Zero à esquerda* (Conrad, São Paulo, 2004).

UM INTELECTUAL DESTRUTIVO: entrevista a Marcelo Rezende (também responsável pelo título da matéria), para a revista *Cult*, n. 84, setembro de 2004.

A CULTURA DO EXCESSO: entrevista a Danilo Cerqueira César, parcialmente publicada pelo semanal *Brasil de Fato*, que circulou entre 27 de maio e 2 de junho de 2004.

FIM DE UM CICLO MENTAL: depoimento para o fascículo *Retrato do Brasil (1984-2005)*, n. 1, Oficina de Informações, julho e setembro de 2005. Título dos editores.

O GOVERNO LULA ACABOU?: resposta a uma enquete da revista *Caros Amigos*, n. 102, setembro de 2005.

A CRISE: PERGUNTAS E RESPOSTAS NO CALOR DA HORA: entrevista concedida à revista *Mundo*, agosto de 2005.

O QUE VEM POR AÍ?: revista *Caros Amigos*, edição eletrônica, novembro de 2005.

Fontes dos textos • 315

QUASE DOIS IRMÃOS: parcialmente publicado no jornal *Palavra Latina*, novembro de 2005. Versão integral em sua edição eletrônica.

BEM-VINDOS AO DESERTO BRASILEIRO DO REAL: publicado em *O Sarrafo*, n. 8, dezembro de 2005, publicação do movimento teatral Arte contra a Barbárie.

FIM DE LINHA OU MARCO ZERO?: parcialmente publicado no *Jornal Sem Terra*, dezembro de 2005.

QUAL POLÍTICA?: em *Cepat Informa*, ano 12, n. 137, setembro de 2006.

DUAS VEZES PÂNICO NA CIDADE: escrito por encomenda da revista *Punto de Vista*, Buenos Aires, n. 85, agosto de 2006.

OBRAS DO AUTOR

Hegel: a ordem do tempo. São Paulo, Polis, 1981.

Um ponto cego no projeto moderno de Jürgen Habermas. São Paulo, Brasiliense, 1992. (co-autoria com Otília B. F. Arantes)

Sentimento da dialética. São Paulo, Paz e Terra, 1992.

Um departamento francês de ultramar. São Paulo, Paz e Terra, 1994.

O fio da meada. São Paulo, Paz e Terra, 1996.

Ressentimento da dialética. São Paulo, Paz e Terra, 1996.

Sentido da formação. São Paulo, Paz e Terra, 1997. (co-autoria com Otília B. F. Arantes)

Diccionario de bolso do almanaque philosophico zero à esquerda. Petrópolis, Vozes, 1997.

Hegel: a ordem do tempo. São Paulo, Hucitec, 2000. (2. ed.)

Hegel: l'ordre du temps. Paris, Harmattan, 2000.

Zero à esquerda. São Paulo, Conrad, 2004.

Esta obra foi composta em Adobe Garamond, corpo
12/15, títulos em Bauer Bodoni, e reimpressa em papel
Avena 80 g/m² pela gráfica Forma Certa, para a Boitempo,
em abril de 2025, com tiragem de 100 exemplares.